Juliet Mitchell

Frauen – die längste Revolution
Feminismus, Literatur, Psychoanalyse

Aus dem Englischen von Max Looser

S. Fischer

Die englische Originalausgabe mit dem Titel
›Women: the Longest Revolution‹
erschien 1984 bei Virago Press, London
© by Juliet Mitchell 1984
Für die deutsche Ausgabe:
© 1987 S. Fischer Verlag GmbH, Frankfurt am Main
Alle Rechte vorbehalten
Umschlaggestaltung: Rambow, Lienemeyer, van de Sand
Gesamtherstellung: Wagner GmbH, Nördlingen
Printed in Germany 1987
ISBN 3-10-049108-4

Inhalt

Dritter Teil
Psychoanalyse. Die Entwicklung des Kindes und die Frage
der Weiblichkeit

Erster Teil
Aspekte der Frauenfrage

Frauen – die längste Revolution

Die Lage der Frauen unterscheidet sich von der jeder anderen gesellschaftlichen Gruppe, weil sie nicht eine von mehreren abgrenzbaren sozialen Größen sind, sondern die Hälfte eines Ganzen: der Menschengattung. Frauen sind unabdingbar und unersetzlich; deshalb lassen sie sich auch nicht in derselben Weise ausbeuten wie andere Gruppen. Für die *condition humaine* sind sie zwar grundlegend, in ihren wirtschaftlichen, sozialen und politischen Rollen hingegen marginal. Gerade dieser Zusammenhang: gleichzeitig grundlegend und marginal zu sein, hat sich für sie als verhängsnisvoll erwiesen. Innerhalb der Männerwelt ist ihre Stellung mit der einer unterdrückten Minderheit vergleichbar; sie existieren jedoch auch außerhalb der Männerwelt. Der eine Zustand rechtfertigt den anderen und schließt Protest aus. In der fortgeschrittenen Industriegesellschaft hat die Arbeit der Frau für die Gesamtwirtschaft lediglich eine Randbedeutung. Doch nur durch Arbeit ändert der Mensch die Naturverhältnisse und bringt die Gesellschaft hervor. Bis es zu einer Umwälzung der Produktion kommt, wird der industrielle Arbeitsbegriff die Situation der Frau in der Männerwelt vorschreiben. Den Frauen wird allerdings eine eigene Welt angeboten: die Familie. Ebenso wie die Frau erscheint die Familie als etwas Natürliches, während sie tatsächlich eine kulturelle Schöpfung ist. Form und Rolle der Familie sind genausowenig naturhaft wie Charakter und Rolle der Frau. Es ist die Funktion der Ideologie, diese sozialen Bildungen für natürliche zu erklären. Die »wahre« Frau und die »wahre« Familie sind Bilder der Fülle und des Friedens; in Wahrheit können beide durchaus Signaturen der Gewalt und der Verzweiflung sein, täuschende Mythen, so wie sie Marx in der bürgerlichen Redeweise vom Goldenen Zeitalter der Antike aufgedeckt hat.

Die Frauen in der sozialistischen Theorie

Der Skandal der Unterordnung der Frau und die Dringlichkeit ihrer Gleichstellung wurden von allen großen sozialistischen Denkern des 19. Jahrhunderts diagnostiziert. Das Problem gehört zu den klassischen Gedankenfiguren der revolutionären Bewegung. Heute ist es aus dem Gesichtsfeld nahezu verschwunden – eine Bagatelle, die angestrengte Aufmerksamkeit anscheinend nicht lohnt. Vermutlich ist kein anderes Thema der sozialistischen Theorie ähnlich folgenreich vergessen worden wie dieses. In England beispielsweise hat das bei den Linken immer schon stark ausgeprägte Kulturerbe des Puritanismus konservative Auffassungen selbst bei denjenigen befördert, die sich sonst für aufgeklärt halten. Ein *locus classicus* dieses Einstellungswandels ist die bemerkenswerte Argumentation von Peter Townsend:

»Die Sozialisten haben die Familie traditionellerweise vernachlässigt oder sie offen bekämpft, indem sie den Nepotismus und die Behinderung der individuellen Selbstverwirklichung vorschützten. Extreme Versuche, Gesellschaften auf einer anderen als der Familienbasis zu gründen, sind kläglich gescheitert. Bezeichnenderweise redet ein Sozialist einen Kollegen als ›Bruder‹ an, und ein Kommunist gebraucht den Ausdruck ›Genosse‹. Die wichtigste Bedingung eines erfüllten Lebens besteht darin, Mitglied einer Familie zu sein und eine Familie zu reproduzieren. Nichts ist gewonnen, wenn man diese Wahrheit kaschiert.«[1]

Wie ist es zu diesem Perspektivenwechsel gekommen? Warum ist die Lage der Frauen im heutigen Sozialismus ein Ort des Schweigens? August Bebel, dessen Buch *Die Frau und der Sozialismus* zu den Standardtexten der SPD am Anfang dieses Jahrhunderts zählte, schrieb, jeder Sozialist erkenne die Abhängigkeit des Arbeiters vom Kapitalisten, und ihm sei es unverständlich, daß andere, vor allem die Kapitalisten selbst, dies nicht ebenfalls erkennten; doch derselbe Sozialist erkenne häufig nicht die Abhängigkeit der Frau vom Manne.[2] Psychologistische und moralistische Erwägungen führen hier freilich nicht weiter, der Sachverhalt hat tiefere, strukturelle Ursachen. Sie zu

erhellen erforderte eine umfassende historische Analyse, die
hier nicht geleistet werden kann. Es läßt sich allerdings mit
Gründen behaupten, daß ein Teil der Erklärung für den Rück-
gang der Wahrnehmung dieses Themas nicht allein in den
realen geschichtlichen Prozessen begründet ist, sondern auch in
den ursprünglichen Schwächen der traditionellen Diskussion,
welche die Klassiker über das Thema geführt hatten. Zwar
haben alle Untersuchungen im letzten Jahrhundert die Bedeutung des Problems hervorgehoben, aber eine theoretische *Lösung* wurde nicht gefunden, und die schon im Ansatz stecken-
den Mängel wurden in der Folge nie behoben.

Unter den Frühsozialisten war Fourier der leidenschaftlichste
und produktivste Befürworter der Frauenbefreiung und der
Sexualfreiheit:

»Die Veränderung einer geschichtlichen Epoche läßt sich immer aus
dem Verhältnis des Fortschritts der Frauen zur Freiheit bestimmen,
weil hier im Verhältnis des Weibes zum Mann, des Schwachen zum
Starken, der Sieg der menschlichen Natur über die Brutalität am
evidentesten erscheint. Der Grad der weiblichen Emanzipation ist das
natürliche Maß der allgemeinen Emanzipation.«[3]

Marx zitiert diese Stelle zustimmend in der *Heiligen Familie*. In
einer für seine Frühschriften charakteristischen Weise hat er
jedoch die Emanzipation der Frau nicht vor allem, wie Fourier,
als ein Anzeichen für die Humanisierung im staatsbürgerlichen
Sinne gefaßt, sondern als fundamentalen Fortschritt der Kultur
gegenüber der Natur:

»[...] das Verhältnis des Mannes zum Weib ist das *natürlichste*
Verhältnis des Menschen zum Menschen. In ihm zeigt sich also,
inwieweit das *natürliche* Verhalten des Menschen *menschlich* oder
inwieweit das *menschliche* Wesen ihm zum *natürlichen* Wesen, inwieweit seine *menschliche Natur* ihm zur *Natur* geworden ist.«[4]

Diese Fragestellung ist für den jungen Marx typisch.

Fouriers Gedanken verharrten auf der Stufe einer utopischen
Moralforderung. Marx nahm sie auf, wandelte sie um und
fügte sie einer philosophischen Kritik an der menschlichen
Geschichte ein. Aber er behielt die Auffassung Fouriers von der
Stellung der Frau als eines Seismographen des allgemeinen

gesellschaftlichen Fortschritts bei. In Marx' Frühschriften ist
die Frau eine höchst abstrakte anthropologische Größe, eine
ontologische Kategorie. Erst in den späteren Schriften, wo
Marx die Familie beschreibt, differenziert er nach Ort und
Zeit:

»[...] die Ehe, das Eigentum, die Familie bleiben theoretisch unangeta-
stet, weil sie praktisch die Grundlagen sind, auf denen die Bourgeoisie
ihre Herrschaft errichtet hat, weil sie in ihrer Bourgeoisform die
Bedingungen sind, die den Bourgeois zum Bourgeois machen [...].
Dieses Verhältnis des Bourgeois zu seinen Existenzbedingungen erhält
eine seiner allgemeinen Formen in der bürgerlichen Moralität. Es ist
überhaupt nicht von *der* Familie zu sprechen. Die Bourgeoisie gibt
historisch der Familie den Charakter der bürgerlichen Familie, worin
die Langeweile und das Geld das Bindende ist und zu welcher auch die
bürgerliche Auflösung der Familie gehört, bei der die Familie selbst
stets fortexistiert. Ihrer schmutzigen Existenz entspricht der heilige
Begriff in offiziellen Redensarten und in der allgemeinen Heuchelei.
[...] [Im Proletariat] existiert der Familienbegriff durchaus nicht. [...]
Im achtzehnten Jahrhundert wurde der Familienbegriff von den Philosophen aufgelöst, weil die wirkliche Familie auf den höchsten Spitzen
der Zivilisation bereits in der Auflösung begriffen war. Aufgelöst war
das innere Band der Familie, die einzelnen Teile, aus denen der
Familienbegriff komponiert ist, z. B. Gehorsam, Pietät, eheliche Treue
pp.; aber der wirkliche Körper der Familie, Vermögensverhältnisse,
ausschließliches Verhältnis gegen andere Familien, gezwungenes Zusammenleben, die Verhältnisse, die schon durch die Existenz der
Kinder, den Bau der jetzigen Städte, Bildung des Kapitals pp. gegeben
waren, blieben, wenn auch vielfach gestört, weil das Dasein der
Familie durch ihren Zusammenhang mit der vom Willen der bürgerlichen Gesellschaft unabhängigen Produktionsweise nötig gemacht
ist.«[5]

Oder später im *Kapital*:

»Es ist natürlich ebenso albern, die christlich-germanische Form der
Familie für absolut zu halten als die altrömische Form, oder die
altgriechische, oder die orientalische, die übrigens untereinander eine
geschichtliche Entwicklungsreihe bilden.«[6]

Auffällig ist hier, daß das Frauenproblem in einer Analyse der
Familie aufgeht. Die Schwierigkeiten dieses Ansatzes zeigen
sich in dem beinahe apokalyptischen Ton von Marx' Kommen-

taren zum Schicksal der bürgerlichen Familie (auch im *Kommunistischen Manifest*). Für die Idee ihrer tatsächlichen Auflösung und ihres Verschwindens in den neuen Lebensentwürfen der Arbeiterklasse gab es kaum geschichtliche Belege. Deshalb geht Marx von allgemeinen philosophischen Aussagen über die Frauen in den Frühschriften zu spezifischen historischen Kommentaren zur Familie in den späteren Schriften über. Zwischen beiden besteht eine beträchtliche Kluft. Der gemeinsame Bezugsrahmen beider war freilich seine Analyse der Ökonomie und der Entwicklung des Eigentums.

Es blieb Engels überlassen, nach Marx' Tod diese Thesen im *Ursprung der Familie, des Privateigentums und des Staates* systematisch darzustellen. Engels behauptete, die Ungleichheit der Geschlechter sei einer der ersten Antagonismen in der menschlichen Gattung: »Der erste Klassengegensatz, der in der Geschichte auftritt, fällt zusammen mit der Entwicklung des Antagonismus von Mann und Weib in der Einzelehe, und die erste Klassenunterdrückung mit der des weiblichen Geschlechts durch das männliche.«[7] Obwohl sich Engels weitgehend auf die ungenauen anthropologischen Studien Morgans stützte, gewann er einige wertvolle Einsichten. Die Erbfolge, der Schlüssel zu dieser ökonomistischen Darstellung, war zunächst matrilinear, wurde dann mit zunehmendem Reichtum jedoch patrilinear. Für die Frau bedeutete dies einen Rückschlag (Engels: »Die weltgeschichtliche Niederlage des menschlichen Geschlechts«). Die Treue der Gattin wird entscheidend; die Einzelehe wird unwiderruflich eingerichtet. In der kommunistischen, patriarchalischen Familie ist die Gattin öffentliche Dienerin, in der Einzelehe wird sie zu einer privaten. In Wirklichkeit reduziert Engels das Problem der Frau auf ihre Arbeitsfähigkeit. Deshalb definiert er ihre körperliche Unterlegenheit als Hauptursache ihrer Unterordnung. Den Beginn ihrer Ausbeutung setzt er im Übergang vom Gemeineigentum zum Privateigentum an. Wenn die Arbeitsunfähigkeit Ursache für ihre Unterdrückung ist, dann wird die Befähigung zur Arbeit ihr die Befreiung bringen:

»[...] die Befreiung der Frau, ihre Gleichstellung mit dem Manne, [ist und bleibt] eine Unmöglichkeit [...], solange die Frau von der gesellschaftlichen produktiven Arbeit ausgeschlossen und auf die häusliche Privatarbeit beschränkt bleibt. Die Befreiung der Frau wird erst möglich, sobald diese auf großem gesellschaftlichem Maßstab an der Produktion sich beteiligen kann und die häusliche Arbeit sie nur noch in unbedeutendem Maß in Anspruch nimmt.«[8]

Oder:

»[...] die Befreiung der Frau [hat] zur ersten Voraussetzung [...] die Wiedereinführung des ganzen weiblichen Geschlechts in die öffentliche Industrie, und [...] dies wieder erfordert die Beseitigung der Eigenschaft der Einzelfamilie als wirtschaftlicher Einheit der Gesellschaft.«[9]

Engels findet so eine Lösung, die seiner Analyse des Ursprungs der Frauenunterdrückung schematisch angemessen ist. Die Stellung der Frau ist von der Geschichte der Familie abgetrennt oder ihr ebenso untergeordnet wie die Familie dem Privateigentum. Die Argumentation bleibt ökonomistisch oder wird spekulativ.

Bebel, Schüler von Engels, versuchte eine programmatische Darstellung der Frauenunterdrückung selbst, nicht als eines Nebenprodukts der Entwicklung von Familie und Privateigentum:

»Frau und Arbeiter haben gemein, Unterdrückte zu sein. Die Formen dieser Unterdrückung haben im Laufe der Zeiten und in den verschiedenen Ländern gewechselt, aber die Unterdrückung blieb. [...] die Frau hat gegenüber dem Arbeiter das eine voraus: *Sie ist das erste menschliche Wesen, das in Knechtschaft kam.* Die Frau wurde Sklavin, ehe der Sklave existierte.«[10]

Mit Marx und Engels bezeichnete er die Bedeutung der körperlichen Unterlegenheit der Frau, wo es um die Erklärung ihrer Subordination ging, freilich mit dem Zusatz, daß ein biologisches Element — ihre Mutterfunktion — einer der Faktoren sei, die sie vom Mann ökonomisch abhängig machen. Aber auch Bebel kam nicht über die Behauptung hinaus, sexuelle Gleichheit sei ohne Sozialismus unmöglich. Sein Bild der Zukunft war vage Träumerei, unbeeindruckt von seiner Beschreibung der

Vergangenheit, Ausdruck eines blassen voluntaristischen Optimismus. Und auch Lenin verharrte in einer Denktradition, die schlicht und abstrakt auf die apriorische Gleichsetzung von Sozialismus und Frauenbefreiung hinauslief, ohne konkret zu zeigen, wie dies die Lage der Frau verändern würde:

»Denn ohne die Frauen zum öffentlichen Dienst, zur Miliz, zum politischen Leben heranzuziehen, ohne die Frauen aus ihrer abstumpfenden Haus- und Küchenatmosphäre herauszureißen, *kann keine* wirkliche Freiheit gewährleistet werden, *kann nicht einmal* die Demokratie, vom Sozialismus ganz zu schweigen, aufgebaut werden.«[11]

Die Befreiung der Frau bleibt ein normatives Ideal, ein Anhängsel der sozialistischen Theorie; sie ist nicht ihr inspirierender Bestandteil.

Das andere Geschlecht

Genau das Gegenteil gilt von Simone de Beauvoirs Hauptwerk *Das andere Geschlecht* – bis heute der wichtigste Beitrag zum Thema. Die theoretische Neuerung Simone de Beauvoirs besteht darin, die Erklärungen weiblicher Unterordnung mittels »Ökonomie« und »Reproduktion« durch eine psychologische Interpretation beider zu verschmelzen. Der Mann behauptet sich als Subjekt und freies Wesen dadurch, daß er sich anderes Bewußtsein gegenüberstellt. Von den Tieren unterscheidet er sich gerade dadurch, daß er produziert und erfindet (und nicht dadurch, daß er sich selbst reproduziert). Er beherrscht die Frau sowohl, um über ein anderes Bewußtsein zu bestimmen, das sein eigenes widerspiegelt, als auch, um Kinder zu zeugen. Die Begriffe haben offenkundig eine beachtliche Kraft. Sie sind jedoch zeitlos: Es ist schwer zu sehen, weshalb gerade der Sozialismus den elementaren »ontologischen« Wunsch nach so etwas wie Freiheit verändern sollte, den Beauvoir als Hauptmotiv für das Festhalten an der Erbfolge im Eigentumssystem oder die sich daraus ergebende Versklavung der Frau bezeichnet. Sie hat sich später zu ihrem Buch wie folgt geäußert:

»Ich gebe ohne weiteres zu, daß am Stil und am Aufbau einiges auszusetzen ist. Ich könnte aus dem vorhandenen Stoff leicht ein eleganteres Werk zurechtschneidern. Da mir die Gedanken in dem Augenblick kamen, da ich sie formulieren mußte, konnte ich aber nichts Besseres zustande bringen. Im Grunde habe ich im ersten Buch einen materialistischen Standpunkt vertreten. Ich begründete den Begriff des ›Anderen‹ und den Manichäismus, der nicht aus einem a priori und idealistischen Gewissenskampf, sondern aus der Seltenheit und dem Bedürfnis hervorgeht: Das habe ich in *La longue marche* [*China. Das weitgesteckte Ziel*] getan, wo ich von der jahrtausendelangen Unterdrückung der Chinesinnen spreche. Diese Modifikation ändert nichts an den Schlußfolgerungen. Im großen und ganzen stehe ich zu dem, was ich gesagt habe. Ich habe mich nie der Illusion hingegeben, die Lage der Frau ändern zu können. Sie hängt von der zukünftigen Entwicklung der Arbeitsverhältnisse auf der ganzen Welt ab, und sie wird nur um den Preis einer Umwälzung der gesamten Produktion wirklich zu ändern sein.«[12]

Parallel zur idealistischen, psychologischen Erklärung setzt Beauvoir eine orthodoxe ökonomistische Methode ein. Daher rührt das Pathos des Evolutionismus, das in einen Rückblick auf die Formen der weiblichen Grundsituation in der Geschichte der verschiedenen Gesellschaften mündet – meist in Begriffen, die sich auf das Eigentumssystem und dessen Auswirkungen auf die Frauen beziehen.

Die klassische Literatur zum Frauenproblem ist also vorwiegend ökonomisch ausgerichtet und betont die direkte Unterordnung der Frau unter die Institutionen des Privateigentums. Ihr biologischer Status bestätigt sowohl ihre Schwäche als Produzentin in Arbeitsverhältnissen wie auch ihre Bedeutung als Besitztum in Reproduktionsverhältnissen. Die umfassendste und jüngste Interpretation gibt beiden Faktoren eine psychologistische Form. Der Diskussionsrahmen ist zwar evolutionstheoretisch festgelegt, vermag aber kein überzeugendes Zukunftsbild zu entwerfen, das über die Behauptung hinauswiese, zum Sozialismus gehöre als »konstitutives Element« die Befreiung der Frau.

Wo liegt der Ausweg aus dieser Sackgasse? Es gilt, die Lebenssituation der Frau sehr viel radikaler, als dies in der Vergangenheit geschehen ist, in ihren Einzelstrukturen zu analysieren, Strukturen, die eine komplexe, keine einfache Einheit bilden. Zu diesem Zweck ist zunächst die Idee zurückzuweisen, die Lebenssituation der Frau lasse sich durch Ableitung aus der Ökonomie erschließen oder symbolisch mit der Gesellschaft gleichsetzen. Vielmehr muß sie als eine *spezifische* Struktur aufgefaßt werden, eine Einheit aus unterschiedlichen Elementen. Die Varianten der *condition féminine* im Laufe der Geschichte werden sich als das Ergebnis verschiedenartiger Verbindungen dieser Elemente erweisen, so wie Marx' Analyse der Epochen ökonomischer Gesellschaftsformationen (Formen, die der kapitalistischen Produktion vorhergehen) eine Typologie der unterschiedlichen Kombinationen von Produktionsfaktoren und keine Chronik der ökonomischen Entwicklung ist. Da die Einheit der *condition féminine* zu jedem beliebigen Zeitpunkt ein Gebilde aus mehreren Grundstrukturen ist, ist sie stets »überdeterminiert«.[13] Solche Grundstrukturen sind: Produktion, Reproduktion, Sexualität, Sozialisation der Kinder. Ihre konkrete Verbindung bringt die »komplexe Einheit« der *condition féminine* hervor; jede Einzelstruktur kann jedoch zu einem bestimmten Zeitpunkt in der Geschichte einen anderen »Härtegrad« haben. Deshalb muß jede gesondert untersucht werden, damit erkennbar wird, welchen Aggregatzustand die gegenwärtige Einheit aufweist und wie er sich ändern ließe. Die folgenden Ausführungen erheben nicht den Anspruch auf Vollständigkeit; sie versammeln lediglich einige allgemeine Überlegungen zu den verschiedenen Rollen der Frau und den Relationen, die zwischen ihnen bestehen.

Produktion

Die biologische Geschlechtsdifferenzierung und die Arbeitsteilung gelten als unauflöslich und notwendig. Die geringere Körperkraft der Frau, ihre Psychologie und ihr psycho-biologischer Stoffwechsel scheinen sie zu einem wenig nützlichen Mitglied der Gesamtarbeitskraft zu machen. Stets wird betont,

daß, insbesondere auf den frühen Stufen der gesellschaftlichen
Entwicklung, die körperliche Überlegenheit dem Mann die
Mittel zur Eroberung der Natur gewährten, die der Frau versagt blieben. Indem man die Frau auf die häuslichen Aufgaben
der Fürsorge verpflichtete, wurde sie selbst zu einem Bestandteil dessen, was es zu bewahren galt: Privateigentum und
Kinder. Marx, Engels und Simone de Beauvoir stellen gleichermaßen eine Verbindung her zwischen der Einführung und
Fortsetzung der Subordination der Frauen, nachdem ihre körperliche Unterlegenheit bei schwerer manueller Arbeit fest-
stand, und dem Aufkommen des Privateigentums.

Die körperliche Schwäche der Frau hat sie freilich nie von der
Arbeit als solcher suspendiert (von der Kinderaufzucht ganz
abgesehen), sondern nur von bestimmten Arbeitsarten in bestimmten Gesellschaften. In primitiven, antiken, orientalischen
und kapitalistischen Gesellschaften war der Umfang der von
Frauen geleisteten Arbeit stets beträchtlich. Was in Frage steht,
ist einzig ihre Form. Die Hausarbeit ist auch heute noch enorm,
wenn sie im Sinne der produktiven Arbeit quantifiziert wird.[14]
Und in zahlreichen bäuerlichen Gesellschaften haben Frauen
ebensoviel auf den Feldern gearbeitet wie die Männer oder
sogar mehr als sie.

Körperbau und Zwang

Der klassischen Diskussion liegt die Annahme zugrunde, der
Faktor, der die Geschichte der weiblichen Unterordnung in
Gang gebracht hat, seien die geringeren weiblichen Fähigkeiten
zu schwerer körperlicher Arbeit. In Wirklichkeit ist dies eine
grobe Vereinfachung. Selbst innerhalb dieses Vergleichsrah-
mens war historisch die geringere Eignung der Frau zu körperlicher Gewaltanwendung für ihre Unterordnung ebenso ausschlaggebend gewesen wie ihre mindere Muskelkraft. Der
Mann verfügt über die Kraft, sich nicht allein gegenüber der
Natur zu behaupten, sondern auch gegenüber seinen Nächsten.
Im Zusammenhang mit der direkten Arbeitsteilung, die auf

biologischen Vermögen beruht, spielt der *soziale Zwang* eine
viel gewichtigere Rolle, als im allgemeinen zugegeben wird.
(Freilich muß er nicht immer als direkte Aggression erscheinen.) In Agrargesellschaften, wo die Unterlegenheit der Frau
gesellschaftlich festgeschrieben ist, weist man ihr die anstren-
gende Tätigkeit des Ackerbaus und der Kultivierung zu. Dazu
ist Zwang erforderlich. In entwickelten Zivilisationen und
komplexeren Gesellschaften werden die körperlichen Mängel
der Frau abermals bedeutungsvoll. Frauen taugen weder für
den Krieg noch für den Städtebau. In der beginnenden Industrialisierung nimmt der Zwang jedoch ein neues Gesicht an:
»Sofern die Maschinerie Muskelkraft entbehrlich macht, wird
sie zum Mittel, Arbeiter ohne Muskelkraft oder von unreifer
Körperentwicklung, aber größerer Geschmeidigkeit der Glieder
anzuwenden. Weiber- und Kinderarbeit war daher das erste
Wort der kapitalistischen Anwendung der Maschinerie!«[15]
René Dumont weist darauf hin, daß in vielen Zonen des
tropischen Afrika die Männer untätig sind, während die Frauen
den ganzen Tag hart arbeiten.[16] Diese Ausbeutung hat keine
»natürliche« Ursache. Frauen leisten ihre »schweren« Arbeiten
in den heutigen afrikanischen Bauerngesellschaften vermutlich
nicht aus Furcht vor Bestrafung durch die Männer, sondern
weil diese Aufgaben »Brauch« sind und einen Bestandteil der
gesellschaftlichen Rollenstrukturen bilden. Ein weiterer Punkt
ist, daß der Zwang eine andere Beziehung zwischen dem Zwin-
genden und dem Gezwungenen bewirkt als die Ausbeutung: sie
ist politisch, nicht ökonomisch. Der Herr begreift den Knecht
oder Leibeigenen als »unorganische« Naturvoraussetzung seiner eigenen Reproduktion. D. h. die Arbeit selbst wird zu einem
Element in der »Reihe der andren Naturwesen«, wie das Vieh
oder der Boden:

»Der Sklave steht in gar keinem Verhältnis zu den objektiven Bedingungen seiner Arbeit; sondern die Arbeit selbst, sowohl in der Form
des Sklaven, wie der des Leibeignen, wird als *unorganische Bedingung*
der Produktion in die Reihe der andren Naturwesen gestellt, neben das
Vieh oder als Anhängsel der Erde. In andren Worten; die ursprünglichen Bedingungen der Produktion erscheinen als Naturvoraussetzun-

gen, *natürliche Existenzbedingungen des Produzenten,* ganz so wie
sein lebendiger Leib, sosehr er ihn reproduziert und entwickelt, ursprünglich nicht gesetzt ist von ihm selbst, als die *Voraussetzung*
seiner selbst erscheint.«[17]

Genau dies ist die Lage der Frau. Nicht ihre physische Schwäche hat die Frau von der produktiven Arbeit ferngehalten;
vielmehr hat ihre *soziale* Schwäche sie in diesen Fällen zum
ersten Sklaven gemacht.

So trivial diese Wahrheit auch klingen mag, die einschlägigen
Autoren haben sie stets überhört, mit dem Ergebnis, daß sich in
ihre Zukunftsvoraussagen ein ungerechtfertigter Optimismus
einschlich. Wenn tatsächlich einzig die biologisch bedingte
Unfähigkeit zu schwerster körperlicher Arbeit die Unterordnung der Frau bestimmt hat, dann scheint die Aussicht auf eine
fortgeschrittene Maschinentechnik, die den Bedarf an körper-
lichem Kraftaufwand beseitigt, die Befreiung der Frau zu ver-
heißen. Kündigt also die Industrialisierung tatsächlich die
Frauenbefreiung an?

»[...] die Befreiung der Frau [hat] zur ersten Vorbedingung [...] die
Wiedereinführung des ganzen weiblichen Geschlechts in die öffentliche Industrie.« »Die Befreiung der Frau wird erst möglich, sobald
diese auf großem gesellschaftlichem Maßstab an der Produktion sich
beteiligen kann und die häusliche Arbeit sie nur noch in unbedeutendem Maß in Anspruch nimmt. Und dies ist erst möglich geworden
durch die moderne große Industrie, die nicht nur Frauenarbeit auf
großer Stufenleiter zuläßt, sondern förmlich nach ihr verlangt, und die
auch die private Hausarbeit mehr und mehr in eine öffentliche Industrie aufzulösen strebt.«[18]

Was Marx über die Frühindustrialisierung sagte, trifft in keinem geringeren, aber auch in keinem höheren Maße auch auf
eine automatisierte Gesellschaft zu:

»[Es] leuchtet ein, daß die Zusammensetzung des kombinierten Ar-
beitspersonals aus Individuen beiderlei Geschlechts und der verschie-
densten Altersstufen, obgleich in ihrer naturwüchsig brutalen, kapitalistischen Form, wo der Arbeiter für den Produktionsprozeß, nicht der
Produktionsprozeß für den Arbeiter da ist, Pestquelle des Verderbs
und der Sklaverei, unter entsprechenden Verhältnissen umgekehrt zur
Quelle humaner Entwicklung umschlagen muß.«[19]

Industriearbeit und Automatisierung versprechen die Voraussetzungen für die Befreiung der Frau und des Mannes herzustellen, freilich nicht mehr als die Voraussetzungen. Denn es ist nur
zu offenkundig, daß die Industrialisierung die Frauen bisher
weder im Westen noch im Osten befreit hat. Für den Westen
stimmt es immerhin, daß die Frauen in großer Zahl in den
Arbeitsmarkt der expandierenden industriellen Wirtschaft einströmten, doch nicht auf Dauer. Simone de Beauvoir hoffte, die
Automatisierung werde die körperlichen Unterschiede zwischen den Geschlechtern ausgleichen. Die Hoffnung hat sich
nicht erfüllt. Denn die Technik ist keine unabhängige, autonome geschichtliche Kraft, sondern ein Faktor im Ensemble der
Gesellschaftsstruktur, und diese Struktur ist es, die die Zukunft
der Frau in den Arbeitsverhältnissen bestimmt und weiterhin
bestimmen wird.

Körperliche Mängel sind heute ebensowenig wie früher eine
hinreichende Erklärung dafür, daß die Frau einen minderen
gesellschaftlichen Status genießt. Vielmehr ist der soziale
Zwang zu einer Ideologie geworden, die von beiden Geschlechtern geteilt wird. In ihrem Kommentar zu den Ergebnissen ihrer
Befragung arbeitender Frauen stellt Viola Klein fest: »In keiner
einzigen Antwort auf die Fragen gibt es irgendeine Spur von
feministischem Egalitarismus, und ebensowenig wird unterstellt, daß Frauen ein ›Recht auf Arbeit‹ haben.«[20] Solange man
den Frauen einen Platz in der *Produktion* streitig macht oder
verweigert, schafft sie nicht einmal die *Vorbedingungen* ihrer
Befreiung.

Reproduktion

Die Abwesenheit der Frau im Produktionsbereich ist historisch
nicht nur durch ihre körperliche Schwäche in einem Zwangszu-
sammenhang verursacht, sondern auch durch ihren Ort in der
Reproduktion. Die Mutterschaft gebietet zwar einen zeitweiligen Rückzug aus der Arbeit, aber dies ist nicht entscheidend.
Entscheidend ist vielmehr die Rolle der Frau bei der Reproduk-

tion, die, zumindest in der bürgerlichen Gesellschaft, zur »Ergänzung« der männlichen Rolle in der Produktion geworden
ist.[21] Kinder gebären und aufziehen, das Heim instandhalten –
das ist, dieser Ideologie zufolge, der Kern der natürlichen
Berufung der Frau. Dahinter steht die Vorstellung von der
Universalität der Familie als menschlicher Institution. Es besteht kaum ein Zweifel daran, daß die sozialistischen Analysen
die darin liegenden fundamentalen Probleme zu gering einge-
schätzt haben. Die Unfähigkeit, dem Schlagwort von der »Aufhebung« der Familie einen praktikablen Sinn zu geben, ist ein
deutlicher Beleg dafür (wie auch für die Sinnlosigkeit dieser
Formulierung).

Die biologische Funktion der Mutterschaft ist eine universale,
zeitunabhängige Tatsache, und als solche scheint sie sich den
Kategorien der materialistischen Geschichtsanalyse zu entziehen. Scheinbar folgt aus ihr die Beständigkeit und Allgegenwart
der Familie, wenn auch in unterschiedlichen Formen.[22] Ist dies
einmal akzeptiert, so läßt sich die gesellschaftliche Unterordnung der Frau – wie sehr man die weibliche Rolle auch als eine
zwar ehrenwerte, aber spezifische betonen mag (vgl. die Parole
der Südstaaten-Rassisten: »Equal but separate« – »Gleich aber
getrennt«) – als eine *unüberwindliche* bio-historische Schranke
interpretieren. Die Kausalkette lautet folgendermaßen: Mutterschaft, Familie, Abwesenheit in der Produktion und im öffentlichen Leben, sexuelle Ungleichheit.

Angelpunkt dieser Argumentation ist die Idee der Familie. Es
herrscht weitgehend die Auffassung, »Familie« und »Gesellschaft« seien praktisch koextensiv, bzw. es gebe keine fortgeschrittene Gesellschaft, die nicht auf der Kernfamilie gründe.
Ernsthaft anfechten läßt sich diese Auffassung nur, indem man
fragt, was eigentlich die Familie ist, oder vielmehr, was die
Rolle der Frau in der Familie ist. Sobald so gefragt wird,
erscheint das Problem in einem anderen Licht. Denn offensichtlich ist die Rolle der Frau in der Familie – sei diese nun eine
primitive, eine feudalistische oder eine bürgerliche – in drei
ganz verschiedenen Strukturen verankert: Reproduktion, Sexualität und Sozialisation der Kinder. In der modernen Familie

sind sie zwar historisch, nicht aber essentiell miteinander verknüpft. Die biologische Elternschaft ist nicht unbedingt mit der
gesellschaftlichen Elternschaft identisch (Adoption). Es ist deshalb geboten, in der Familie nicht eine unverrückbare Einheit
zu sehen, sondern die einzelnen *Strukturen* zu untersuchen, aus
denen sie heute zwar besteht, die sich aber morgen schon auf-
lösen oder zu einem neuen Muster zusammenfügen können.
Wie schon betont wurde, erscheint die Reproduktion als ein
scheinbar konstantes, zeitunabhängiges Phänomen – eher ein
Stück Biologie als ein Stück Geschichte. In Wirklichkeit ist dies
jedoch eine Illusion. Wohl trifft es zu, daß die »Reproduktionsweise« sich nicht mit der »Produktionsweise« ändert. Sie kann
durchaus über eine Reihe verschiedener Produktionsweisen
hinweg dieselbe bleiben. Bis heute hat man sie nämlich in
Kategorien der Natur definiert. Insoweit ist sie eine unverän-
derliche biologische Tatsache geblieben. Solange die Reproduktion für ein Naturphänomen galt, waren die Frauen fak-
tisch zur gesellschaftlichen Ausbeutung verurteilt. Jedenfalls
konnten sie über einen großen Teil ihres Lebens nicht selber
bestimmen. Sie hatten keine Wahl, ob oder wie oft sie gebären
sollten (von der wiederholten Abtreibung abgesehen); ihre
Existenz war an biologische Prozesse gekoppelt, die ihrer Kontrolle entzogen waren.

Empfängnisverhütung

Deshalb war die Empfängnisverhütung, die als eine rationale
Technik im 19. Jahrhundert erfunden wurde, eine Neuerung
von weltgeschichtlichem Belang. Erst jetzt beginnt sich abzu-
zeichnen, welche immensen Folgen sie haben könnte. Sie bedeutet, daß die Reproduktionsweise verändert werden könnte.
Sobald nämlich die Schwangerschaft freiwillig wird (in welchem Maße ist sie es denn heute, selbst im Westen?), ist sie
nicht mehr die einzige oder höchste Berufung der Frau, sondern
eine Wahlmöglichkeit unter anderen. Davon sind wir freilich
noch weit entfernt. Immer noch ist – unter dem Gesichtspunkt

der Erdbevölkerung – die Pille das Privileg einer Minderheit.
Selbst hier trägt der »technische« Fortschritt das Mal eines
konservativen und ausbeuterischen Spiels mit Freiheitschancen,
eines Spiels, das beide Geschlechter umfaßt.
Ein überaus wichtiger Umstand ist allerdings, daß die leicht
zugängliche Empfängnisverhütung die sexuelle Erfahrung von
der Erfahrung der Reproduktion abzuspalten droht, während
die bürgerliche Ideologie die Reproduktion unverändert zur
raison d'être der Familie erklärt.

Reproduktion und Produktion

Gegenwärtig ist die Reproduktion häufig eine Art trauriger
Mimikry der Produktion. Arbeit ist überwiegend Entfremdung
von Arbeit in der Herstellung eines gesellschaftlichen Produkts,
nicht ein Akt verantwortungsvoller Schöpfung. Die Mutterschaft ist davon eine Karikatur. Sie wird leicht zu einer Art
Ersatz für die Arbeit. Natürlich verschwindet das Kind nicht
buchstäblich wie die Ware, die von einem anderen angeeignet
wird. Doch die Entfremdung der Mutter ist nicht weniger
einschneidend als die des Arbeiters. Vom biologischen Ursprung einer Person zu reden ist eine Abstraktion. Als autonome Person bedroht das Kind notwendigerweise die Vorstellung, es sei, weil von den Eltern gezeugt, deren *Besitz*. Besitz
figuriert als eine Erweiterung des Selbst. Das Kind als Besitz ist
dies in einem vorzüglichen Maße. Daher ist jede Aktivität des
Kindes eine Bedrohung der Mutter, die ihrer Reproduktions-
rolle wegen auf Autonomie verzichtet. Es gibt kaum ein riskan-
teres Wagnis, um darauf ein Leben zu gründen.
Im übrigen ist selbst dann, wenn die Frau eine emotionale
Kontrolle über das Kind hat, sowohl sie selbst als auch das
Kind rechtlich und wirtschaftlich dem Vater untergeordnet.
Dem gesellschaftlichen Mutterschaftskult entspricht die faktische sozioökonomische Machtlosigkeit der Mutter. Der psychologische und der praktische Nutzen, den die Männer daraus
ziehen, ist offenkundig. Die Kehrseite des weiblichen Strebens

nach produktiver Verwirklichung im Kind ist der Rückzug des Mannes aus seiner Arbeit in die Familie: »Wenn wir nach Hause kommen, legen wir unsere Masken ab und lassen unsere Werkzeuge liegen; wir sind keine Rechtsanwälte, Matrosen, Soldaten, Politiker oder Pfarrer mehr, sondern einfach Männer. Wir rücken wieder in unsere menschlichsten Beziehungen ein, die am Ende doch alles sind, was uns gehört, wenn wir bei uns selbst sind.«[23]

Im Unterschied zu ihrem unproduktiven Status *ist* die Fähigkeit zur Mutterschaft eine Bestimmung der Frau. Aber sie ist lediglich eine physiologische Bestimmung. Solange man sie weiterhin als Ersatz für Handeln und schöpferische Tätigkeit gelten läßt, werden Frauen an die Gattungsschranken gebunden bleiben, an ihre universale natürliche Verfassung.

Sexualität

Die Sexualität ist traditionsgemäß die meisttabuierte Dimension der *condition féminine*. Die Bedeutung der sexuellen Freiheit und ihr Zusammenhang mit der Freiheit der Frau ist ein besonders schwieriges Thema. Marx vertrat über diesen Gegenstand herkömmliche Meinungen: die Heiligung des Sexualtriebs durch Ausschließlichkeit, die Triebkontrolle durch Gesetze, die moralische Schönheit, welche das Gebot der Natur in Form einer Gefühlsbindung idealisiert – das war für ihn das geistige Wesen der Ehe.[24]

Dennoch ist einsichtig, daß die Frauen in der Geschichte ebensosehr als Sexualobjekt wie als Gebärerinnen oder Produzentinnen definiert wurden. Die Sexualbeziehung läßt sich in der Tat leichter dem Besitzstatus angleichen als die Produktions- oder Reproduktionsbeziehung. Das zeitgenössische Vokabular legt dafür beredtes Zeugnis ab, es ist ein umfangreiches Lexikon der Verdinglichung. Marx war sich dessen wohlbewußt: Die Ehe ist »allerdings eine Form des exklusiven Privateigentums«.[25] Doch versuchten weder er selbst noch seine Nachfolger jemals, sich mit den Folgen dieser Einsicht für eine

Strukturanalyse der *condition féminine* auseinanderzusetzen.
Wie Marx in derselben Passage sagt, bedeutet Kommunismus
nicht bloße »Vergemeinschaftlichung« der Frauen. Weiter
wagte er sich nicht vor.

An dieser Stelle sind einige historische Überlegungen angebracht. Denn selbst wenn die Sozialisten schwiegen, die Lücke
wurde von liberalen Ideologen gefüllt. In seinem *Eros Denied*
[Verleugneter Eros] schreibt Wayland Young, die westliche
Zivilisation sei sexuell repressiv gewesen, und in seinem Plä-
doyer für sexuelle Freiheit vergleicht er sie ausführlich mit
orientalischen und antiken Gesellschaften. Auffällig ist indes,
daß er keinerlei Bezug nimmt auf den Status der Frauen in den
verschiedenen Gesellschaften oder auf die verschiedenen Formen des in ihnen geltenden Ehevertrags. Auch wenn es zutrifft,
daß gewisse orientalische oder antike (und allerdings primitive)
Gesellschaften weniger puritanisch waren als westliche Gesellschaften, so ist es doch absurd, dies als einen »übertragbaren
Wert« anzusehen, der von der gesellschaftlichen Struktur unabhängig sei. Tatsächlich war die sexuelle Freizügigkeit in vielen
dieser Gesellschaften begleitet von einer Form polygamer Ausbeutung, die sie praktisch zum Ausdruck männlicher Herrschaft machte. Unbegrenzte rechtmäßige Polygamie bedeutet
Aufhebung weiblicher Autonomie – ungeachtet der Qualitäten
der jeweiligen Kultur – und stellt einen extremen Fall von
Unterwerfung dar. Das alte China ist ein vorzügliches Beispiel
dafür. Wittfogel hat den außerordentlichen Despotismus des
chinesischen *Pater familias* beim Namen genannt – ein »litur-
gischer (halb-offizieller) Polizist seiner eigenen Verwandt-
schaftsgruppe«.[26] Im Westen wiederum bezeichnete das Aufkommen der Einzelehe keineswegs eine *absolute* Verbesserung.
Mit Sicherheit brachte sie keine Gleichheit mit sich. Engels
bemerkt dazu:

»So tritt die Einzelehe keineswegs ein in die Geschichte als die
Versöhnung von Mann und Weib, noch viel weniger als ihre höchste
Form. Im Gegenteil. Sie tritt auf als Unterjochung des einen Geschlechts durch das andere, als Proklamation eines bisher in der
ganzen Vorgeschichte unbekannten Widerstreits der Geschlechter.«[27]

Das Christentum verband die Ehe mit einem noch nie dagewesenen System allgemeiner sexueller Beschränkung. In der Paulinischen Version steckte darin ein betont frauenfeindlicher Zug, der sich später abschwächte – obwohl die Feudalgesellschaft für asketisch gehalten wurde, praktizierte sie die formale Monogamie zusammen mit einer beachtlichen Toleranz für polygames Verhalten, zumindest in der Oberschicht. Aber auch hier war der Grad sexueller Freiheit lediglich ein Indiz für männliche Herrschaft. In England trat die entscheidende Veränderung im 16. Jahrhundert ein, mit der Entstehung des militanten Puritanismus und der Zunahme von Marktbeziehungen in der Wirtschaft. Lawrence Stone schreibt dazu:

»Wenn nicht in der Theorie, so doch in der Praxis war der Adel des frühen 16. Jahrhunderts eine polygame Gesellschaft, und einige Adlige brachten es trotz des offiziellen Scheidungsverbots fertig, mit einer Reihe von Frauen zusammenzuleben. [...] Unter dem Einfluß der calvinistischen Kritik an der Doppelmoral erhob sich jedoch gegen Ende des 16. Jahrhunderts die öffentliche Meinung gegen den offenkundigen Unterhalt einer Mätresse.«[28]

Der Kapitalismus und die damit einhergehenden Forderungen der aufsteigenden Bourgeoisie räumten der Frau als Ehefrau und Mutter einen neuen Status ein. Ihre gesetzlichen Rechte wurden verbessert; über ihre gesellschaftliche Stellung wurde energisch diskutiert, und die körperliche Bestrafung der Frau wurde verurteilt. »Der bürgerliche Mann sucht in seiner Frau eine Ergänzung und nicht einen ihm ebenbürtigen Menschen.«[29] Am Rande der Gesellschaft gewann die Frau gelegentlich eine Gleichheit, die über ihre marktgesellschaftliche Funktion hinausging. In extremen Sekten genoß die Frau oft die gleichen Rechte wie der Mann: Fox behauptete, die Erlösung stelle die Gleichheit vor dem Sündenfall wieder her. Doch nach erfolgter Institutionalisierung der meisten Sekten rückte das Bedürfnis nach familiärer Disziplin wieder in den Vordergrund. Wie Keith Thomas sagt, hatten die Puritaner »etwas getan, um den Status der Frauen zu heben, doch in Wirklichkeit war dies nicht sehr viel«.[30] Das patriarchalische System blieb gewahrt und wurde durch die ökonomische Produktionsweise aufrechterhalten. Der Schritt zur rechtsgültigen Einzelehe begleitete den Übergang zur modernen bürgerlichen Gesellschaft, wie wir sie heute kennen. Ebenso wie das Marktsystem selbst stellt sie eine historische Errungenschaft um einen hohen historischen Preis dar. Die formale Rechtsgleichheit in der kapitalistischen Gesellschaft und die kapitalistische Rationalität galten nun sowohl für den Ehevertrag wie für den Arbeitsvertrag. In beiden Fällen verhüllt eine nominelle Gleichheit die reale Ungleichheit. Aber in beiden Fällen markiert die formale Gleichstellung auch einen Fortschritt.

Die heutige Situation ist durch einen neuen Widerspruch gekennzeichnet. Da nun die formale eheliche Gleichheit (Monogamie) festgelegt ist, wird die sexuelle Freiheit – die unter den Bedingungen der Polygamie gewöhnlich eine Form der Ausbeutung war – ihrerseits zu einer möglichen Kraft der Befreiung. Sie bedeutet für beide Geschlechter, die Grenzen gegenwärtiger Kodifizierungen der Sexualität überschreiten zu können.

Geschichtlich gab es also eine dialektische Bewegung, in welcher der sexuelle Ausdruck »geopfert« wurde: in einer Epoche mehr oder weniger puritanischer Unterdrückung, die gleichwohl eine ersichtliche Parität der Sexualrollen herbeiführte. Diese wiederum schafft die Vorbedingungen für Befreiung, und zwar im doppelten Sinne von Gleichheit *und* Freiheit, deren Einheit den Sozialismus bestimmt.

Diese Bewegung findet ihre Bestätigung in der Geschichte der »Empfindungen«. Erst im 12. Jahrhundert entsteht, im Gegenzug zu den rechtlichen Eheformen und mit einer gesteigerten Wertschätzung der Frau (höfische Liebe), der *Liebes*kult. Er verbreitete sich rasch und wurde mit der Ehe selber zusammengebracht, die in ihrer bürgerlichen Gestalt (romantische Liebe) zur *freien Wahl auf Lebenszeit* wurde. Auffällig ist dabei, daß die Monogamie die Idee der Liebe um viele Jahrhunderte vorwegnahm. In der Folge wurden zwar beide offiziell in Einklang gebracht, doch die Spannung zwischen ihnen wurde nie ganz beseitigt. Es besteht ein formaler Widerspruch zwischen dem freiwilligen Vertragscharakter der »Ehe« und dem spontanen, unkontrollierbaren Charakter der »Liebe« – der

Leidenschaft, die gerade wegen ihrer unwillkürlichen Kraft gepriesen wird. Die Vorstellung, sie komme im Leben des Einzelnen nur ein einziges Mal vor und lasse sich deshalb in einen freiwilligen Vertrag integrieren, verliert im Lichte der Alltagserfahrung zusehends an Plausibilität – sobald die sexuelle Repression als psycho-ideologisches System gelockert wird.

Der bisher wichtigste Durchbruch im traditionellen Wertemuster signalisierte offensichtlich die Verbreitung vorehelicher Sexualerfahrung. In der bürgerlichen Gesellschaft heute ist sie praktisch legitim. Ihre Folgen wirken jedoch auf die ideologische Konzeption der in dieser Gesellschaft vorherrschenden Ehe, nämlich daß die Ehe eine ausschließliche und dauerhafte Bindung sei, wie ein Sprengsatz. Eine neuere amerikanische Aufsatzsammlung, *The Family and the Sexual Revolution,* führt dies vor Augen:

»Wenn es um außereheliche Beziehungen geht, schlagen die Feinde der Sexualität immer noch eine nachhaltige, wenn auch verlorene Schlacht. Dem innersten Kern der jüdisch-christlichen Sexualethik zufolge sollen Männer und Frauen bis zur Eheschließung keusch und danach absolut treu bleiben. Im Hinblick auf die voreheliche Keuschheit scheint diese Ethik ganz offensichtlich zu verschwinden, und in vielen Teilen der Bevölkerung wird sie immer mehr zum toten Buchstaben.«[31]

Die gegenwärtige sexuelle Liberalisierung könnte durchaus zur Mehrung und Stärkung der allgemeinen Freiheit der Frau beitragen; sie kann aber auch neue Formen der Unterdrückung ankündigen. Die puritanisch-bürgerliche Vision der Frau als »Ergänzung« hat die *Vorbedingungen* für die Emanzipation hergestellt. Sie verschaffte jedoch den Geschlechtern eine satzungsrechtliche Gleichheit um den Preis einer erhöhten Reglementierung. In der Folge wurde sie – so wie das Privateigentum selbst – zu einer Behinderung freier Sexualität. Die kapitalistischen Marktbeziehungen waren historisch die Voraussetzung des Sozialismus; bürgerliche Ehebeziehungen können (entgegen der Verdammung im *Kommunistischen Manifest*) eine Voraussetzung für die Befreiung der Frau sein.

Sozialisation

Die biologische Bestimmung der Frau zur Mutter wird im Zeichen einer Sozialisationsinstanz der Kinder zu einer kulturellen Aufgabe. In der Kindererziehung erlangt die Frau ihre wichtigste gesellschaftliche Bestätigung. Ihre Eignung für die Sozialisationsaufgaben gründet in ihrer physiologischen Verfassung, ihrer Fähigkeit des Stillens, sowie in der relativen Unfähigkeit, schwere Arbeitsbelastungen auf sich zu nehmen. Gleich zu Beginn ist festzuhalten, daß Eignung nicht gleich Notwendigkeit bedeutet. Lévi-Strauss schreibt:

»In allen menschlichen Gruppen bringen Frauen Kinder zur Welt und kümmern sich um sie; die Männer dagegen betreiben die Jagd und kriegerische Aktivitäten als ihre Besonderheiten. Doch selbst für das erstere finden wir zweideutige Fälle: Zwar bringen Männer niemals Kinder zur Welt, doch in vielen Gesellschaften [...] werden sie veranlaßt, so zu handeln, als ob sie es tun würden.«[32]

Evans-Pritchard beschreibt in seinem Bericht über die Nuer genau eine solche Situation. Und die Anthropologin Margaret Mead gibt zu der Hypothese einer *natürlichen* Korrelation von Weiblichkeit und Ernährung folgenden Kommentar:

»Wir nehmen dies an, weil es für eine Mutter passend ist, den Wunsch zu hegen, für ihr Kind zu sorgen. Es ist dies ein Zug, mit dem die Frauen auf dem Wege eines sorgfältigen teleologischen Evolutionsprozesses reichlicher ausgestattet wurden. Wir nehmen es an, weil die Männer sich der Jagd widmeten, einer Tätigkeit, die Unternehmungsgeist, Tapferkeit und Entschlußkraft erfordert; mit diesen nützlichen Fähigkeiten wurden sie als Teil ihres Geschlechtstemperaments ausgestattet.«[33]

Die kulturelle Rollenzuwendung bei der Kinderaufzucht – und die Grenzen ihrer Veränderbarkeit – ist hier nicht das Hauptproblem. Wichtiger ist es, die Eigenart des Sozialisationsprozesses selbst sowie seine Erfordernisse zu analysieren.

Parsons behauptet, für das Kind sei es wesentlich, zwei »Eltern« zu haben: einen Elternteil, der eine »expressive« Rolle und einen, der eine »instrumentelle« Rolle spiele.[34] Die Kernfamilie dreht sich um diese zwei Achsen der Generationshierarchie und der beiden Rollen. Parsons fährt fort:

»Zumindest eine Grundeigenschaft der äußerlichen Situation von Sozialsystemen – hier eine Eigenschaft des physiologischen Organismus – ist ein entscheidender Bezugspunkt für die Differenzierung innerhalb der Familie. Sie besteht in der Aufteilung der Organismen in eine stillende und nichtstillende Klasse.«

Wie Parsons und seine Mitarbeiter annehmen, spielt der Mann in allen Gruppen, auch in den von Evans-Pritchard und Mead erörterten primitiven Stämmen, die instrumentelle Rolle *im Verhältnis* zur Gattin-Mutter. Auf einer bestimmten Stufe spielt die Mutter eine instrumentelle und expressive Rolle *gegenüber* ihrem Kind: auf der präödipalen Stufe nämlich, wo sie ebenso die Quelle von Billigung und Mißbilligung wie von Liebe und Fürsorge ist. Danach allerdings übernimmt der Vater oder ein männlicher Ersatz (in matrilinearen Gesellschaften der Bruder der Mutter) diese Rolle. In der modernen Industriegesellschaft sind eindeutig zwei Rollentypen wichtig: die Erwachsenenrollen bei der Fortpflanzung in der Familie und die Berufsrolle des Erwachsenen. Die Funktion der Familie als solche spiegelt die Funktion der Frauen in ihr; sie ist in erster Linie expressiv. Die Person, welche die integrativ-adaptiv-expressive Rolle wahrnimmt, soll nicht die ganze Zeit wegen instrumentell-berufsbezogener Tätigkeiten abwesend sein – daher besteht eine eingebaute Hemmung gegenüber der Frauenarbeit außer Haus. Parsons' Analyse verdeutlicht die exakte Rolle der mütterlichen Sozialisationsinstanz in der heutigen amerikanischen Gesellschaft.[35] Leider weist sie nicht darüber hinaus. Wertvoll an Parsons' Arbeit ist immerhin das Festhalten an der zentralen Bedeutung der Sozialisation als eines für jede Gesellschaft konstitutiven Prozesses (kein Marxist hat bis heute eine vergleichbare Analyse vorgelegt). Seine Schlußfolgerung lautet:

»Es scheint die beinahe unumschränkte Meinung aller kompetenten Persönlichkeitspsychologen zu sein, daß Persönlichkeiten sich in ihrem Grad an charakterlicher Rigidität zwar stark unterscheiden, daß aber bestimmte allgemeine Grundmuster des ›Charakters‹ in der Kindheit festgelegt (sofern sie nicht genetischer Herkunft sind) und durch die Erfahrung im Erwachsenenalter nicht radikal verändert werden. Das genaue Ausmaß, in dem dies zutrifft, oder die genauen Altersstufen, auf denen die Formbarkeit stark abnimmt, stehen hier nicht zur Diskussion. Wichtig ist die Tatsache, daß Grundeigenschaften des Charakters in der Kindheit gebildet werden und daß er später relativ stabil bleibt.«[36]

Die frühe Kindheit

Diese Erkenntnis erscheint unbestritten. Eine der großen Revolutionen in der Psychologie war die Entdeckung des entscheidenden Gewichts der Kindheit im individuellen Lebensverlauf – einer im Vergleich zur chronologischen Zeit unverhältnismäßig längeren psychischen Zeit. Freud eröffnete diese Revolution mit seinen Arbeiten über die frühkindliche Sexualität; Melanie Klein radikalisierte sie mit ihrer Studie über das erste Lebensjahr. So wissen wir heute weit besser als je zuvor, wie zerbrechlich und gefährdet für jeden Einzelnen der Übergang vom Säuglingsalter in die Kindheit ist. Das Schicksal der erwachsenen Person kann in den Anfangsmonaten des Lebens entschieden werden. Die Voraussetzungen für spätere Stabilität und Integration sind Zuwendung und Fürsorglichkeit gegenüber dem Kleinkind und eine langfristige konstante Identität der Bezugsperson.

Diese Fortschritte im wissenschaftlichen Verständnis der Kindheit wurden in einer Zeit, als die traditionelle Familie zu zerfallen schien, weitgehend dazu benutzt, die Mutterfunktion der Frau erneut zu bekräftigen. Bowlby, der im Zweiten Weltkrieg evakuierte Kinder untersuchte, erklärte: »Wesentlich für die seelische Gesundheit ist, daß der Säugling und das Kleinkind eine enge, warmherzige und dauerhafte Beziehung mit seiner Mutter erlebt.«[37] Die Familienideologie hat sich vom Kult der biologischen Feuerprobe der Mutterschaft (des Schmerzes, der das Kind so kostbar macht, usw.) auf den Lobpreis der mütterlichen Fürsorge als eines gesellschaftlichen Aktes verlagert. Sie schreckt inzwischen vor keiner Peinlichkeit mehr zurück:

»Das Stillen an der Brust wird für die Mutter zu einer Ergänzung des Zeugungsakts. Es verschafft ihr ein gesteigertes Gefühl der Erfüllung und ermöglicht ihr, an einer Beziehung teilzuhaben, die einer Vollendung, wie die Frau sie erhoffen kann, so nahe kommt wie nur möglich. Der einfache Akt des Gebärens erfüllt dieses Bedürfnis und Verlangen noch nicht. [...] Die Mütterlichkeit ist eine Lebensweise. Sie befähigt die Frau, ihr ganzes Selbst mit den zärtlichen Gefühlen, den beschützenden Haltungen, der umfassenden Liebe der mütterlichen Frau auszudrücken.«[38]

Die Tautologien und Mystifikationen (»Zeugungs*akt*«: sicherlich ein *Prozeß*?), der schiere Unsinn (»einer Vollendung, wie die Frau sie erhoffen kann, so nahe kommt wie nur möglich«) sind höchst verräterisch. Hier wird verklärt statt argumentiert.

Familienmuster

In einer deplazierten Form entspricht diese Ideologie einer tatsächlichen Veränderung im Familienmuster. Als die Familie kleiner wurde, wuchs die Bedeutung jedes Kindes; der wirkliche *Akt* der Reproduktion beansprucht immer weniger Zeit, und die Prozesse der Sozialisation nehmen dementsprechend an Bedeutung zu. Die bürgerliche Gesellschaft ist geradezu besessen von den körperlichen, moralischen und sexuellen Problemen der Kindheit und Adoleszenz. Die Verantwortung dafür wird der Mutter aufgebürdet. So schmälert sich die »mütterliche« Rolle der Frau in dem Maße, wie ihre Sozialisationsrolle sich befestigt. Um 1890 verbrachte eine Mutter in England fünfzehn Jahre ihres Lebens im Zustand der Schwangerschaft und des Stillens; 1960 waren es im Durchschnitt noch vier Jahre. Die Schulpflicht vom sechsten Lebensjahr an schränkt die Mutterfunktion nach den ersten empfindlichen Jahren natürlich drastisch ein.

Die heutige Situation ist also dadurch gekennzeichnet, daß die qualitative Bedeutung der Sozialisation während der frühen Kindheit viel gewichtiger ist als in der Vergangenheit, während die quantitative Bedeutung (die Zeit, die eine Mutter mit Schwangerschaft und Kinderpflege zubringt) stark abgenommen hat. Daraus folgt, daß die Sozialisation nicht zu einer neuen mütterlichen Berufung der Frau erklärt werden kann. Als Mystifikation eingesetzt, wird sie zu einem Instrument der Unterwerfung. Außerdem gibt es keine sachliche Begründung dafür, daß biologische und soziale Mutter identisch sein sollten. Der Sozialisations*prozeß*, im Sinne von Melanie Klein, ist zwar invariant, aber die Sozialisations*person* kann durchaus wechseln.

Bei der Beobachtung von Kibbuz-Methoden stellte Bruno Bettelheim fest, daß ein Kind, das von einer ausgebildeten Kinderschwester aufgezogen wird (auch wenn es von der Mutter normal gestillt wird), nicht unter den Nachwirkungen typischer Elternängste leidet und deshalb aus dem System einen Nutzen ziehen kann.[40] Allerdings sollte diese Möglichkeit nicht ihrerseits zum Fetisch erhoben werden (in seinen Ausführungen über das Kind nach dem vierten Lebensjahr geht Jean Baby bis zu der Behauptung, eine vollständige Trennung sei unerläßlich, um die Freiheit sowohl der Mutter als auch des Kindes zu garantieren).[41] Sie zeigt jedoch, daß es mehrere Formen der Sozialisation geben könnte, die nicht unbedingt an die Kernfamilie oder an die biologischen Eltern gebunden sind.

Schlußfolgerung

Die Lehre aus diesen Überlegungen lautet: Die Befreiung der Frau ist nur dann erreichbar, wenn *alle vier* Strukturen, in die sie integriert ist, verändert werden. Die Änderung einer einzelnen kann durch die Verstärkung einer anderen aufgewogen werden, so daß lediglich eine Permutation in der Form der Ausbeutung erreicht wird. Die Geschichte der letzten sechzig Jahre liefert umfassende Beispiele dafür. Im Kampf um das Wahlrecht übertraf die militante Frauenbewegung in England oder in den USA am Anfang des zwanzigsten Jahrhunderts die Arbeiterbewegung in der Gewalt ihres Angriffs auf die bürgerliche Gesellschaft. Dieses politische Recht wurde schließlich erobert. Obwohl es nur eine einfache Ergänzung der normalen

Rechtsgleichheit in der bürgerlichen Gesellschaft ist, ließ es die sozioökonomische Situation der Frau praktisch unverändert. Die Folgewirkung des Wahlrechts war gleich null: Die Suffragetten erwiesen sich als unfähig, über ihre anfänglichen Forderungen hinauszugehen, und viele ihrer Leitfiguren wurden später äußerst reaktionär. Die Russische Revolution führte zu einer ganz anderen Erfahrung. Die fortschrittliche Sozialgesetzgebung in der Sowjetunion der zwanziger Jahre zielte auf die Befreiung der Frau, und zwar vor allem im Bereich der Sexualität: die Scheidung wurde für beide Partner ungehindert möglich, womit die Ehe praktisch aufgelöst wurde; der Status der Unehelichkeit von Kindern wurde abgeschafft, die Abtreibung war gratis, usw. Die sozialen und demographischen Auswirkungen dieser Gesetze in einer rückständigen, halb-analphabetischen, der beschleunigten Industrialisierung zugewandten (und deshalb eine hohe Geburtenrate benötigenden) Gesellschaft waren, wie vorauszusehen war, katastrophal. Bald stellte der Stalinismus die eisernen traditionellen Normen wieder her. Die Erbfolge wurde wieder eingeführt, die Scheidung erschwert, die Abtreibung kriminalisiert, usw. »Der Staat kann ohne die Familie nicht bestehen. Die Ehe ist für den Sozialistischen Sowjetstaat nur dann ein positiver Wert, wenn die Ehegatten darin eine lebenslange Verbindung sehen. Die sogenannte freie Liebe ist eine bürgerliche Erfindung und hat nichts mit den Verhaltensgrundsätzen eines Sowjetbürgers zu tun. Außerdem erlangt die Ehe ihre volle Bedeutung für den Staat erst dann, wenn es Nachkommen gibt und wenn die Gatten das höchste Glück der Elternschaft erleben«, schrieb 1939 die offizielle Zeitung des Justizkommissariats.[42] Die Frauen wahrten zwar das Recht und die Pflicht zu arbeiten, aber weil diese Errungenschaften nicht in die früheren Versuche zur Aufhebung der Familie und Einführung der freien Sexualität integriert worden waren, kam es zu keiner allgemeinen Befreiung. In China wiederum wird heute ein anderes Experiment durchgespielt. Auf einem ähnlichen Stand der Revolution wird das ganze Gewicht auf die Befreiung der Frau in der *Produktion* gelegt. Dies führt zwar zu einer eindrucksvollen gesellschaftlichen Förderung der Frau, ist aber von einer ungeheuren Unterdrückung der Sexualität und einem strengen Puritanismus begleitet (der gegenwärtig im zivilen Leben überhandnimmt). Dies entspricht nicht nur der Notwendigkeit, die Frauen massenhaft für das Wirtschaftsleben zu mobilisieren, sondern auch einer tiefreichenden gesellschaftlichen Reaktion auf die im kaiserlichen China und in der Kuo Ming Tang-Zeit vorherrschenden Korruption und Prostitution (ein Phänomen, für das es im zaristischen Rußland nichts Vergleichbares gibt). Der russische Mutterschaftskult der dreißiger und vierziger Jahre aus demographischen Gründen wurde nicht wiederholt. Tatsächlich könnte sich China zu einem der ersten Länder der Welt entwickeln, das der Bevölkerung eine staatlich ermächtigte, kostenlose Empfängnisverhütung zur Verfügung stellt. Auch hier ist jedoch angesichts des niederen Industrialisierungsgrades und der Angst vor imperialistischer Einkreisung kein verläßlicher Fortschritt zu erwarten.

Wahrhafte Befreiung der Frauen läßt sich heute nur in den hochentwickelten westlichen Gesellschaften ins Auge fassen. Damit sie eintreten kann, muß es jedoch zu einer Transformation der Strukturen kommen, in die sie integriert sind, und zu einer *unité de rupture*.[43] Wie sehen diese Strukturen heute aus?

1. Produktion

Die Hoffnungen, die das Aufkommen der Maschinentechnik schon im neunzehnten Jahrhundert weckte, wurden bereits erörtert. Sie erwiesen sich als trügerisch. Heute verspricht die Automatisierung zwar die *technische* Möglichkeit einer vollständigen Gleichstellung von Mann und Frau in der Produktion, aber unter den bestehenden Produktionsverhältnissen ist die *gesellschaftliche* Möglichkeit dieser Gleichstellung ständig bedroht und kann leicht ins Gegenteil gewendet werden: in die effektive Schwächung der Rolle der Frau in der Produktion, sobald die Zahl der Arbeitsplätze schrumpft.

Als wichtigste Tatsache für die Gegenwart ist festzuhalten,

daß die Rolle der Frau in der Produktion praktisch stagniert, und zwar seit langem. 1911 waren in England 30% der Arbeitskräfte Frauen; 1980 waren es 34%. Die Zusammensetzung der Beschäftigung hat sich ebenfalls kaum entscheidend verändert. Beschäftigungen sind nur ganz selten »Karrieren«. Wenn es keine Tätigkeiten auf dem niedrigsten Fabrikniveau sind, handelt es sich meist um Aushilfspositionen im Büro (z. B. Sekretärinnen), um Stützfunktionen für die Männerrollen, oft um Arbeiten mit einem hohen »expressiven« Gehalt, etwa Aufgaben der »Dienstleistung«. Parsons drückt dies so aus: »Innerhalb der beruflichen Organisation entsprechen sie der Gattin-Mutter-Rolle in der Familie.«[44] Das Bildungssystem bekräftigt diese Rollenstruktur. 75% der achtzehnjährigen Mädchen in England erhalten heute keine Berufsausbildung. Das Muster von »instrumentellem« Vater und »expressiver« Mutter ändert sich nicht wesentlich, wenn die Mutter erwerbstätig ist, da ihre Beschäftigung der des Mannes, an die die Familie sich schließlich anpaßt, allemal untergeordnet ist.

Deshalb hat sich die Arbeit, so wie sie heute quantitativ und qualitativ zugänglich ist, für die Frauen nicht als Rettung erwiesen.

2. Reproduktion

Der wissenschaftliche Fortschritt in der Empfängnisverhütung könnte zwar, wie wir gesehen haben, die unfreiwillige Fortpflanzung – die heute die große Mehrheit der Geburten in der Welt ausmacht, zu einem erheblichen Teil auch im Westen – zu einer Erscheinung der Vergangenheit machen. Aber die orale Empfängnisverhütung – die bis heute die sexuelle Ungleichheit in der westlichen Gesellschaft exakt wiederholt – steht noch in den Anfängen. Sie ist über Klassen und Länder ungleichmäßig verteilt und bedarf weiterer technischer Verbesserungen. Ihr wichtigster Impuls in den fortgeschrittenen Ländern ist vermutlich psychologischer Art – sicherlich wird sie das sexuelle

Erleben der Frau von manchen Ängsten und Hemmungen befreien, die es stets beeinträchtigt haben.[45] Sie wird schließlich die Sexualität von der Fortpflanzung trennen. Unsicher ist, ob das demographische Muster der Fortpflanzung durch die orale Empfängnisverhütung umfassend beeinflußt wird. Eines der auffälligsten Phänomene in der jüngsten Zeit war die plötzliche Steigerung der Geburtenrate in den USA. Im vergangenen Jahrzehnt lag sie dort höher als in unterentwickelten Ländern wie Indien, Pakistan und Burma. Es spiegelt sich darin die geringere ökonomische Belastung großer Familien unter Bedingungen des wirtschaftlichen Aufschwungs in einem der reichsten Länder der Welt. Es spiegelt aber auch die Verstärkung der Familienideologie als gesellschaftliche Kraft. Dies führt zu der nächsten Struktur.

3. Sozialisation

Die Veränderungen in der Zusammensetzung der Arbeitskräfte, der Familiengröße, der Bildungsstruktur usw. – so beschränkt sie auch sein mögen – haben die gesellschaftliche Funktion der Familie zweifellos relativiert. Als Organisation ist die Familie im politischen Machtsystem eine bedeutungslose Größe; in der Produktion spielt sie eine geringfügige Rolle, und nur selten ist sie die einzige Instanz für die Integration in die Gesellschaft – unter *allgemeinen* Gesichtspunkten betrachtet erfüllt sie deshalb kaum einen Zweck.

Das Ergebnis davon ist eine Akzentverschiebung auf die psychosoziale Funktion der Familie für das Kleinkind und auf das Paar.[46] Parsons schreibt:

»Die Befunde weisen tendenziell auf den Beginn der relativen Stabilisierung eines *neuen* Typs der Familienstruktur hin, die in einer neuen Beziehung zu einer allgemeinen Gesellschaftsstruktur steht; einer Gesellschaftsstruktur, in der die Familie stärker spezialisiert ist als zuvor, aber nicht in jeder Hinsicht bedeutungsloser, weil die Gesellschaft zur Erfüllung *einiger* lebenswichtiger Funktionen in einer *noch* ausschließlicheren Weise von ihr abhängig ist.«[47]

Es besteht jedoch kein Zweifel, daß das Bedürfnis nach dauerhafter, aufmerksamer Kinderpflege in den ersten drei oder vier Lebensjahren ideologisch ausgebeutet werden kann (und ausgebeutet wurde), um die Familie als eine Gesamteinheit auf Dauer zu stellen, wenn ihre übrigen Funktionen sichtlich schwächer geworden sind. Tatsächlich ist der Versuch, die Existenz der Frauen ausschließlich auf die Kindererziehung auszurichten, für die Kinder in augenfälliger Weise schädlich. Als ungewöhnlich empfindlicher Prozeß verlangt die Sozialisation einen abgeklärten und reifen Sozialisator – ein Typus, den die Engführungen einer *rein* familialen Rolle kaum hervorzubringen vermögen. Ausschließliche Mutterschaft ist daher häufig »kontraproduktiv«. Die Mutter entlädt ihre eigenen Enttäuschungen und Ängste in der Fixierung auf das Kind. Das geschärfte Bewußtsein von der entscheidenden Bedeutung der Sozialisation, das keineswegs der Wiederherstellung der klassischen Mutterrolle dient, sollte zum Nachdenken anregen über das, was einen guten Sozialisator ausmacht, der dem Kind wirklich Sicherheit und Beständigkeit vermitteln kann.

Dieselben Argumente gelten *a fortiori* für die psychosoziale Rolle der Familie im Hinblick auf das Paar. Der Glaube, daß die Familie eine uneinnehmbare Enklave der Intimität und Geborgenheit in einem atomisierten und chaotischen sozialen Kosmos sei, erweist sich als Absurdität. Es ist eine Fiktion anzunehmen, die Familie lasse sich von der Gemeinschaft isolieren. In ihren internen Beziehungen reproduziert sie die externen Beziehungen, welche die Gesellschaft prägen. Die Familie als Zufluchtsort in der bürgerlichen Gesellschaft wird unweigerlich zu deren Spiegel.

4. Sexualität

Man kann sich kaum der Folgerung entziehen, daß die Hauptstruktur, die gegenwärtig sich rasch entwickelt, die der Sexualität ist. Produktion, Reproduktion und Sozialisation stagnieren

im Westen heute in dem Sinne, daß sie sich während drei
Jahrzehnten oder noch länger nicht verändert haben. Außerdem besteht bei den Frauen kein breiter *Anspruch* auf Veränderungen – die herrschende Ideologie hat hier kritisches Bewußtsein wirksam kanalisiert. Gleichzeitig ist die offizielle
Sexualideologie immer weniger erfolgreich, wenn es um die
Regulierung spontanen Verhaltens geht. Die Ehe in ihrer klassischen Gestalt wird zusehends von vor- und außerehelichen
Beziehungen bedroht. Sie ist offensichtlich das schwache Glied
in der Kette – diejenige Einzelstruktur, in der sich die meisten
Widersprüche bilden. In einem Kontext der Rechtsgleichheit
könnte die Emanzipation sexuellen Erlebens von Normen, die
ihm äußerlich sind – sei dies Fortpflanzung oder Eigentum –,
durchaus zwischengeschlechtliche Freiheit befördern. Ebenso
könnte sie aber zu neuen Formen der Normierung führen.
Denn eine der treibenden Kräfte hinter der gegenwärtigen
Entwicklung ist zweifellos die Umwandlung des Ethos der
Produktion und der Arbeit in das Ethos des Konsums und des
Vergnügens. Riesman notierte dazu bereits in den fünfziger
Jahren:

»[...] nicht nur gibt es eine Zunahme der Freizeit, sondern auch die
Arbeit wird für viele sowohl uninteressanter als auch anspruchsloser,
[...] stärker als zuvor durchdringt die Sexualität das Werktagsbe-
wußtsein ebenso wie das Freizeitbewußtsein, während die Berufs-
orientierung abnimmt. Sexualität wird nicht nur von den alten Klassen
des Müßiggangs, sondern auch von den neuen Massen des Müßiggangs als ein Konsumgut angesehen.«[48]

Riesmans Argumentation besagt, daß in einer von Arbeit relativ entlasteten Gesellschaft Sexualität die einzige Erinnerung an
die eigenen Energien, die einzige Wettbewerbshandlung ist, die
letzte Abwehr gegen die *vis inertiae*, die Trägheit. Dieselbe
Einsicht, allerdings theoretisch fundierter, steckt in Marcuses
Begriff der »repressiven Entsublimierung«: Befreiung der Sexualität zu ihrer eigenen Enttäuschung im Dienste einer restlos
koordinierten und betäubenden Gesellschaftsmaschinerie.[49]
Die bürgerliche Gesellschaft von heute kann sich sehr wohl ein
Tummelfeld vorehelicher Sexualität *ohne* Fortpflanzung lei-

sten. Und sogar die Ehe läßt sich durch steigende Scheidungs- und Wiederverheiratungsraten retten, solange sie als Lebensbe- weise dieser Institution gelesen werden. An derlei Überlegun- gen wird deutlich, daß die Sexualität gesellschaftlich ebenso- wohl der Verdinglichung wie der Selbstbestimmung Vorschub leisten kann. Die Utopie von Fourier oder von Reich lag in dem Gedanken, daß die Sexualität die Grundkraft menschlicher Selbstentfaltung sei. Lenins Bemerkung gegenüber Clara Zet- kin ist dazu ein heilsames, wenn auch hartes Korrektiv: »So ungestüm und revolutionär sexuelle Freiheit auch sein mag, sie ist im Grunde doch ganz bürgerlich. Sie ist ein Steckenpferd der Intellektuellen und der ihnen nahestehenden Gruppen.«[50] Das heißt, ein politisches Emanzipationsprogramm muß *alle* Struk- turen erfassen, die Ungleichheit begünstigen oder besiegeln. Dies bedeutet für die Frauen die Zurückweisung zweier Strate- gien:

a. *Reformismus:* Er hat heute die Gestalt begrenzter Verbesse- rungsansprüche: gleicher Lohn für Frauen, mehr Kindergärten, Erleichterungen für die Rückkehr in den Beruf, usw. In seiner gegenwärtigen Fassung ist der Reformismus der Verzicht auf fundamentale Kritik an der Lage der Frauen und auf jede Perspektive ihrer wirklichen Gleichstellung (das war nicht im- mer so). Er möbliert bloß den *status quo.*

b. *Voluntarismus:* Er redet in Maximalforderungen – Abschaf- fung der Familie, Aufhebung aller sexuellen Einschränkungen, gewaltsame Trennung von Eltern und Kindern –, die keinerlei Aussicht auf hinreichende Unterstützung haben. Er ersetzt theoretische Analyse durch Rhetorik und praktische Politik durch Scheinrigidität. Seine vorgebliche Kompromißlosigkeit ist nichts anderes als die Ausstiegserklärung aus Geschichte und verantwortungsbewußtem Handeln.

Was ist also zu tun? Es gilt, sowohl spezifische als auch grundsätzliche Forderungen zu einer Kritik der *Gesamt*situa- tion der Frauen zusammenzuführen. Wie wir gesehen haben, neigt die moderne industrielle Entwicklung dazu, die ur- sprünglich vereinheitlichte Funktion der Familie – Fortpflan- zung, Sozialisation, Sexualität, wirtschaftliche Existenz – auf-

zuspalten, obschon diese »strukturelle Differenzierung« (um
einen Ausdruck von Parsons zu gebrauchen) von einer nach
wie vor wirkungsvollen Familienideologie gebremst und ver-
schleiert wird. Diese Differenzierung stellt die historische
Grundlage für die Idealforderungen her, die erhoben werden
sollten, denn strukturelle Differenzierung ist genau das, was
eine fortgeschrittene von einer primitiven Gesellschaft (in der
alle sozialen Funktionen miteinander verschmolzen sind) unterscheidet.[51]

Die vier Elemente der *condition féminine* müssen in ihrem
Zusammenhang gesehen werden: als Struktur spezifischer
Wechselbeziehungen. Die zeitgenössische bürgerliche Familie
gleicht einem Triptychon aus Sexual-, Reproduktions- und
Sozialisationsfunktionen (die Welt der Frau), das von der Produktion (der Welt des Mannes) umschlossen wird; sie ist ein
Gefüge, das in letzter Instanz von der Ökonomie bestimmt ist.
Der Ausschluß der Frauen aus der Produktion – der gesellschaftlichen Tätigkeit – und ihre Einschnürung in einer monolithischen Lebensform – dem Familienleben –, sind die Wurzel
der *gesellschaftlichen* Definition der Frauen als *Natur*wesen.
Deshalb muß sich das Hauptinteresse jeder Emanzipationsbe-
wegung zunächst auf das ökonomische Kräftefeld richten –
auf den Eintritt der Frauen in die Industrie und die Öffent-
lichkeit. Doch es war der Irrtum der alten Sozialisten, die
Bestimmungsgrößen der *condition féminine* auf eine einzige,
die ökonomische, zu reduzieren. Deshalb haben sie die Forderung nach Zugang der Frauen zur Produktion gänzlich abstrakt mit dem Schlagwort von der »Abschaffung der Familie«
gekoppelt. Zwar stehen die ökonomischen Forderungen immer noch an erster Stelle, aber sie müssen von einer kohä-
renten Politik für die Gesamtlage der Frauen begleitet werden.

Die elementare ökonomische Forderung ist nicht die des Rechts
auf Arbeit oder des gleichen Lohns für die Arbeit, sondern des
Rechts auf gleiche Arbeit. Gegenwärtig erbringen Frauen überwiegend nichtkreative Dienstleistungen, die, genau besehen,
»Erweiterungen« ihrer expressiven Familienrolle sind. In der

Mehrzahl sind sie Kellnerinnen, Putzfrauen, Friseusen, Büroangestellte, Typistinnen. Berufliche Mobilität ist deshalb für Mädchen oft leichter als für Jungen – sie können auf einer niedrigeren Stufe in den Angestelltensektor eintreten. Doch nur zwei von hundert Frauen besetzen Führungs- oder Managementpositionen, und weniger als fünf von tausend arbeiten in freien Berufen. Der gewerkschaftliche Organisationsgrad der Frauen ist dürftig (25%), und sie bekommen für ihre manuelle Arbeit weniger Geld als die Männer – noch in den sechziger Jahren betrug der durchschnittliche Lohn der Frauen in der Industrie weniger als die Hälfte des Lohns der Männer. Selbst wenn man von der Teilzeitarbeit absieht, bedeutet dies eine massive Steigerung der Ausbeutung.

5. Bildung

Die gesamte Diskriminierungspyramide ruht auf einem festen außerökonomischen Fundament: auf der Bildung. Der Anspruch auf gleiche Arbeit muß zunächst einmal als Anspruch auf ein *gleiches Bildungssystem* formuliert werden, denn dieses ist gegenwärtig der wichtigste Filter, der die Frauen für untergeordnete Arbeitsrollen aussortiert. Heute gibt es so etwas wie gleiche Schulbildung für beide Geschlechter bis zum Alter von fünfzehn Jahren. Danach setzen etwa dreimal so viele Jungen wie Mädchen ihre Ausbildung fort. Nur jeder dritte Schüler mit Abitur und nur jeder vierte Student an der Universität ist ein Mädchen. Für eine gravierende Verbesserung dieses Verhältnisses gibt es keine Anzeichen. Der Anteil der Universitätsstudentinnen ist heute in England der gleiche wie um 1920. Erst wenn diese Ungerechtigkeiten beseitigt sind, gibt es eine Chance für gleiche Arbeit der Frau. Selbstverständlich müssen die Inhalte des Bildungssystems, die die Berufswünsche der Mädchen bis zur Unkenntlichkeit knebeln, ebenso verändert werden wie die Auswahlmethoden. Das Bildungssystem ist gegenwärtig der entscheidende Motor des ökonomischen Fortschritts.

Nur wenn die Produktion auf Gleichheit gegründet ist, kann sie von der Reproduktion und der Familie vernünftig geschieden werden. Dies wiederum erfordert eine ganze Reihe von ergänzenden nichtökonomischen Eingriffen. Die Parole der »Abschaffung der bürgerlichen Familie« ist nicht nur im schlechten Sinne maximalistisch, sondern auch inkohärent. Sie plakatiert eine Absage ohne schlüssige und konstruktive Alternative. Ihre Schwäche wird erkennbar, wenn man sie mit dem Ruf nach Abschaffung des Privateigentums an den Produktionsmitteln vergleicht. Marx hielt beide Vorhaben für schwierig: »[...] diese Bewegung, dem Privateigentum das allgemeine Privateigentum entgegenzustellen, [spricht sich] in der tierischen Form aus, daß der *Ehe* [...] die *Weibergemeinschaft,* wo also das Weib zu einem *gemeinschaftlichen* und *gemeinen* Eigentum wird, entgegengestellt wird.«[52] Der Grund für die historische Schwäche dieser Vorstellung liegt darin, daß sie mit einer hypostasierten Größe operiert – sie ist eine Abstraktion, genauso wie die Rede von ihrer Abschaffung. Das strategische Interesse heute sollte sich auf die Gleichstellung der Geschlechter und nicht auf die Abschaffung der Familie richten. Die Folgen davon sind zwar nicht weniger radikal, aber dafür konkret und positiv, und sie lassen sich mit dem realen Geschichtsverlauf in Einklang bringen. So wie die Familie heute aussieht, ist sie in der Tat mit der Geschlechtergleichheit unverträglich. Diese Gleichheit wird jedoch nicht aus der administrativen Abschaffung der Familie hervorgehen, sondern aus der historischen Differenzierung ihrer Funktionen. Worauf es ankommt, ist, diese Funktionen aus einer monolithischen Verschmelzung zu befreien, die jede einzelne von ihr entstellt.

6. Von der Natur zur Kultur

Wie wir gesehen haben, wirft das Sozialisationsproblem schwierige Fragen auf. Das Bedürfnis nach intensiver mütterlicher Fürsorge in den ersten Lebensjahren eines Kindes bedeu-

tet allerdings nicht, daß die heute allein sanktionierte Sozialisa-
tionsagentur – Ehe und Familie – unabdingbar ist. Ganz im
Gegenteil. Die zentrale Eigenschaft des gegenwärtigen Ehe- und
Familiensystems ist der *monolithische Alleinvertretungs-An-
spruch*. Lediglich eine einzige institutionalisierte Form der Beziehung zwischen den Geschlechtern und den Generationen
steht offen. Es gibt nur sie oder gar nichts. Deshalb ist sie
lebensfeindlich. Denn alle Erfahrung zeigt, daß die Beziehungen zwischen den Geschlechtern und den Generationen
unendlich vielfältig sind, während ihre institutionelle Aus-
drucksform in unserer Gesellschaft simpel und starr ist. Zwar
bedarf jede Gesellschaft der institutionalisierten Regelung und
gesellschaftlichen Anerkennung persönlicher Beziehungen,
aber es besteht absolut kein Grund dafür, daß es nur eine
einzige gesetzlich legitimierte Version – und eine Vielzahl
nichtlegitimierter Experimente – geben sollte. Das setzte freilich eine pluralistische Differenzierung der Lebensformen voraus – Paare, die zusammen leben oder auch nicht; langfristige
Verbindungen mit Kindern; Eltern, die ihre Kinder allein aufziehen; Kinder, die von anderen als den biologischen Eltern
aufgezogen werden; erweiterte Verwandtschaftsgruppen, usw.
Kurz, es setzte die Entfesselung gesellschaftlicher Phantasie,
der Innovationskraft der Männer *und* der Frauen voraus. Und
genau darum geht es, wenn Emanzipation ein politisches Projekt sein soll.

»In fact aber, wenn die borniert bürgerliche Form abgestreift wird,
was ist der Reichtum anders als die im universellen Austausch er-
zeugte Universalität der Bedürfnisse, Fähigkeiten, Genüsse, Produk-
tivkräfte etc. der Individuen? Die volle Entwicklung der menschlichen Herrschaft über die Naturkräfte, die der sogenannten Natur
sowohl, wie seiner eignen Natur? Das absolute Herausarbeiten seiner
schöpferischen Anlagen, ohne andre Voraussetzungen als die vorher-
gegangene historische Entwicklung, die dieser Totalität der Entwicklung, d. h. der Entwicklung aller menschlichen Kräfte als solcher,
nicht gemessen an einem *vorher*gegebenen Maßstab, zum Selbst-
zweck macht? Wo er sich nicht reproduziert in einer Bestimmtheit,
sondern seine Totalität produziert? Nicht irgend etwas Gewordenes

zu bleiben sucht, sondern in der absoluten Bewegung des Werdens ist?«[53]

Die Befreiung der Frauen wird nicht »rational« sein, sondern eine humane Errungenschaft in dem langwährenden und mühevollen Übergang von der Natur zur Kultur, der die Bestimmung von Geschichte und Gesellschaft ist.

47

Anmerkungen

1 Peter Townsend, »A Society for People«, in: Norman Mackenzie (Hrsg.), *Conviction* (1958), S. 119-120.

2 August Bebel, *Die Frau und der Sozialismus* (1883); Nachdruck der 50. Auflage Frankfurt a. M. 1985 [J. Mitchell zitiert die englische Übersetzung der Erstausgabe von 1883, die 1885 erschien. In der jetzigen Ausgabe – 1890 hatte Bebel »eine gänzliche Umarbeitung und bedeutende Erweiterung des Buches« vorgenommen; vgl. 1985, S. 21 – ist die von Mitchell zitierte Stelle nicht enthalten, deshalb wurde sie aus dem Englischen rückübersetzt. *A.d.Ü.*]

3 Fourier, zitiert nach Marx und Engels, *Die heilige Familie* (1845), in: *MEW*, Bd. 2, S. 208. [Entgegen der Anmerkung von J. Mitchell ist diese Stelle nicht in Fouriers *Theorie der vier Bewegungen* enthalten. Marx und Engels zitieren in der *Heiligen Familie* an der angeführten Stelle – *MEW* 2, S. 207 f. – aus vier verschiedenen Texten Fouriers. *A.d.Ü.*]

4 Karl Marx, »Privateigentum und Kommunismus«, in: *Ökonomisch-philosophische Manuskripte* (1844); *MEW, Ergänzungsband. Schriften, Manuskripte, Briefe bis 1844. Erster Teil,* Berlin 1973, S. 535.

5 Karl Marx und Friedrich Engels, *Deutsche Ideologie,* in: *MEW,* Bd. 3, S. 164.

6 Karl Marx, *Das Kapital,* Band I; *MEW,* Bd. 23, S. 514.

7 Friedrich Engels, *Der Ursprung der Familie, des Privateigentums und des Staates* (1884), in: *MEW,* Bd. 21, S. 68.

8 Engels, a.a.O., S. 158.

9 Engels, a.a.O., S. 76.

10 Engels, a.a.O., S. 35.

11 W. I. Lenin, *Briefe aus der Ferne. Brief 3. Über die proletarische Miliz* (Brief aus Zürich vom 11. März 1917), in: ders., *Ausgewählte Werke in sechs Bänden.* Berlin 1970, Band III, S. 43.

12 Simone de Beauvoir, *La force des choses* (1963), deutsch: *Der Lauf der Dinge.* Übersetzt von Paul Baudisch, Reinbek b. Hamburg ^{5}1974, S. 189.

13 Siehe Louis Althusser, »Contradiction et surdétermination«, in: *Pour Marx,* Paris 1965; deutsch: »Struktur mit Dominante: Widerspruch und Überdeterminierung«, in: *Für Marx,* Frankfurt a. M. 1968, S. 146-167 (übersetzt von Karin Brachmann und Gabriele Sprigath). Althusser formuliert den Begriff einer komplexen Totalität, in der jeder einzelne, unabhängige Sektor seine autonome Realität hat, wobei aber in letzter Instanz jeder durch den ökonomischen Sektor determiniert ist. Diese komplexe Totalität bedeutet, daß in der Gesellschaft kein Widerspruch jemals einfach ist. Da sich jeder Sektor in einem eigenen Tempo bewegen kann, bedeutet die Synthese der verschiedenen Zeitmaßstäbe in der gesellschaftlichen Gesamt-

struktur, daß Widersprüche einander gelegentlich aufheben können oder daß sie einander gelegentlich verstärken. Zur Beschreibung dieser Komplexität benutzt Althusser den Freudschen Terminus »Überdeterminierung«. Die Formulierung »unité de rupture« (»Einheit des Bruchs«, deutsche Ausgabe S. 63), der weiter unten erwähnt wird, bezieht sich auf den Augenblick, in dem die Widersprüche sich wechselseitig so verstärken, daß sie zu Bedingungen für eine revolutionäre Veränderung »zusammenfließen«.

14 Verteidiger, die glaubhaft machen wollen, Hausarbeit sei zwar zeitraubend, aber mühelos und einigermaßen genußreich, wollen ganz einfach nicht einsehen, wie wertlos und entwürdigend die Routine ist, die sie mit sich bringt. Lenin bemerkte treffend: »Sie alle wissen, daß diese faktische Unterdrückung der Frau auch bei völliger Gleichberechtigung bestehenbleibt, weil die gesamte Hauswirtschaft ihr aufgebürdet wird. Die Hauswirtschaft ist in den meisten Fällen die unproduktivste, die barbarischste und schwerste Arbeit, die die Frau verrichtet. Es ist eine sich im allerengsten Rahmen bewegende Arbeit, die nichts enthält, was die Entwicklung der Frau irgendwie fördern könnte.« W. I. Lenin, »Über die Aufgaben der proletarischen Frauenbewegung in der Sowjetrepublik« (1919), in: ders., *Ausgewählte Werke in sechs Bänden,* Berlin 1971, Band V, S. 255-256. In Schweden wurde berechnet, daß heute 2340 Mio. Stunden pro Jahr von Frauen für den Haushalt aufgewendet werden, im Vergleich zu 1290 Mio. Stunden in der Industrie. Nach einer Schätzung der Chase Manhattan Bank beträgt die wöchentliche Gesamtarbeitszeit einer Frau 99,6 Stunden.

15 Marx, *Kapital I MEW* Bd. 23, S. 416.

16 René Dumont, *L'Afrique noire est mal partie,* Paris 1962, S. 210: »Die afrikanische Frau erfährt eine dreifache Knechtschaft: durch die Zwangsehe; durch ihre Mitgift und die Polygamie, wodurch die Freizeit der Männer und zugleich deren Sozialprestige vermehrt wird; und schließlich durch die sehr ungleiche Arbeitsteilung.«

17 Karl Marx, »Epochen ökonomischer Gesellschaftsformation. Formen, die der kapitalistischen Produktion vorhergehen; in: ders., *Grundrisse der Kritik der politischen Ökonomie (1857-1858),* Berlin 1953, S. 389.

18 Engels, *Der Ursprung der Familie...,* a.a.O., S. 76 und S. 158.

19 Marx, *Kapital I MEW* Bd. 23, S. 514.

20 Viola Klein, »Working Wives«, in: Institute of Personnel Management Occasional Papers, No. 15 (1960), S. 13.

21 Die Mutterschaft ist das Unterscheidungsmerkmal schlechthin, auf das beide Geschlechter ihre Hoffnung setzen: entweder auf Unterdrückung oder auf Befreiung. Der Gedanke einer potentiellen Überlegenheit der Frau aufgrund ihrer Fortpflanzungsfähigkeit wird ad absurdum geführt von Margherita Repetto, »Maternità e famiglia. Condizioni per la libertà della donna«, in: *Rivista Trimestrale,* 11-12 (1964); er findet sich sogar bei Evelyne Sullerot in *Demain les femmes* (1965).

22 In der *Geschichte der Kindheit* (1960) zeigt Philippe Ariès, daß die Familie, obgleich sie in irgendeiner Form vermutlich immer existiert hat, häufig in mächtigeren Strukturen unterging. Tatsächlich erlangte sie, Ariès zufolge,

ihre gegenwärtige Bedeutung erst mit dem Aufkommen der Industrialisierung.

23 J. A. Froude, *Nemesis of Faith* (1849), S. 103.

24 Karl Marx, *Chapitre de mariage; Œuvres complètes,* éd. Militor: *Œuvres philosophiques,* vol. I. S. 25.

25 Karl Marx, *Privateigentum und Kommunismus,* a.a.O., S. 534.

26 Karl A. Wittfogel, *Oriental Despotism,* New Haven 1957, S. 116. [Wittfogel schreibt in seinem Aufsatz »Wirtschaftsgeschichtliche Grundlagen der Entwicklung der Familienautorität« (in *Autorität und Familie,* Paris 1936, Band 2, S. 510) im Abschnitt *Die chinesische Familie:* »Die Familie erhob sich zum Range einer öffentlichen Einrichtung. Der Inhaber der Familienautorität gewann die Vorrechte eines moralisch und religiös legitimierten Amtsträgers.« *A.d.Ü.*]

27 Engels, *Ursprung,* a.a.O., S. 68.

28 Lawrence Stone, *The Crisis of the Aristocracy* (1965), S. 663-664.

29 Simone de Beauvoir, *La marche longue* (1957); deutsch: *China. Das weitgesteckte Ziel.*

30 Keith Thomas, »Women and the Civil War Sects«, in: *Past and Present* 13 (1958), S. 43.

31 Albert Ellis, *The Folklore of Sex,* in: E. M. Schur (Hrsg.), *The Family and the Sexual Revolution* (1964), S. 35.

32 Claude Lévi-Strauss, *The Family,* in: H. L. Shapiro (Hrsg.), *Man, Culture and Society* (1956), S. 274.

33 Margaret Mead, *Sex and Temperament,* in: E. M. Schur (Hrsg.), a.a.O., S. 207-208.

34 Talcott Parsons, Robert F. Bales u. a., *Family Socialization and Interaction Process,* Glencoe, Ill. 1955, S. 313: »Die Unterscheidung ›instrumentell/expressiv‹ interpretieren wir als eine wesentliche Differenzierung der Funktion und damit des Einflusses im Sinne von ›internen‹ versus ›externen‹ Systemfunktionen. Der Bereich der instrumentellen Funktion betrifft die Beziehungen des Systems zur Situation außerhalb des Systems, zur Erfüllung der Anpassungsbedingungen der Erhaltung des Systemgleichgewichts und der ›instrumentellen‹ Herstellung der angestrebten Beziehungen zu *externen* Ziel-Objekten. Der ›expressive‹ Bereich betrifft die ›internen‹ Angelegenheiten des Systems, die Aufrechterhaltung integrativer Beziehungen zwischen den Mitgliedern, sowie die Regulierung der Muster und der Spannungsniveaus seiner Bestandteile.« (Ebd., S. 47)

35 Eine der wichtigsten theoretischen Neuerungen von Parsons ist sein Argument, daß das, was das Kind zu internalisieren anstrebt, sich mit dem Inhalt der reziproken Rollenbeziehungen verändert, an denen es beteiligt ist. R. D. Laing behauptet in *Family and Individual Structure* (1966), ein Kind könne ein ganzes System internalisieren – d. h. ›die Familie‹.

36 Talcott Parsons, *The Social System* (1951), New York 1968, S. 227.

37 John Bowlby, zit. in Bruno Bettelheim, »Does Communal Education work? The Case of the Kibbutz«, in: E. M. Schur (Hrsg.), a.a.O., S. 295.

38 Betty Ann, »Countrywoman«, in: *Redbook* (Juni 1960), zit. in Betty Friedan, *The Feminine Mystique* (1963), S. 58.

39 David Riesman stellt dies zwar zu Recht fest, kritisiert es aber doch recht
   ergebnislos: »In der gegenwärtigen Sozialforschung gibt es, natürlich unter
   dem Einfluß der Psychoanalyse, eine Tendenz, die Bedeutung der frühen
   Kindheit für die Charakterbildung allzu sehr zu betonen und zu verallge-
   meinern. [...] In zunehmendem Maße wird jedoch anerkannt, daß sich der
   Charakter nach diesem frühen Zeitabschnitt stark verändern kann. [...]
   Kulturen unterscheiden sich sehr stark nicht nur in der zeitlichen Folge der
   verschiedenen Schritte in der Charakterbildung, sondern auch in den
   jeweiligen Instanzen, auf die sie sich bei den einzelnen Schritten stützen.«
   The Lonely Crowd, New Haven and London, ^{5}1962, S. 38.
40 Bruno Bettelheim, »Does Communal Education Work? The Case of the
   Kibbutz«, a.a.O., S. 303.
41 Jean Baby, *Un monde meilleur* (1964), S. 99.
42 Zit. bei N. Timasheff, »The Attempt to Abolish the Family in Russia«, in:
   N. W. Bell und E. F. Vogel (Hrsg.), *The Family* (1960), S. 59.
43 Vgl. Louis Althusser, a.a.O. (siehe Anmerkung 13).
44 Parsons, Bales u. a., a.a.O., S. 15, Anm.
45 Jean Baby verzeichnet die Ergebnisse einer Untersuchung über die Einstellungen zu Ehe, Empfängnisverhütung und Abtreibung, die 1959 bei 3191
   Frauen in der Tschechoslowakei durchgeführt wurde: 80% der Frauen
   gaben an, aus Angst vor Empfängnis nur eine beschränkte sexuelle Befriedigung zu erleben. A.a.O., S. 82, Anm.
46 Vgl. Berger und Kellner, »Marriage and the Construction of Reality«, in:
   Diogenes (Sommer 1964) 1 ff., deutsch: »Die Ehe und die Konstruktion der
   Wirklichkeit«, in: *Soziale Welt,* Jg. 16, 1965, S. 220 ff. Dort wird analysiert, wie Ehe und Elternrollen zur institutionellen Objektivierung habituel-
   ler Wirklichkeitsbilder beitragen [vgl. Peter Berger und Thomas Luckmann,
   *Die gesellschaftliche Konstruktion der Wirklichkeit. Eine Theorie der
   Wissenssoziologie,* Frankfurt a. M. 1969, S. 63 f. A.d.Ü.].
47 Parsons, Bales u. a., a.a.O., S. 9-10.
48 Riesman, a.a.O., S. 146.
49 Marcuse formuliert die Aussicht auf eine Freizeitgesellschaft, wie sie durch
   die Automation und den damit einhergehenden Wechsel von einer ethi-
   schen Orientierung an Prometheus zur Orientierung an Orpheus (von der
   Mühsal der Arbeit zur Erotik) hervorgebracht werden könnte. Er sieht
   darin die eigentliche Befreiung sexueller Energie zu ihrem eigenen ästhe-
   tischen Zweck. (*Triebstruktur und Gesellschaft. Ein philosophischer Beitrag zu Sigmund Freud,* Frankfurt a. M. 1967, Kap. VIII: »Orpheus und
   Narziss versus Prometheus«). Obwohl er den Unterschied deutlich macht,
   ist diese Vorstellung zu nahe bei Bildern von primitiven Gesellschaften, die
   von der Aura mütterlicher Entspannung beherrscht sind. »[...] Befriedigung wäre [...] *mühelos* – das heißt ohne das Herrschaftsgesetz entfremde-
   ter Arbeit über dem menschlichen Dasein. Unter primitiven Bedingungen ist
   die Entfremdung noch nicht entstanden, weil die Bedürfnisse selbst noch
   primitiv sind, die Arbeitsteilung noch rudimentär und eine institutionalisierte hierarchische Spezialisierung der Funktionen fehlt. Unter ›Ideal‹-
   Bedingungen der reifen Industrie-Kultur würde die Entfremdung durch

umfassende Automatisierung der Arbeit, äußerste Einschränkung der Arbeitszeit und Austauschbarkeit der Funktionen vollständig sein. [...], die Verkürzung der Arbeitszeit bis zu einem Punkt, wo das bloße Arbeitsquantum die menschliche Entwicklung nicht mehr behindert, [ist] die erste Vorbedingung der Freiheit.« (A.a.O., S. 151–152) Der Konsumhaltung gegenüber der Sexualität konfrontiert Marcuse die Notwendigkeit gleicher Verteilung von Muße und damit die »Rückkehr zu einem niedrigeren Lebensstandard«; ein neues Wertsystem (»Befriedigung menschlicher Grundbedürfnisse«, »die Freiheit von Schuld und Angst«) gegen eine automatisierte Fernsehkultur. Diese Vorstellung ist verfrüht.

50 Clara Zetkin, *Erinnerungen an Lenin,* Wien–Berlin 1929.

51 (Siehe Ben Brewster, »Introduction to Lukács on Bucharin«, in: *New Left Review* 39, S. 25). Die kapitalistische Produktionsweise trennt die Familie von ihrem früheren direkten Zusammenhang mit der Ökonomie, und diese Randstellung wird durch die Transformation der Produktionsverhältnisse vom privaten zum öffentlichen Besitz im Übergang zu einer sozialistischen Gesellschaft nicht direkt berührt. Da der Kern des gegenwärtigen Frauenproblems direkt mit dieser Randstellung zusammenhängt, ist für dieses Problem – aber *nur* für dieses – die Unterscheidung zwischen industriellen und vorindustriellen Gesellschaften die entscheidende. Kategorien, die nur für ein Element der gesellschaftlichen Totalität bedeutsam sind, können sehr wohl unerheblich sein, wenn sie auf die gesamte historische Entwicklung ausgedehnt werden. Leider können an dieser Stelle die Probleme, die sich aus den Klassenunterschieden bei den Funktionen und dem Status der Frauen ergeben, nicht erörtert werden.

52 Karl Marx, »Privateigentum und Kommunismus«, a.a.O., *Ergänzungsband I,* S. 534.

53 Karl Marx, *Grundrisse,* a.a.O., S. 387.

Zweiter Teil
Der Roman: Frauen und Kinder

Sturmhöhe: Romantik und Rationalität

Die Gesellschaft, in der Emily Brontë lebte, war leicht zu überschauen und rasch zu erfassen: eine winzige, familiale Welt. Innerhalb dieses engen Kontexts leuchtete sie die verborgensten Winkel und Nischen aus – das Universum als Nußschale. Ein Mikrokosmos ist zum Kosmos geworden.

Emily Brontës kurzes und einförmiges Leben hat den Roman *Sturmhöhe* noch in einer anderen Hinsicht geprägt. Ihre Themen waren die frühe Kindheit, das Kindesalter, die Adoleszenz und der Tod. Weder Arbeit im üblichen Verstande noch Ehe trennten ihre Kindheit vom Erwachsenenalter, ihre Kindheit ging direkt ins Erwachsenenalter über. Dazwischen gab es keinen Bruch. Diese Erfahrung setzte Emily Brontë in die Lage, die Wirklichkeit mit dem Schlüssel der Adoleszenz zu öffnen. Nicht nur ist jede Figur auf Wuthering Heights im Heranwachsen begriffen, es besteht auch ein ständiges Wechselspiel zwischen Vergangenheit und Gegenwart. Mit einer interessanten Ausnahme (Heathcliff) werden alle Gestalten zu einem bestimmten Zeitpunkt in ihrem Verhalten als kindlich-kindisch charakterisiert. Erwachsene beiderlei Geschlechts führen sich gelegentlich in der Tat wie Kinder auf. So sagt Lockwood, der erste Erzähler der Geschichte, von der zweiten Cathy: »Sie schleuderte den Tee samt Löffel und allem zurück in die Dose und setzte sich verärgert wieder auf ihren Stuhl. Ihre Stirn war gerunzelt, ihre Unterlippe etwas vorgeschoben wie bei einem Kind, das gleich zu weinen anfängt.«[1] Andererseits beweisen die Kinder bisweilen eine ausgeprägte Altklugheit. Die Zeit-Häute sind porös. Für das Konzept der wechselseitigen Durchdringung von Gegenwart und Vergangenheit, Kindheit und Erwachsenenalter ist die Rolle von Nelly Dean, der zweiten Erzählerfigur, entscheidend. Sie ist Kindermädchen und Haushälterin. Dies erlaubt ihr eine Kontinuität der Einsicht, die ausgeschlossen wäre, wenn sie die Reifungswunden teilte, die

den Hauptfiguren zugefügt werden, während sie heranwachsen. Obwohl die Figuren ihre Krisen als Brüche erleben, empfinden und bewahren sie gegenüber diesen für sie äußerlichen
Ereignissen eine individuelle Beständigkeit:

»›Soll ich immer mit dir zusammensitzen?‹ fragte sie [Catherine]
aufgebracht. ›Was hätte ich denn davon, worüber redest du schon? Du
könntest ebenso gut stumm oder ein kleines Kind sein, wenn ich mir
ansehe, was du sagst oder tust, um mich zu unterhalten!‹
›Du hast mir noch nie gesagt, daß ich zuwenig rede oder daß dir meine
Gesellschaft mißfällt, Cathy!‹ rief Heathcliff in großer Erregung.«

Heathcliff wundert sich, daß er für Catherine als etwas anderes
erscheint als das, was er ist; und Catherine kann nicht verstehen, warum die Leute nicht immer schon gewußt haben, daß
sie in Wirklichkeit »eine junge Dame« war. Es ist dies die
Empfindung des romantischen Menschen von seiner Unwan-
delbarkeit in der Zeit, über die der Literaturwissenschaftler
Georges Poulet geschrieben hat. Das Wechselspiel von Kindheit
und Erwachsenenalter wird durch die interpretierende Rolle
von Nelly bestätigt und verstärkt. Sie fällt Urteile:

»[Catherine] brach schließlich in lautes Weinen aus. Darin schlug sie
Hareton und jedes andere Kind.«

Und sie bietet Erklärungen an:

»[Heathcliff] kämpfte lange, um beim Lernen mit Catherine mitzuhal-
ten, und gab dann mit heftigem, wenn auch stummem Bedauern auf.
Aber er gab endgültig auf. [...] Seine äußere Erscheinung paßte sich
bald dem geistigen Verfall an: sein Gang wurde schwerfällig, sein
Blick verächtlich. Seine natürliche Veranlagung zur Zurückhaltung
steigerte sich zu einer fast übertriebenen, menschenfeindlichen Ver-
drossenheit.«

Und rückblickend bekräftigt sie den Zusammenhang, den die
Figuren trotz der Krisen und Veränderungen in ihrem Leben
empfinden:

»Edgar war klug genug, Heathcliffs Veranlagung zu begreifen und zu
wissen, daß, auch wenn sich sein Äußeres gewandelt hatte, sein Wesen
unveränderbar und unverändert war.«

In *Die Mühle am Fluß* gelingt es George Eliot nicht, die Entwicklung Maggies über die Adoleszenz hinaus plausibel zu verlängern – der Schluß des Romans ist eine sentimentale Volte. Dickens läßt bis zu seinem letzten abgeschlossenen Roman, *Unser gemeinsamer Freund,* seine Helden reifen, indem er Zustände der Erwachsenheit und der frühen Kindheit aneinander mißt. Darin spiegelt sich sein eigenes, höchst ungeordnetes Leben. Veränderung war für ihn ein so schweres Trauma, daß sie in der Fiktion als ein Mangel, als Lücke zum Ausdruck kam – in den Krisen der Krankheit bei David Copperfield, Esther Summerson, Pip. Emily Brontë dagegen vermochte die Gewaltsamkeit jeder Veränderung zu erfassen. (Als Emily für kurze Zeit das Haus verlassen und die Schule von Miß Wooler besuchen muß, erschien es Charlotte so, als ob dieser Bruch im Leben ihrer Schwester buchstäblich deren Tod bedeutete.) Die Kunst Dickens' war therapeutisch – zu Beginn eine zwanghafte Beschäftigung mit Kindern, dann ein retrospektives Verstehen der Kindheit (*David Copperfield* und *Große Erwartungen*), schließlich die Exposition der Befindlichkeit der Reife (*Unser gemeinsamer Freund* und *Das Geheimnis von Edwin Drood*). Emilys Interesse an Kindern gilt jedoch dem Teil des Lebenszyklus, den sie am intensivsten erlebt hat. Für sie gab es nichts, was vermieden werden mußte, nur Veränderungen, die zu erklären waren: im Prozeß der Nachforschung war die Kindheit der Schlüssel.

Nelly Dean ist für die Hauptfiguren beider Generationen Kindermädchen und Begleiterin. Ihre sachlichen Kommentare relativieren nicht nur den Mystizismus der Protagonisten, sondern enthalten auch alternative Erklärungen für deren Handeln, die auf die Umwelt bezogen bleiben. Emily Brontë läßt niemals zu, daß ein essentialistisches Urteil unverrückbar wird:

»Der schlechte Lebenswandel und der schlechte Umgang des Herrn waren ein schönes Beispiel für Catherine und Heathcliff. Die Behandlung, die er diesem zuteil werden ließ, hätte gereicht, um aus einem Heiligen einen Teufel zu machen. Und tatsächlich *schien* der Junge damals von etwas Teuflischem besessen zu sein.« (Herv. J. M.)

Die beiden Einstellungen werden einander kontrapunktisch gegenübergestellt. Heathcliff empfindet sich, was durchaus einleuchtet, als unerklärliches »Wesen«. Doch als er einem unerklärlichen, archetypischen Wesen in der Tat sehr nahe kommt, wehrt Nelly eine derartig simple Deutung ab:

»›Ist er ein Ghul, der sich von Leichen ernährt, oder ein Vampir?‹ überlegte ich. Ich hatte von solch schrecklichen, zu Fleisch gewordenen Dämonen gelesen. Aber dann dachte ich darüber nach, wie ich mich in seiner Kinderheit um ihn gekümmert und ihn zum jungen Mann hatte heranwachsen sehen; und wie ich ihn fast sein ganzes Leben lang begleitet hatte; und wie lächerlich und unsinnig es war, diesem Gefühl des Entsetzens nachzugeben. ›Aber wo kam es her, dieses kleine dunkle Geschöpf, das ein guter Mann zu seinem Verderben bei sich aufnahm?‹ *raunte mir der Aberglaube zu,* als ich beim Einschlafen langsam in den Zustand des Unbewußten hinüberglitt.« (Herv. J. M.)

Die ganze Geschichte wird deshalb erzählt, weil ein Müßiggänger aus dem Süden, Lockwood, den Charakter seines älteren Nachbarn Heathcliff verstehen will. Er identifiziert sich mit ihm, freilich in unseriöser Weise. Lockwood ist eine Parodie auf die Romantik. Die Person indes, die Lockwood um genaue Auskunft bittet – Nelly Dean –, besitzt den Schlüssel zur Gegenwart, weil sie die Vergangenheit kennt. Dadurch wird die Geschichte zu einer Erklärung. Die Darstellung der Charaktere ist gleichzeitig deren Analyse. So, wenn der zornige Edgar Linton zu Heathcliff sagt:

»›Ich bin Ihnen gegenüber bisher nachsichtig gewesen, Mr. Heathcliff‹, sagte er ruhig: ›Nicht, daß ich mir über Ihren erbärmlichen, heruntergekommenen Charakter nicht im klaren gewesen wäre, doch fühlte ich, daß Sie dafür nur zum Teil selbst verantwortlich sind [...]‹.«

Nelly wiederum unterstreicht ihre Sätze häufig durch erläuternde Bemerkungen. So wenn sie – als Figur, nicht als Erzählerin – über den unsympathischen jungen Heathcliff sagt:

»Aus diesem Bericht schloß ich, daß der völlige Mangel an Zuneigung den jungen Heathcliff selbstsüchtig und verdrießlich gemacht hatte, wenn er das nicht schon von jeher gewesen war.«

Sie wehrt sich auch dagegen, daß die zweite Cathy Hareton schlecht behandelt:

»Wären Sie in den gleichen Verhältnissen aufgewachsen wie er, wären Sie dann weniger unwissend? Er war ein ebenso aufgewecktes und intelligentes Kind wie Sie, und es tut mir weh, daß er nun verachtet wird, weil dieser niederträchtige Heathcliff ihn so ungerecht behandelt hat.«

Viele Charaktere gebrauchen ähnliche Erklärungen für ihr eigenes Verhalten, so Linton Heathcliff gegenüber der jungen Cathy Linton:

»Du bist so viel glücklicher als ich, daß du auch besser sein solltest. Papa spricht so häufig über meine Fehler und zeigt mir so viel Verachtung, daß es nur natürlich ist, wenn ich an mir selbst zweifle. Ich frage mich oft, ob ich nicht wirklich so unnütz bin, wie er behauptet.«

Das Heranwachsen ist die entscheidende Interaktionsfigur – in thematischer und struktureller Hinsicht ist der Roman erklärend. Eines hängt vom anderen ab, einzig die Kindheit erklärt den Lebensweg. Struktur und Zeitplan des Romans lassen kaum jemals zu, daß die Kindheit daraus verschwindet. Im Einleitungsabschnitt wird die Heldin, Catherine Earnshaw, zunächst als Geist eines zwölfjährigen Kindes vorgestellt; dann beginnt Nellys Erzählung mit der Kindheit von Catherine, Heathcliff und Hindley. Deren Kindheit geht zu Ende, und mit Catherines erzwungenem Aufenthalt auf Thrushcross Grange beginnt die Adoleszenz. In diesem Kontext werden die anderen Kinder eingeführt: Edgar und Isabella Linton. Doch selbst mit dem Übergang dieser Generation (Catherine, Heathcliff, Edgar und Isabella) zum Jugend- und zum frühen Erwachsenenalter verschwindet die frühe Kindheit nicht aus dem Roman: Hareton, der Sohn von Hindley und Frances, wird geboren. Dann ist von der frühen Adoleszenz von Cathy Linton, der Tochter von Catherine Earnshaw und Edgar Linton, die Rede, danach von der späten Adoleszenz von Linton Heathcliff, dem Sohn von Isabella Linton und Heathcliff. Das kompositorische Grundgelenk des Romans ist jedoch die erste Generation. Mit Catherine

Earnshaw beginnt und endet das Buch. Heathcliff fehlt mehr
als drei Jahre in der Chronik, doch sie nehmen im Roman nicht
mehr als sieben Seiten ein.

Die meisten Literaturwissenschaftler lesen den Roman in zwei
Hälften – die Geschichte der ersten Generation und dann die
der zweiten. Er ist jedoch viel eher die Geschichte von Heathcliff und vor allem der Kindheit, der Jugend und des Todes der
ersten Catherine. In der zweiten Hälfte werden die Nachkommen von Heathcliff manipuliert, um Catherines verfehlte Hei-
ratsentscheidung zu sühnen und seine Leidenschaft für sie zu
befriedigen. In einem gewissen Sinne handelt der Roman
ebensosehr vom Tod wie vom Leben. Als Gegengewicht zum
Tod fungiert stets die Jugend, niemals das Alter (mit Ausnahme
der ursprünglichen Eltern). Catherine Earnshaw und Linton
Heathcliff sterben, bevor sie volljährig geworden sind. Hindley
stirbt genau zu dem Zeitpunkt, als sich die Dreierbeziehung
zwischen Catherine, Linton und Hareton entspinnt. Heathcliffs
Tod ist der Kontrapunkt zur idyllischen Jugend von Catherine
und Hareton. Von den Hauptfiguren erreichen nur drei das
Erwachsenenalter, und jedesmal ist es eines, das durch die
Krisen der Jugend oder des sehr frühen Mannesalters belastet
wird (sowohl Hindley als auch Edgar sind einundzwanzig, als
ihre Ehefrauen sterben).

Die Ehe zwischen der zweiten Cathy und Hareton ist eine
Episode viktorianischer Harmlosigkeit und keine Lösung für
Leidenschaften, wie Heathcliff und Catherine Earnshaw sie
erfahren. Diese Leidenschaften sind das Auge des Romans. Sie
sind freilich weder geheimnisvoll noch exzessiv, wie manche
Kritiker behauptet haben. Ihre Intensität wird nicht lediglich
empfunden, sondern begründet und expliziert.

Catherine ist fast sechs Jahre, Hindley vierzehn, als ihnen
Heathcliff von ihrem Vater »geschenkt« wird. Sämtliche Ansprüche Hindleys, des Erstgeborenen, werden durch das väterliche Geschenk eines Zigeunerjungen und einer zerbrochenen
Geige in Frage gestellt. Die Krise behindert seinen Übergang in
eine stabile Stellung in der Erwachsenenwelt. Seine Reaktion ist
die eines kleinen Kindes: »Hindley war ein Junge von vierzehn

Jahren, aber als er herauszog, was einmal eine Geige gewesen war, die im Mantel in Stücke zerbrochen war, weinte er laut.« Seine Reaktion erzeugt erst die Situation, vor der er sich gefürchtet hat. Sein Vater beginnt, den verstoßenen Waisen ihm vorzuziehen. Die Harmonie ist ebenso zerstört wie die Geige. Heathcliff wird zu einem Eindringling, der Hindleys Besitz an sich nimmt und dem die Liebe des Vaters und der Schwester angeboten wird. Seine Mutter – die ihrerseits zur Enttäuschung seiner Erwartungen beiträgt – stirbt nach zwei Jahren, und schließlich lehnt es sein Kindermädchen Nelly, von ihrem Erfolg bei der Pflege des schwerkranken Heathcliff geschmeichelt, ab, Hindleys Rache an Heathcliff gutzuheißen: »so verlor Hindley seinen letzten Verbündeten«. Der Bruch in der Sohneswelt Hindleys wird endgültig, als sein Vater ihn auf die Universität schickt. Schon früh hatte er seine Bruderrolle an Heathcliff verloren. Zunächst hatte er zusammen mit Catherine Heathcliff ausgeschlossen: »Beide lehnten energisch ab, es [Heathcliff als Kind] bei sich im Bett oder auch nur im Zimmer schlafen zu lassen.« Catherine und Heathcliff werden jedoch bald unzertrennlich. Hindley kehrt später die physische Trennung um und wiederholt sie. Er läßt nichts unversucht, um Heathcliff insbesondere von Catherines Gesellschaft auszuschließen. Als Hindley, erwachsen geworden, an das Totenbett seines Vaters zurückkehrt, hat er sich angepaßt. Im Erwachsenenalter will er, in Umkehrung, sowohl seine Adoleszenz nachholen als auch die Person sein, die er hätte sein sollen, wenn Heathcliff nicht gekommen wäre und seine Entwicklung unterbrochen hätte. Nun wird er der Herr sein. Weil dies aber kein natürlicher Übergang ist, ist er zugleich schmerzlich und brutal. Die Absicht, derjenige zu sein, zu dem man ihn seinem Verständnis nach hatte erziehen wollen, mündet in vorsätzlicher Rache an den anderen. Einzig bei seiner Frau, die seine Krise nicht miterlebt hat, kann er die Person sein, die das Ziel seiner Kindheit war. Seine Bindung an sie offenbart die pathetische Sehnsucht eines Menschen, der nicht auf seine frei gewählte Reaktion auf eine frühe Krise festgelegt werden will, eine Wahl, die über den Augenblick ihrer Verwirklichung

hinauswuchs – der innere Drang, ein falsches Kind beiseite zu
schieben.

Heathcliffs Kindheitselend ist von ganz anderer Art. Obwohl er
gegenüber Earnshaw von aufrichtiger Dankbarkeit ist – er
hatte ihn ja in Liverpool auf der Straße aufgelesen –, ist seine
Einstellung nicht frei von Ambivalenz. Die väterliche Bevorzugung setzt ihn nämlich der Grausamkeit anderer aus. Die
Ambivalenz spiegelt sich in der Doppelnatur seiner übrigen
Beziehungen. Bezeichnenderweise ist er gleichgültig gegen die
Brutalität von Leuten, die ihn nicht behelligen können – sei es
formal (weil sie nicht mit ihm verwandt sind), sei es real (sie
waren nie seinetwegen freundlich zu ihm, sondern nur um
Mr. Earnshaw günstig zu stimmen). Mr. Earnshaw stirbt, und
auf Betreiben Hindleys fällt Heathcliff auf den Status des
Sechsjährigen zurück – ein Ausgestoßener, der an Entbehrun-
gen leidet:

»Vor allen Dingen war der positive Einfluß seiner frühen Erziehung
nicht mehr wirksam: die ständige schwere Arbeit vom frühen Morgen
bis zum späten Abend hatte jeglichen Wissensdurst und jegliche
Vorliebe für Bücher in ihm abgetötet. Das Gefühl der Überlegenheit,
das die Gunst des alten Mr. Earnshaw ihm als Kind eingeflößt hatte,
war dahin.«

Statt langsam und naturwüchsig seine Selbständigkeit zu er-
werben und damit in seiner Beziehung zu Catherine eine gewisse Gleichheit herzustellen, wird Heathcliff abhängig von
ihr: »In der ersten Zeit ertrug Heathcliff seine Erniedrigung
ganz gut, weil Cathy ihm das beibrachte, was sie lernte.« Sein
früheres Bedürfnis verstärkt sich, die Eigentümlichkeit seiner
Liebe wird deutlicher. Doch er kann sich nicht befreien, bis er
gezwungen wird, zu gehen und aus freien Stücken zurückzu-
kommen. Die Rebellion, die in ihrer Beziehung Gleichheit
einleiten könnte, wird bis zum Erwachsenenalter aufgescho-
ben:

»Mrs. Linton setzte sich mit gerötetem Gesicht und finsterer Miene
ans Feuer. Die Erregung in ihr wurde unbändig: sie konnte sie weder
dämpfen noch unterdrücken. Heathcliff stand mit verschränkten Armen beim Herd und brütete über seinen bösen Gedanken.«

In ihrer gemeinsamen Kindheit ist sie jedoch sein einziger Freund und Wohltäter. Er liebt sie mit der Leidenschaft der ersten und einzigen Bindung. Catherine wendet ihre Zuneigung auch anderen zu, Heathcliff nicht. Als Catherine ihn abweist, erlebt er die schwerste Krise von allen drei Kindern der ersten Generation. Hindleys Krise ist eine auf zwei Jahre verteilte Flucht, die Krise Heathcliffs dagegen ist weitaus dramatischer. Er bleibt als ausgebeuteter Bauernknecht zurück – als ob es die helfende Aufmerksamkeit Mr. Earnshaws und Catherines nie gegeben hätte. Er wird wieder zu dem Ausgestoßenen, der er in seiner frühen Kindheit gewesen war. Die Art, wie Catherine ihn verläßt, weckt in ihm die Erinnerung an frühere Traumen. Catherine schlägt sich auf die Seite seiner Feinde: »Wenn du dir das Gesicht wäschst und die Haare kämmst, ist alles wieder in Ordnung. Aber du bist so schmutzig.« Auch Heathcliff muß mit sechzehn Jahren aus dem Haus, um sich an seine in Stücke zerschlagene Welt wieder anzupassen. Catherine gerät in eine Art Delirium. Die Kindheit der beiden ist vorüber.

Auf den ersten Blick erscheint Catherine Earnshaw vielleicht als Ausnahmefall in der hier versuchten allgemeinen Analyse. Sie ist ja durchweg so dargestellt, als ob sie größer wäre als das Fassungsvermögen derer, die sie beschreiben, und größer als die Summe ihrer Lebensumstände. Als Kind und als Mädchen ist sie plausibel, doch scheint ihre »Natur« den Ereignissen zuvorzukommen; sie wirkt faszinierend, rätselhaft, rein. Doch dieser Eindruck trügt. Catherine wird in der Struktur des Romans selbst »innerlich« erklärt, eine Struktur, die sie als eine verständliche Person hervorbringt.

Zu dem Zeitpunkt, da Heathcliff in die Familie eintritt, ist Catherine immer noch ein Kind und steht nicht wie Hindley kurz vor der Adoleszenz. Ihre erste Reaktion ist aggressiv; kein Zusammenbruch wie bei Hindley. Sie hat zwar eine Peitsche verloren, aber einen Bruder dazugewonnen: »[...] sie hatten ihn Heathcliff getauft. Dies war der Name eines Sohnes, der als Kind gestorben war.« Für Catherine braucht Heathcliff freilich nicht nur ein Bruder zu sein. Sie ist jung genug, um ihn als solchen zu akzeptieren, aber auch alt genug, in ihm mehr als

den Bruder wahrzunehmen. Heathcliff wird ihr zwar als Bruder
angeboten, aber er kommt ihr auch als gleichaltriger Spielge-
fährte zupaß. Andere gängeln sie und halten sie zurück, bei
Heathcliff hat sie jede Freiheit, ihre Identität zu entfalten:

»Beim Spielen schlüpfte sie besonders gern in die Rolle der jungen
Herrin. Dabei machte sie von ihren Händen reichlich Gebrauch und
kommandierte ihre Gefährten herum. Sie versuchte das auch mit mir,
aber ich dachte nicht daran, mir ihre Schläge und Befehle gefallen zu
lassen, und sagte ihr das. [...] nie war sie glücklicher, als wenn wir alle
auf einmal mit ihr schimpften und sie uns mit ihrem kecken, frechen
Blick und schlagfertigen Bemerkungen die Stirn bot; sie zog Josephs
fromme Verwünschungen ins Lächerliche, ärgerte mich und tat genau
das, was ihr Vater am meisten haßte: sie führte ihm vor, daß ihre
vorgetäuschte Frechheit, die er für echt hielt, mehr Macht über
Heathcliff hatte als seine Güte; wie der Junge alle *ihre* Wünsche
erfüllte, *seine* jedoch nur, wenn es ihm gerade paßte.«

Mit zwölf Jahren erlebt Catherine auf dramatische Weise den
Tod ihres Vaters, ein Ereignis, das ihre Abhängigkeit von
Heathcliff bestätigt:

»›Er ist tot, Heathcliff! Er ist tot!‹ Und beide stießen einen herzzerbre-
chenden Schrei aus. [...] [Ich] eilte hinauf in das Zimmer der Kinder.
Die Tür stand halb offen und ich sah, daß sie sich noch gar nicht
hingelegt hatten, obgleich es schon nach Mitternacht war; aber sie
waren jetzt ruhiger und brauchten meinen Trost nicht.«

Die Isolation, die Catherine und Heathcliff in ihrer frühen
Adoleszenz von Hindley auferlegt wird, beeinträchtigt Catherine nur wenig. Sie gerät zwar in Abhängigkeit von Heathcliff,
doch ist diese minder gravierend als Heathcliffs Abhängigkeit
von ihr. Für sie gab es schon in der Vergangenheit Alternativen,
und es wird sie auch in der Zukunft geben. Neue Aussichten
eröffnen sich für sie: Edgar Linton übernimmt die Rolle, die
eigentlich Heathcliff zugedacht war. Catherine ist sich des
Bruchs mit der Vergangenheit bewußt. Ihr Spannungszustand
wird verschärft durch Versuche von außen, zwischen ihrer
Kindheit und dem Erwachsenenalter eine Grenzlinie zu ziehen:
»Aber Cathy, du bist ja eine richtige Schönheit geworden! Ich
hätte dich fast nicht erkannt, du siehst jetzt aus wie eine

Dame«, ruft ihr Bruder aus, als sie von ihrem ersten Aufenthalt in Thrushcross Grange zurückkommt. Von jetzt an wird in ihren Handlungen die Konfliktspur ihrer Lage sichtbar. Catherines Geständnis gegenüber Nelly macht deutlich, was geschehen ist. Ihr zweideutiger Gebrauch des Wortes ›Liebe‹ faßt den Wandel ihrer Zuneigung zusammen:

»›Jetzt aber würde es mich erniedrigen, Heathcliff zu heiraten. Deshalb darf er nie erfahren, wie sehr ich ihn liebe, und ich liebe ihn nicht, weil er hübsch ist, Nelly, sondern weil er mehr ich selbst ist, als ich es bin. [...] Er weiß nicht, was verliebt sein ist.«

Tragisch ist, daß Catherine mit Heathcliff nicht harmonisch aufwachsen kann; die beiden werden getrennt, und sie muß sich bei ihren Entwicklungsschritten auf einen anderen stützen, einen Fremden. Darüber wird sie sich selbst ebenso fremd, wie sie es gegenüber Heathcliff ist. Sie versucht, in sich das Gefühl zu befestigen, daß sie immer schon war, was sie geworden ist – eine junge Dame –, aber in dieser Rolle vermag sie sich nicht wiederzuerkennen. Es gelingt ihr nicht, Vergangenheit und Gegenwart zu versöhnen. Mit Edgar lebt sie zusammen, als ob sie schon gestorben wäre, eine nutzlose Existenz, denn mit seiner Wahl nahm sie vorweg, was sie später tatsächlich werden sollte: eine Selbstmörderin. Heathcliff sagt zu ihr:

»›*Warum* hast du dein eigenes Herz verraten, Cathy? Ich habe kein Wort des Trostes für dich, du verdienst dein Schicksal. Du hast dich selbst getötet. [...] Du hast mich geliebt. Mit welchem *Recht* hast du mich dann um der armseligen Verliebtheit willen, die du für Linton fühltest, verlassen? [...] Nicht ich habe dir das Herz gebrochen, *du* selbst warst es, und zusammen mit deinem hast du auch meines gebrochen.«

Die Trennung wird durch ihr Handeln bewirkt; ihr Leben und ihre Entscheidungen bestätigen die Brüche, welche die Gesellschaft erzeugt. Sie *wählt* die Trennung von Heathcliff, und in ihrer Wahl sind alle anderen Trennungen enthalten, die ihnen auferlegt wurden, denen sie jedoch widerstanden hatten. So erfolgt der erste wirkliche Bruch mit ihrer Kindheit und mit Heathcliff anläßlich ihrer Einschließung in Thrushcross Grange. Im Rückblick sieht Catherine ihn freilich in mildem

Licht. Als sie mit Edgar verheiratet ist, beschreibt Cathy während ihrer letzten und endgültigen Krankheit Nelly ihre Traumphantasie:

»[...] seltsamerweise waren die ganzen letzten sieben Jahre meines Lebens wie ein leeres Blatt! Ich erinnerte mich nicht einmal daran, daß es sie überhaupt gegeben hatte. Ich war ein Kind, mein Vater war gerade beerdigt, und mein Verdruß entsprang meiner Trennung von Heathcliff, die Hindley angeordnet hatte. Zum ersten Mal schlief ich allein im Zimmer, und als ich nach einer durchweinten Nacht aus einem unruhigen Schlaf erwachte und die Hand ausstreckte, um die Türen beiseite zu schieben, stieß sie gegen die Tischplatte! [...] stell dir einmal vor, ich wäre mit zwölf Jahren von Wuthering Heights von allen Kindheitserinnerungen und meinem ein und alles, das Heathcliff damals war, fortgerissen und mit einem Schlag in Mrs. Linton, die Herrin von Thrushcross Grange und die Frau eines Fremden verwandelt worden, für immer verbannt und ausgestoßen von allem, was bis dahin meine Welt gewesen war.«

Interessanterweise sind hier die drei Vorkommnisse eines einzigen Jahres – der Tod ihres Vaters, Hindleys diskriminierende Handlung gegen Heathcliff und ihr erster Besuch in Thrushcross Grange – mit ihrer späteren Ehe mit Edgar Linton verschmolzen und bilden eine einzige zusammengesetzte Krise im Alter von zwölf Jahren. Die verschiedenen Momente und Bedeutungen ihrer Trennung von Heathcliff haben sich vereint. Genau in diesem Alter – dem Alter ihres Traums, dem Alter von zwölf Jahren, dem Alter ihrer ersten Trennung von Heathcliff – sucht sie Zuflucht im Buch, in der Bibel. Und genau diese Verschmelzung der verschiedenen Episoden wiederholt sich in Lockwoods Traum:

»[...] meine Finger [schlossen sich] um die Finger einer kleinen eiskalten Hand! Das grenzenlose Grauen eines Alptraums überfiel mich! Ich versuchte, meinen Arm zurückzuziehen, aber die Hand klammerte sich daran fest, und eine todtraurige Stimme schluchzte: ›Laß mich hinein! Laß mich hinein!‹ ›Wer bist du?‹ fragte ich und bemühte mich während dessen freizukommen. ›Catherine Linton‹ erwiderte die Stimme bebend (warum dachte ich eigentlich gerade an *Linton*? Ich hatte doch für einmal Linton zwanzigmal Earnshaw gelesen).«

An der Schwelle zur Adoleszenz bekam Catherines Leben einen Riß. Das Trauma war gesetzt. Fortan wiederholen alle Krisen nach dem ursprünglichen Trauma die erste. Hindley erinnert der Tod seiner Frau an den Tod seiner Mutter mit allen damit verbundenen Fluchten. Für Heathcliff verdichtet sich in Catherines Entfremdung die Außenseiterhaftigkeit seiner kindlichen Welt. Für Catherine beschließen die beiden Umzüge nach Thrushcross Grange die Trennungen von Heathcliff, mit denen ihre Kindheit bestraft wurde: »Sie mochte Heathcliff viel zu gern. Die größte Strafe, die wir uns für sie ausdenken konnten, war, sie von ihm fernzuhalten.« Daß ihre Qual im Erwachsenenalter das genaue Äquivalent ihrer Kindheitsängste ist, wird im übrigen durch die Bildersprache des Romans verdeutlicht. Voneinander getrennt, fühlen sich beide, Catherine und Heathcliff, in einer Art Hölle. Catherine: »Ich hatte mich in zorniger Empörung gegen die Vorsehung erhoben. Oh, ich habe großes, bitteres Leid durchgemacht, Nelly!« Heathcliff: »Zwei Worte würden dann meine ganze Zukunft in sich fassen: *Tod* und *Hölle,* denn wenn ich sie je verloren hätte, wäre mein Leben die Hölle.« Die Metaphern sind aus ihrer Kindheit geschöpft. In ihrem Tagebuch notierte die zwölfjährige Catherine: »[Hindley] stieß uns beide [Heathcliff und Catherine] in die Küche hinaus, wo uns, wie Joseph beteuerte, so wahr wir lebten, der Leibhaftige holen würde. *Und mit dieser trostreichen Aussicht suchte sich jeder von uns einen Winkel,* um auf sein Erscheinen zu warten.« (Herv. J. M.)
Die Beziehung zwischen Catherine und Heathcliff gründet in Bedingungen, die für beide verschieden sind; ihre Handlungen konvergieren mit dieser Differenz. Für Heathcliff ist Catherine der Mittelpunkt des Universums. Wie Nelly sagt, ist sie »alles«: »die Freundin und die Frau, die er liebt – alles!« Und Heathcliff bekennt: »In jeder Wolke, in jedem Baum, in jedem Gegenstand, auf den tagsüber mein Blick fällt, sehe ich ihr Bild, und nachts erfüllt sie die Luft. Die nichtssagendsten Gesichter von Männern und Frauen, ja sogar meine eigenen Züge gaukeln mir Ähnlichkeit vor. Die ganze Welt ist eine schreckliche Sammlung von Hinweisen darauf, daß es sie gab und daß ich sie

verloren habe!« Nachdem sie tot ist, wird sie sein »Himmel«. Heathcliff ist besessen; Catherines Liebe geht aus einer ganz anderen Reaktion und anderen Bedürfnissen hervor. Wo Heathcliff an der Einzigartigkeit, an der Ausschließlichkeit leidet, wird Catherine von den Problemen der Spaltung gequält: »[...] denn sie war voller Ehrgeiz, und [ihre Eroberungen] veranlaßten [sie], in eine Doppelrolle zu schlüpfen, ohne daß sie damit bewußt jemand hätte hintergehen wollen.« Sie ist die Wirkkraft bei der Trennung, so wie Heathcliff die der Vereinigung ist. Sie zerstört die Beziehung durch Abwesenheit, so wie Heathcliff alle durch seine Anwesenheit verstört. Er sagt zu ihr:

»Antworte mir! Denn weder Armut, Erniedrigung und Tod noch sonst irgend etwas, das Gott oder Satan uns auferlegen konnte, hätte uns je getrennt. *Du* hast es getan, aus freiem Willen.«

In ihrer Wahnphantasie steht Catherine vor zwei Möglichkeiten, zu ihrer Authentizität zurückzufinden. Authentizität ist die Vereinigung mit Heathcliff und – was dasselbe ist – die Vereinigung mit ihrem Selbst, ihrem ungeteilten Selbst in der Kindheit oder im Tod:

»Oh, ich verbrenne! [...] Wäre ich doch wieder ein kleines Mädchen, halb verwildert und beherzt und frei [...]. Warum bin ich so verändert? [...] Sicher wäre ich wieder ich selbst, könnte ich einmal in der Heide auf diesen Hügeln sein. [...] Joseph ist lange auf, nicht wahr? Er wartet, bis ich nach Hause komme, damit er das Tor abschließen kann. Nun, er wird sich noch eine Weile gedulden müssen. Es ist eine beschwerliche Reise und ein trauriges Herz, das sie macht. Und unser Weg führt uns an der Kirche von Gimmerton vorbei! Oft haben wir zusammen den Geistern dort getrotzt und uns gegenseitig dazu angestachelt, uns mitten auf den Friedhof zu stellen und sie zu beschwören. [...] Aber, Heathcliff, wenn ich dich jetzt dazu aufforderte, würdest du es wieder wagen. Wenn du es tust, werde ich dich da behalten. Ich will nicht allein dort liegen; und sie können mich zwölf Fuß tief begraben und die Kirche über mir einstürzen lassen, doch ich werde nicht ruhen, bis du bei mir bist. Niemals! [...] Er denkt nach – es wäre ihm lieber, ich käme zu ihm! Such schon einen Weg! Nicht durch den Friedhof dort... Bist du langsam! Sei doch zufrieden, du hast bisher auch immer mir gefolgt.« »Sie seufzte und streckte sich wie ein Kind,

das kurz erwacht und gleich wieder einschläft. [...] Sie liegt da mit
einem sanften Lächeln auf dem Gesicht; und ihre letzten Gedanken
wanderten zurück zu den heiteren Tagen ihrer Kindheit. Ihr Leben
endete in einem schönen Traum – möge sie in der anderen Welt ebenso
angenehm erwachen.«

Die Bürden der Adoleszenz werden negiert; die Erwachsene
stirbt als zwölfjähriges Kind. Als dieses Kind tritt Catherine,
wie ein Gespenst, gegenüber ihrem Bruder-Geliebten und am
Anfang des Romans auf.

Wie alle Romantiker sucht auch Emily Brontë das Zersplitterte
wieder zusammenzufügen. Die Kraft, die den Bruch bewirkt
hat, ist für sie jedoch nicht, wie für ihre Zeitgenossen und
Nachfolger, die Industrielle Revolution und auch nicht, wie für
ihre Schwestern, die Diskrepanz zwischen der persönlichen
Erfahrung und der herkömmlichen Moral. Die Entzweiung der
Welt, die Emily aufheben wollte, reichte tiefer.

> »Drei Götter streiten sich in dieser zierlichen Gestalt
> bei Tag und in der Nacht.
>
> Der Himmel könnte sie nicht alle fassen, und doch
> sind sie gefaßt in mir
> und mein sein müssen sie, bis ich vergesse,
> was ich gegenwärtig bin.«[2]

Die Spaltung lag im Individuum selbst; im Roman war es der
Zustand, ganz in sich selbst und gleichzeitig nichts ohne die
anderen zu sein. Auch wenn dieser Gedanke Ähnlichkeit mit
dem Denken von Wordsworth hat, ist es kein Pantheismus.
Wordsworth' Denken ist ein Glaube – der Mensch ist Mensch
in der Einheit mit der Natur. Das Denken Emily Brontës
erscheint als ein Werturteil: Die Menschen existieren in Städ-
ten, im Süden Englands, in baumbesetzten Wiesenlandschaften,
doch in authentischerer Weise existieren sie in den Moorland-
schaften. Manche Einfälle in *Sturmhöhe* könnte man als my-
stisch bezeichnen, doch das Romangerüst und die sachlichen,
satirisch gezeichneten pseudoromantischen Erzähler (Nelly und
Lockwood) garantieren die ständige rationale Kontrolle der

wirksamen romantischen Einbildungskraft. Im Zentrum des
Romans regiert die Vorstellung einer Wahlverwandtschaft un-
abhängiger Formen.

»[Heathcliff ist] mehr ich selbst, als ich es bin. Woraus auch immer
unsere Seelen gemacht sein mögen, seine und meine sind gleich. [...]
Ich kann es nicht ausdrücken, aber sicher hast du und hat wohl
jedermann das Verlangen, daß wir auch außerhalb unseres eigenen
Daseins existieren und existieren sollten. Was hätte meine Erschaffung
für einen Sinn, wenn ich in mir selbst völlig aufginge. Meine großen
Nöte auf dieser Welt sind Heathcliffs Nöte gewesen, und jede einzelne
habe ich von Anfang an verfolgt und mitgefühlt. Der eigentliche Sinn
meines Lebens ist er. Wenn alle Menschen zugrunde gingen, und *er*
allein bliebe übrig, dann lebte auch ich weiter; blieben aber die
anderen verschont, und er würde vernichtet, so würde die Welt für
mich kalt und fremd. Ich würde nicht mehr dazu gehören. Meine
Liebe zu Linton ist wie das Laub der Wälder. Die Zeit wird sie
verändern, ich bin mir dessen wohl bewußt, wie der Winter die Bäume
verändert. Meine Liebe zu Heathcliff gleicht den die Zeiten überdau-
ernden Felsen darunter – eine Quelle kaum sichtbarer Freude, aber
notwendig. Nelly, ich *bin* Heathcliff! Er ist immer, immer in meinen
Gedanken, nicht zum Vergnügen, genau so wenig, wie ich mir selbst
stets ein Vergnügen bin, sondern als mein eigenes Ich!«

Emily Brontës ungewöhnliche Existenz: ihre Isolation von der
Industrialisierung und ihr Aufgehen in der Familie, von der sie
sich fast nie trennte, befähigte sie zu bestimmten Einsichten, die
manchen ihrer Zeitgenossen, welche der Konvention viktorianischer Sitten und den Entfremdungserfahrungen der Industriegesellschaft stärker ausgesetzt waren, verwehrt blieben. Die
Bedeutung von *Sturmhöhe* liegt in der *Rationalität* der Romantik – die Dialektik zwischen beidem macht die Form und die
ganze Kraft des Romans aus. Der bindende Rationalismus wird
in der bewußt kontrollierten Anwendung typisch romantischer
Topoi erkennbar: Waisenstand, Gespenster, Träume. Und er
ist nicht von der Form des Romans zu trennen: von seiner
doppelten Erzählweise. Nelly Dean steht repräsentativ für den
Kunstgriff der Ernüchterung der Charaktere, Lockwood für
den der Ernüchterung des romantischen Stoffs der Geschichte
selber. Dieser Rationalismus ist in elementarer Weise mit der

Deutung der Kindheit insgesamt verknüpft: beide sind im Buch zum größten Teil identisch. Ganz deutlich wird dies in der Figur der Nelly Dean, der Erzählerin, deren Beziehung zu den Romangestalten ausdrücklich durch die Kindheit vermittelt ist. Dieses Gestaltungsmittel ermöglicht es Emily Brontë, ihre Figuren zu erklären und sie zugleich mit hoher Intensität auszustatten. Im Gegensatz zu überkommenen literaturwissenschaftlichen Vorstellungen gibt es deshalb in *Sturmhöhe* keine Geheimnisse. Die Handlungen jeder Figur sind restlos verständlich, weil sie stets auf die gesamte biographische Entwicklung der Person bezogen sind, vor allem auf die entscheidende Lebensphase: die Kindheit. Dies gilt für Hindley, Hareton, Heathcliff und auch für Catherine Earnshaw, die im Buch zunächst ein »ontologisches« Privileg zu genießen scheint. Mit *Sturmhöhe* antizipierte Emily Brontë das begriffliche Bewußtsein, das wir heute von dem Wechselspiel zwischen Kindheit und Erwachsenenalter haben, in einem höchst ungewöhnlichen Roman. *Sturmhöhe* ist die literarische Eroberung der existentiellen Einheit des menschlichen Lebens.

Richard Feverel: eine Erziehung des Gefühls

»In seinen Hauptabschnitten ist das Buch so kristallklar und glanzvoll, ist mit seiner Lockerheit so viel Reinheit verbunden und es gibt eine so verläßliche und unerschütterliche Wahrheit mitten in seinen wunderlichen Einfällen, daß wir zögern, ob wir zustimmen oder ablehnen sollen, ja es fällt sogar schwer, uns bei so seltsamen Gegensätzen überhaupt ein Urteil zu bilden.«

(*The Times*, 14. Oktober 1859)

I.

Die *Times* rühmte die Reinheit von *Richard Feverel*, während *Mudie's Library* den Roman der Unsittlichkeit bezichtigte und ihn auf die Liste der verbotenen Bücher setzte. Die Leserschaft war bestürzt und verdutzt; Verständnislosigkeit überwog die gereizte Prüderie. Der Roman ist in der Tat ein Geflecht aus romantischen Zwischenspielen, prosaischen Einzelheiten und Possen, aus Melodrama, Pathos, Bizarrerie und Realismus – ausgenommen den Naturalismus, den Meredith verabscheute. Die Nachwelt feierte das Werk als den ersten modernen Roman und seinen Autor als Pionier intellektueller Erzählkunst. Freilich, trotz vieler einfallsreicher Klärungsversuche der Literaturwissenschaft bleibt das Buch in seiner ursprünglichen Fassung[1] opak und rätselhaft.

Sir Austin Feverel, Besitzer der Abtei Raynham in einer westlichen Grafschaft an der Themse, ist der Urheber eines Aphorismenbandes, »Notizen eines Pilgers«, und eines Erziehungssystems, das Knaben zur Männlichkeit heranbilden soll. Buch und System richten sich vornehmlich gegen den verderblichen Einfluß der Frauen. Eine realistische Einschätzung der verwahrlosten Gesellschaft, insbesondere der Frauen als Bestandteil davon, soll, bei systematischer pädagogischer Anwendung, den idealen Mann und damit die ideale Gemeinschaft hervorbringen. Gestützt auf diese misanthropische Prämisse, erzieht

Austin seinen Sohn Richard, dessen Lebensgeschichte der Roman zum Gegenstand hat. Die scheinbar objektive Theorie Sir Austins ist allerdings das Resultat einer traumatischen Erfahrung. Ihm war nämlich die Gattin mit seinem besten Freund und Vertrauten, dem Dichter Diaper Sandoe, durchgebrannt und hatte ihm außer dem kleinen Richard nichts hinterlassen.

Richard wächst in der Abtei auf, im Kreise der aus lauter Abhängigen bestehenden Familie Feverel: Onkel Hippias, der an Verdauungsstörungen (Dyspepsie) leidende Vielfraß; Tante Doria Forey mit ihrer Tochter Clara; sein Neffe und Erzieher, der Epikuräer Adrian Harley (genannt »der weise Jüngling«), so hart und zynisch, wie Sir Austin zu sein behauptete (Adrian hatte in einer früheren Fassung Sir Austins »Notizen eines Pilgers« lektoriert – die Beziehung zwischen den beiden bleibt im Roman auch ohne dieses Detail erhalten). Eine weitere Mitbewohnerin ist Richards Großtante Grantly, die den Spitznamen »Das 18. Jahrhundert« trägt, wohlhabend und eine Feinschmeckerin ist. Häufige Besucher sind der Onkel Algernon, der im Laufe der Geschichte ein Bein verliert und zu trinken anfängt, sowie sein Cousin Austin Wentworth, der vom Stubenmädchen seiner Mutter verführt worden war, sie geheiratet hatte und nun von ihr getrennt lebt, ein gütiger und rechtschaffener Mann, ein Republikaner und Menschenfreund. Als Junge (und später als Erwachsener wieder) findet Richard eine Zeitlang einen Gefährten in Ripton Thompson, dem Sohn von Sir Austins Notar; einen sportlichen Mitstreiter hat er in Ralf Morton von der benachbarten Poer Hall. Lady Blandish, eine Witwe, die mit seinem Vater befreundet ist und ihn bewundert, ist seine »Adoptivmutter«. Bewacher des ganzen Systems ist der Hausmeister, der dicke Benson: ein rachsüchtiger Weiberhasser, dem die Frau davongelaufen war.

Die Familie Feverel ist angeblich von einem bösen Geschick (»Frau Verwünschung«) bedroht, einem »Gottesgericht« eigener Art. Von diesem Aberglauben war Sir Austin erst dann überzeugt, als seine Frau ihn im Stiche ließ und er seine »Ordalien« erleiden mußte. Richard sieht an seinem siebenten

Geburtstag im Halbschlaf eine Dame an seinem Bett stehen. Diese »Frau Verwünschung« stellt sich als seine Mutter heraus. Daß es sich dabei um ein böses Omen handelt, bestätigt sich, als Onkel Algernon am selben Tag beim Kricketspiel ein Bein verliert.

Von seiner Frau verlassen, gibt Sir Austin seine noble Verschwendungssucht auf und zieht sich in Askese zurück. Die einzigen festlichen Anläße in der Abtei sind die Geburtstage von Richard. Richard – dessen gesundes Fleisch die Ketten des »Systems« zu spüren beginnt – weigert sich am vierzehnten Geburtstag, eine ärztliche Untersuchung über sich ergehen zu lassen, und macht sich mit seinem Freund Ripton Thompson auf, Fasanen zu schießen. Der Landwirt Blaize bestraft sie wegen Wilderns mit der Peitsche, und um sich zu rächen, besticht Richard den Landarbeiter Tom Bakewell, die Scheune des Bauern anzuzünden. Bakewell wird ertappt und ins Gefängnis gesteckt. Nach vielem Hin und Her, nach Bestechungen und Beichten, wird Bakewell entlassen und als Richards Diener eingestellt. Richard hat alles gestanden, Vater und Sohn versöhnen sich; das System hat gesiegt.

In der Jünglingszeit beginnt Richard Gedichte zu schreiben, doch sein Vater zwingt ihn, sie zu verbrennen. Dieser Akt der Unterdrückung bedeutet das Ende des rückhaltlosen Vertrauens zwischen den beiden. Richard ist nun im »magnetischen Alter«, und jeder Gedanke an Liebe muß von ihm ferngehalten werden. Seine Cousine Clara – von der Mutter zu Richards Frau ausersehen – ist unsterblich in ihn verliebt, ohne daß jemand etwas davon weiß. Sie wird aus Raynham entfernt. Benson überwacht die Herzensangelegenheiten der Dienstmädchen. Sir Austin wird jedoch von Richard beobachtet, wie er Lady Blandish die Hand küßt. Das öffnet ihm die Augen. Besorgt verläßt sein Vater Raynham, um eine junge und unverdorbene Braut für Richard ausfindig zu machen. Unterdessen enthüllt Ralf Morton seinem Freund Richard, daß er in Clara verliebt ist. Wenig später begegnet Richard der verwaisten Lucy Desborough, der Nichte des Bauern. Es ist Liebe auf den ersten Blick. Der dicke Benson spioniert den beiden nach und schreibt an Sir Austin eine Warnung. Sir Austin befiehlt Richard zu sich nach London und hält ihn dort fest, während er gleichzeitig veranlaßt, daß Lucy in das Internat zurückgebracht wird, wo sie erzogen worden war. Sir Austin und Richard kehren nach Raynham zurück. Dort entdeckt Richard, daß Lucy verschwunden ist, und macht sich drei Tage vor seinem Geburtstag auf die Suche nach ihr. Dabei zieht er sich eine schwere Krankheit zu.

Nach seiner Genesung scheint Richard seine Liebe vergessen zu haben. Noch einmal triumphiert das System. Als er aber im Frühling mit seinem Onkel Hippias nach London reist, findet er heraus, daß Lucy sich für kurze Zeit dort aufhält. Nachdem sein Gefühl von neuem erwacht ist, trifft er sie, bringt sie, zusammen mit einer Frau Beer, in einer Wohnung unter und heiratet sie. Bei der Hochzeit in der Kirche bemerkt er, daß er den Ehering verloren hat, und muß sich mit dem Ring von Frau Beer behelfen. Dann fahren Lucy und Richard in die Flitterwochen auf die Insel Wight. Die Familie Feverel kommt dahinter, daß Richard geheiratet hat; Frau Beer ist, wie sich herausstellt, das einstige Kindermädchen Richards, das Sir Austin entlassen hatte, weil sie ihn nachts am Bett des kleinen verlassenen Richard weinen gesehen hatte.

Sir Austin reagiert auf die heimliche Eheschließung, indem er die Unzulänglichkeiten der menschlichen Natur und nicht etwa sein System anklagt. Äußerlich wahrt er die Freundlichkeit, weigert sich aber trotz der Vermittlung von Lady Blandish, Richard wiederzusehen. Adrian Harley trifft auf der Insel Wight ein und bringt Lucy dazu, Richard zu überreden, ohne sie nach London zurückzukehren und dort auf den Vater zu warten.

In London wird Clara mit einem alten Mann verheiratet. Richard nimmt sich vor, die Prostituierten und Kurtisanen von London zu bessern, und er holt seine Mutter von dem Dichter Diaper Sandoe weg, um sie bei Frau Beer unterzubringen. Eine der Frauen, die er zu bessern vorhat – Frau Mount –, verführt ihn, und er empfindet darüber eine solche Scham, daß er nicht mehr zu Lucy zurückzukehren wagt, der, obwohl sie schwanger ist, ein gewisser Lord Mountfalcon, der Ehemann von Frau Mount, nachstellt. Sir Austin reist nach London, um sich mit Richard zu versöhnen, doch Richard hat die Stadt verlassen. Frau Beer, das Schlimmste befürchtend, holt die nichtsahnende Lucy von der Insel und bringt sie in ihrem Haus in London unter. Richard sucht Lucy nicht auf, sondern bittet seinen Vater, sie auf der Abtei Raynham allein zu empfangen. Sir Austin reagiert ausweichend.

Zu dieser Zeit begeht Clara Selbstmord. Sie hinterläßt ein Tagebuch, in dem sie ihre Liebe zu Richard bekennt. Richard kommt sich als Mörder vor und geht ins Ausland, um sich zu »läutern«. Lucy bringt einen Sohn zur Welt. Austin Wentworth kehrt aus den Tropen zurück und sucht, nachdem er die ganze Geschichte vernommen hat, Lucy auf. Er bringt sie zusammen mit dem Kind und Frau Beer nach Raynham, wo Sir Austin sie willkommen heißt. (Frau Beer entdeckt dabei, daß ihr Ehemann, der sie verlassen hatte, Sir Austins Kammerdiener geworden ist.)

Mit einer philanthropischen Bekannten aus der Zeit auf der Insel Wight – Lady Judith Velle – hält Richard sich in Deutschland auf und träumt davon, Italien zu befreien. Briefe aus England öffnet er nicht mehr, und so erfährt er erst durch Austin Wentworth, der ihn in Deutschland besucht, von der Geburt seines Sohnes. Nach dieser Nachricht eilt Richard allein in den Wald; dort wird er in einem Gewitter vom »Geist des Lebens« erleuchtet und »sieht sich geläutert«. Er macht sich unverzüglich auf die Heimreise. Unterwegs empfängt er bei einem Zwischenaufenthalt in London einen alten Brief von Bella Mount, aus dem hervorgeht, daß sie bestochen wurde, ihn zu verführen, damit Mountfalcon in seiner Abwesenheit Lucy verführen konnte. Außer sich vor Empörung sucht Richard Lord Mountfalcon auf, um ihn zu einem Duell herauszufordern. Mountfalcon versucht, den Vorfall herunterzuspielen. Schließlich wird ein niedergeschlagener Richard auf Raynham von seinem Vater scheinheilig willkommen geheißen und formell wieder aufgenommen. Nach einer kurzen und leidenschaftlichen Begegnung mit Lucy, der er seine Untreue gesteht

und die ihm vergibt, und nach einem Blick auf seinen schlafen-
den Sohn eilt Richard ohne Erklärung davon, um im Norden
Frankreichs sein Duell auszufechten. Die Schlußszenen werden
von Lady Blandish in einem nüchternen Brief an Austin Wentworth geschildert. Der verwundete Richard erhält Besuch von
der ganzen Familie. Weil alle befürchten, Lucys Gefühle könnten Richards Genesung stören, darf sie nicht zu ihm. Er erholt
sich zwar, aber Lucy verfällt einem Hirnfieber und stirbt. Das
Ereignis erinnert Frau Forey an Claras Tod, sie droht wahnsin-
nig zu werden und muß ständig abgelenkt werden. Der Roman
schließt mit der Schilderung Richards als eines Lebendig-
Toten: Sein Vater, »wenn er auch den Körper seines Sohnes
gerettet hat, hat seinem Herzen den Todesstoß versetzt«.
Die Geschichte beginnt freudig und endet traurig; sie verläuft
von der fröhlichen Kindheit zur illusionslosen Reife. Der Stil
scheint sich diesem Wandel anzupassen: Der Roman setzt mit
witzigen, possenartigen Passagen ein, hat lyrische Einschübe
und mündet in der Bündigkeit einer Tragödie. Zeitgenössische
Rezensenten beklagten die grundlose Grausamkeit von Lucys
Tod[2], und den Literaturwissenschaftlern gilt der Roman immer
noch als eine Komödie, in der das Pathos der Geschichte den
Autor überwältigt habe – ohne es zu wollen, treibe Meredith
die Handlung über die Anzüglichkeit komischer Inventionen
hinaus und entfessele eine Tragödie.[3] Es wäre unangebracht,
der Vorwurf der Inkonsistenz mit Zitaten aus Meredith' späte-
rer Komödientheorie zu beantworten oder die abgedroschene
Floskel zu bemühen, wohlbedachte Komödien seien allemal
sehr ernst. Die Pointe ist vielmehr die, daß der Roman nicht
inkonsistent ist, sondern heterogen; er ist nicht chaotisch,
sondern schließt auf eine eigenartige Weise die Gegensätze ein.
Er ist Ordnung und Bruch gleichzeitig – und in unterschied-
licher Absicht – sowohl hinsichtlich des Erzählten als auch des
Erzählens. Zum Beispiel ist Meredith nicht nur deshalb ein
intellektueller Romancier, weil er ganz offenkundig »Ideen«
erörtert, sondern auch, weil er durch Konnotationen und Anspielungen auf Literatur (namentlich griechische Heldensagen,
die Bibel, Shakespeare und Goethe) die Gedanken anderer

zitiert oder in Frage stellt. Manchmal gewinnt man den Eindruck, Meredith diskutiere während des Schreibens die Form seines Romans. Darin knüpft er an Sterne an, nimmt Joyce vorweg und verläßt jedenfalls den Kontext seiner Zeit. Einer der interessantesten Grundzüge von *Richard Feverel* ist der insgeheime Zusammenhang der »Notizen eines Pilgers« mit dem ganzen Roman, der so anfängt:

»Vor ein paar Jahren wurde ein schmales Buch mit den Aphorismen eines Anonymus gedruckt und veröffentlicht, das den Titel ›Notizen eines Pilgers‹ trug und den Feinden des Autors gewidmet war. [...] Moderne Aphoristiker haben es sich zur Gewohnheit gemacht, aus ihren Sätzen ein Spiel von Einfällen, von widersprüchlichen Geistesblitzen zu machen, statt tiefgründige Wahrheiten in prägnanter Form zu verdichten. Unser Autor sprach offenbar erst nach reiflichem Nachdenken und aus eigener Empfindung und Erfahrung, auch wenn er nicht immer etwas Neues zu sagen hatte. [...] Seine Gedanken waren freilich schwermütig, gelegentlich finster, an manchen Stellen in ihrer Verschrobenheit komisch. Dennoch war der Band von einem Hoffnungsschimmer erhellt, und wer behauptete, es fehle ihm an Mitleid, tat ihm Unrecht. [...]
Sobald es aber um die Frauen ging, schien der Aphoristiker seine Haupttugend zu vergessen. Er war keineswegs verdrießlich, sondern bewies in dem Anstoß erregenden Band, daß er ihnen gegenüber zuvorkommend, höflich und ritterlich sein konnte; aber aufgrund einer Verdrehtheit in seiner geistigen Wahrnehmung sah er sie offenkundig als gezähmte Wildkatzen an. [...] Voller Ernst verkündete er: ›Das Weib wird wohl das letzte sein, was der Mann zivilisieren wird.‹
Seltsamerweise war es diese eine gefährliche und anstößige Eigenschaft, die den schmalen Band vor der Vergessenheit bewahrte. Die Leute lasen ihn oder warfen ihn weg, waren erheitert oder überdrüssig. Sie hielten den Autor für einen sitzengelassenen Sentimentalen. Nehmen wir an, daß sie Sentimentale waren, die man noch nicht sitzengelassen hatte.«

Autobiographisch orientierte Kritiker, die eine Verbindung herstellen zwischen dem Umstand, daß Meredith und sein Söhnchen Arthur von seiner Frau Mary Peacock im Stich gelassen wurden, und dem Thema des Romans, erkennen in Sir Austin und dessen System Meredith' warnenden Bericht

über sich selbst. Doch das ist allzu einfach, ebenso wie die
Vorstellung, Meredith habe Sir Austins System und die »Notizen eines Pilgers« vorbehaltlos verurteilt, wo im Roman
doch gerade auffällt, daß er sie manchmal billigt und manchmal ablehnt. Er beweist damit offensichtlich eine realistische
Wahrnehmung. Der wichtigste und sonderlichste Anspruch,
den Sir Austin mit seinen Aphorismen erhebt, ist der auf
ihren Realismus: »Er stellte sich vor, daß die Wildkatzen [die
Frauen] eines Tages tatsächlich gezähmt sein würden. *Für die
Gegenwart war es das Beste, zu wissen, was sie sind.*« (Herv.
J. M.) Mit der ironischen Darstellung von Sir Austins Realismus zog Meredith in witziger Weise seinen eigenen Realismus in Zweifel. Sir Austin verkörpert somit nicht nur eine
»Warnung«, sondern auch eine Distanzierung, welche die
»Warnung« erst ermöglicht. Die »Notizen eines Pilgers« sind
das Werk eines sitzengelassenen Sentimentalen, und in gewisser Hinsicht ist dies auch der Roman, allerdings eines Sentimentalen, der weiß, daß er sitzengelassen wurde, und der
also kein Sentimentaler mehr ist. Deshalb sind die Paradies-
Passagen der ersten Begegnung zwischen Lucy und Richard
und von Richards Wiedererwachen im deutschen Wald keine
poetischen Abirrungen eines eingefleischten Zynikers, wie
häufig behauptet wird, sondern der sehr gefaßte Romantizis-
mus eines Autors, der mit seinen Metaphern den Zusammenhang einer verworfenen Welt beleuchtet. Autor/Erzähler und
Sir Austin sind nicht miteinander identisch, vielmehr stimmen
ihre Meinungen ebenso oft überein, wie sie voneinander ab-
weichen.

Die »Notizen eines Pilgers« bezeugen Meredith' Interesse an
der Form noch auf eine andere Weise. Der Rezensent der *Times*
verglich sie einst mit der Funktion des Chors in der antiken
Tragödie. Sie sind jedoch viel eher ein »Spiel im Spiel«, das
nicht nur als Kommentar dient, sondern auch als Verhaltensre-
gel. Genauer: Die Charaktere, die Meredith im Roman schafft,
suchen nach einem Autor, der ihre hervorstechenden Merkmale abstrakt beschreiben kann. Meredith erzeugt zwar leib-
hafte Figuren, doch ihre Planung, die dem Roman vorher-

ging, ist das Werk der »Notizen eines Pilgers«, die freilich eine Abstraktion im Magnetfeld des Romans sind.

»Deine Tante Helene, wollte ich sagen, mein lieber Junge, ist eine ungewöhnliche Frau. An ihr hat der Pilger zuerst erkannt, daß die Frau das praktische Tier ist. Er studiert uns alle, wie du weißt. Die Notizen eines Pilgers sind das abstrakte Abbild seiner ihn umgebenden Verwandten.«

Ein zusätzlicher Effekt rührt daher, daß Meredith' Figuren häufig bloße Skizzen oder Karikaturen sind. Oder daß Adrian Sir Austin damit neckt, er stelle feinsinnige Beobachtungen an, die jedoch nichts als Gemeinplätze hervorbrächten. Kurz, Meredith hält zwischen den »Notizen« und dem Roman eine Wechselbeziehung aufrecht, so daß die »Notizen« sogar als Kommentar über ihren Autor selbst zu lesen sind. Sir Austin ist mit Lady Blandish zusammen, nachdem Richard von seiner ersten Krankheit und dem ersten Gefühlssturm der Liebe genesen ist:

»Lady Blandish liebte es, mit ihren Gefühlen zu spielen. Zehn Jahre lang hat sie nichts anderes getan und hätte das Spiel am liebsten fortgesetzt. Die Dame mit den dunklen Augen fühlte sich wohl in ihrem sanften Dasein, dessen leichte Erregungen nie in Sturm ausarteten. Nur ungern ließ sie sich erobern.
›Sentimentale‹, heißt es in den ›Notizen eines Pilgers‹, ›wollen genießen, ohne die ungeheure Schuldnerschaft für etwas Getanes auf sich zu nehmen.‹
Ein Mensch, der da, wo jemand aus Liebe stirbt, nur eine übertriebene Schwärmerei sieht, darf wohl kaum als Autorität in Liebesdingen angesehen werden. Allerdings gehörte er nicht zu denen, die einer ungeheuren Schuldnerschaft aus dem Weg gehen. [...] [Sir Austin] erklärte ihr die unterscheidenden Merkmale der Liebe in den verschiedenen Lebensaltern und stellte die Blüte, die er in ihr fand, hoch über die Blüte des Frühlings oder die Rose des Sommers. Und während sie so miteinander sprachen, sagte er: ›Meine Wunde ist geheilt.‹ – ›Wodurch?‹ – ›Durch den Heilquell deiner Augen‹, erwiderte er. Aus ihrem Erröten strömte eine neue Lebensfreude in ihn, ohne daß er eine weitere Schuldnerschaft für etwas Getanes auf sich laden mußte.«[4]

Meredith schreibt also einen Roman über einen Mann, der Aphorismen anhand der Figuren seines Romans schreibt.

In einer aufschlußreichen, wenn auch weniger verwickelten
Weise ist dieses Spiel, das Meredith mit der Kunst des Roman-
schreibens treibt, auch in seiner Darstellung von Richard am
Werk. An manchen Knotenpunkten hält er inne und nennt ihn
einen »Helden«. Diese Benennung weist in zwei Richtungen:
Offensichtlich erfaßt sie die Rolle, die Richard im Roman
wahrnimmt, aber sie schildert auch Richards eigenes Rollen-
spiel:

»Gewiß folgte er [Richard] einem Wahn, aber wer wird über einen
Helden lachen, bloß weil ihm die rechte Gelegenheit fehlt! Wo diese
ihm entgegenkommt, da gibt es nichts über ihn zu lachen.«

Oder:

»Richard war voll von Selbstanklagen, als daß er seinen Vater hätte
anklagen können; zu sehr Engländer, als daß er seine Gefühle gezeigt
hätte. Ripton erriet aus seinem ganzen Benehmen, wie tief und verändert sie waren. Er hatte alles Heldentum abgestreift, und Ripton, der
sonst zu dem Helden in ihm aufgeschaut hatte, liebte ihn jetzt viel
stärker.«

Meredith behandelt Lucy in derselben Weise: »Die Heldin hat,
genau wie der Held, den Ehrgeiz, nützlich zu sein und etwas
Gutes zu tun, und die Aufgabe, einen schlechten Menschen zu
retten, hat für gute Frauen etwas außerordentlich Verlocken-
des.« Dieses Wechselspiel von fiktionaler Kunstsprache und
der Rolle der Figur darin geht einher mit dem Wechselspiel
zwischen den »Notizen eines Pilgers« und der Romanstruktur.
Es sichert zudem die ständige Distanzierung der Figuren vom
Autor und vom Leser, die natürlich durch Witz und Ironie noch
gefördert wird. Und sie wird bis zum Schluß beibehalten: Der
Tod der Heldin und die geistige Auslöschung des Helden
werden in einem Brief von Lady Blandish summarisch beschrieben – wohl kaum ein Mittel, um Anteilnahme an der Tragödie
zu wecken. Diese »Distanzierung« – ein Kunstmittel der Entfremdung im 18. Jahrhundert oder eine vorbrechtische Ver-
fremdung – ist für den viktorianischen Roman der mittleren
Phase höchst untypisch. Um seine literarische Methode auszubilden (und zu schärfen), schaute Meredith »nach vorn und
zurück«.

II.

>»*Ordalie:* épreuve judiciaire par les éléments naturels, jugement de Dieu par l'eau ou le feu.«
>
> *(Le Robert)*

>»*Ordeal:* Anything to which recourse is had as a test or which itself tests character or endurance; a trying experience, a trial.«
>
> *(Oxford English Dictionary)*

>»*Gottesurteil, Gottesgericht,* angelsächsich *Ordal,* Urteil über Schuld oder Unschuld einer Person durch ein auf Gott zurückgeführtes äußeres Zeichen. Das Gottesurteil wurde als prozessuales Beweismittel benutzt, wenn der Beweis durch Zeugen versagte. [...] Seit dem 15. Jh. kamen die Gottesurteile außer Gebrauch.«
>
> *(Brockhaus)*[4a]

Die Feverels hatten sich schon immer für die Opfer eines Gottesgerichts gehalten, und ihre Reaktionen darauf wurden von der Welt als äußerste Verschrobenheit oder als milde Form von Wahnsinn gedeutet.

»Sir Austin hatte seinen Vater, Sir Caradoc, bestenfalls für einen Verrückten gehalten, wenn dieser von einem besonderen Gottesgericht über ihrem Geschlecht sprach, und als der alte Baron in seinem letzten Stündchen die Hand des älteren Sohns ergriff und ihn davor warnen wollte, hatte Austin sich zwar voller Respekt verbeugt, sich aber zugleich darüber gewundert, warum in diesem erhabenen Augenblick seinem Erzeuger keine Vernunft mehr gewährt wurde. Von den morgendlichen Hügeln seines Daseins aus blickte er auf einen hellen Horizont. Betroffen fühlte er sich erst, als Sir Caradocs Worte ihn wie eine Offenbarung ergriffen. Er glaubte in seinem Blut einen Fluch zu haben, ein Gift der Vergeltung, das nicht einmal durch ein Leben in Reinheit ausgewaschen werden konnte; und die Überzeugung wuchs sogar noch, da er in diesem Punkte von einer noch viel krankhafteren Glaubensseligkeit war als sein Vorfahr: er sprach von den Ordalien der Feverels mit sonorer Feierlichkeit als von etwas, das ihnen unumstößlich auferlegt war. [...] Sir Austin hielt gemäß der besonderen Schärfe des Stachels, der in ihn getrieben worden war, ihr Los für ein

ganz besonderes: daß andere Menschen von belanglosen Unpäßlich-
keiten geplagt und nicht von einem einzigen, gewaltigen Schlag, einem
Blitz des Himmels heimgesucht und erschüttert wurden. Er deutete an,
daß die Schicksalsmächte und die Rachegötter ebenso parteiisch
waren wie die Glücksgöttin Fortuna.«

Die Schicksalsmacht erhält den Spitznamen »Frau Verwünschung«: »Oft hätte sie sie beinahe ganz von ihrem alten
Freund, der Zeit, getrennt, doch sie erholten sich wieder. Ob es
die Apfel-Krankheit war oder irgendeine andere Krankheit: in
ihnen schienen starke Temperamente mit einer seltsamen
Krankheit zu kämpfen.« Da Sir Austin seine Ordalien in der
Weise erleiden mußte, daß seine Frau ihn verließ, ist er überzeugt davon, es handle sich um die »Apfel-Krankheit«: »Was
er unter Apfel-Krankheit genau verstand, erklärte er nicht. Die
Damen verlangten auch keine Erklärung, aber es durchlief sie
jedesmal ganz heiß, wenn sie erwähnt wurde.« Ob die »Apfel-
Krankheit« nun Sexualität im allgemeinen oder Geschlechtskrankheit im besonderen meint, läßt sich nicht nachweisen. Für
die regulativen Themen ist es auch belanglos, obwohl es natürlich der näheren Bestimmung des Romantypus dienlich wäre.[5]
Für Sir Austin sieht es so aus, als ob Gott die Frau in den
Garten Eden versetzt hätte, um Adam zu verführen (wie es in
einer schwächeren Version, aber in einer literarisch wichtigen
Tradition im *Wiedergewonnenen Paradies* Satan mit seinen
Versuchungen Christi tat). Als Adams Erben erleiden die Feverels in jeder Generation eine Wiederholung dieser Ur-Ordalien.
Meredith läßt Sir Austin deshalb den Ausdruck »ordeal« in
dem eingeschränkten alten Sinn gebrauchen. Einer der Höhe-
punkte des Buches besteht gerade darin, daß Meredith den
Ausdruck aufgreift und ihn in seiner allgemeineren und psychologischen Bedeutung entwickelt. Die »Ordalien«, denen sich
insbesondere Richard und Sir Austin unterziehen müssen, bezeichnen den Prozeß des Erduldens ihrer ererbten Vorstellung
von den göttlichen »Ordalien«: die »Ordalien« eines Ordale
oder die Schicksalsprüfung eines Gottesurteils.
Sir Austin, der an ein Paradies der Vervollkommnung glaubt,
das sich wiedergewinnen läßt, erzieht seinen einzigen Sohn

Richard zu einem neuen Adam. »Wenn er ihn zu einer gewissen
moralischen Standhaftigkeit beförderte, bevor die Apfel-
Krankheit sich spontan entwickelte, würde wohl so etwas
herauskommen, das einem vollkommenen Mann sehr nahe
käme.« So bereitet er Richard nicht etwa darauf vor, Streit zu
vermeiden, sondern stärkt ihn für den Kampf. Richards Kindheit ist von zahlreichen Krisen gekennzeichnet, die alle mit
seinen Geburtstagen zusammenfallen. An seinem siebenten Geburtstag ist »Frau Verwünschung« (in Wirklichkeit seine weg-
gelaufene Mutter) an sein Bett getreten. Sir Austin ist erleichtert, als er sieht, wie die Ordalien auf seinen Bruder Algernon
umgeleitet werden, der an diesem Tag ein Bein verliert. Am
siebenten Geburtstag wird Richard gegen seinen Willen für
moralisch und körperlich gesund erklärt. An seinem vierzehnten Geburtstag weigert er sich, eine ärztliche Untersuchung
über sich ergehen zu lassen: »In Richards Brust *waltete eine*
Schicksalsmacht, und die Scham über die Beleidigung, wie er
sie sah, nagte an ihm.« (Herv. J.M.) Er entzieht sich den
Festlichkeiten, beleidigt den Landwirt Blaize, sorgt dafür, daß
dessen Scheune in Brand gesteckt wird, und als er schließlich
für den Vorfall um Entschuldigung bittet, trifft er Lucy Desborough (ohne allerdings die Nichte des Landwirts zu erkennen).
Als Sir Austin das Gespräch der beiden Jungen über ihr Vergehen belauscht, wird der gleiche Habitus signalisiert: »Eine
grenzenlose Melancholie wuchs in der Seele des Mannes, und
er erkannte, daß er mit dem Schicksal um den geliebten Sohn
ringen müsse.« Das ist sein vierzehnter Geburtstag. Noch
einmal hat seine Mutter ihn heimlich besucht, und ihretwegen
fällt die spionierende kleine Clara in Ohnmacht. An diesem
Geburtstag begegnet er Lucy zum ersten Mal, ein Ereignis, dem
zunächst kein besonderes Gewicht beigemessen wird. Richard
wächst weiterhin in dem von Sir Austin geschaffenen Paradies
auf, einer künstlichen Schutzzone, worin er über die »Bedeutung« der Frau in Unwissenheit gehalten wird. Während man
ihn gegen alle Verlockung abzuschirmen sucht, tändelt sein
Vater mit Lady Blandish, und Richard, der, ohne daß sein
Vater es bemerkt, zum Zeugen dieses Flirts wird, ahmt ihn auf

eine kindliche Weise nach. Sir Austin, der sich unverändert als
Vollstrecker der »Vorsehung« begreift, weigert sich, die Bedeutung seines eigenen Verhaltens einzusehen. Nach seinem Eindruck ist bei Richard alles in Ordnung:

»Die Vorzeichen waren hoffnungsvoll. Das Schicksal mußte ungewöhnlich hart, die Prüfung [ordeal] unerhört schwer sein, wenn diese
Blüte zerstört werden sollte. Aber der Baron ließ nicht einen Augenblick in seiner Wachsamkeit nach. Er sagte zu seinen Vertrauten: ›Jede
Handlung, jede Liebhaberei, ja beinahe jeder Gedanke in dieser Blüte-
zeit beeinflußt den Samen der Zukunft. Der werdende Baum verlangt
jetzt unaufhörliche Wachsamkeit.‹« (Im Original ist Tree, Baum,
großgeschrieben, da Sir Austin Richard zuvor als »Baum aus dem
Garten Eden« bezeichnet hatte).

Richard, der Erkenntnis des Geschlechts anheimgegeben, seit er
Sir Austin die Hand von Lady Blandish küssen sah, verliebt sich
in Abwesenheit seines Vaters in Lucy Desborough. Die Ironie
Meredith' setzt unverzüglich ein: In Sir Austins Paradies ersteht
tatsächlich die schöne neue Welt wieder. Ohne es zu wissen
und entgegen den Anstrengungen Sir Austins erweisen sich
Richard und Lucy als »Ferdinand und Miranda«, Mann und
Frau in Vollkommenheit, die das Paradies für das Menschenge-
schlecht zurückerobern:

»Er war auf einer der sturmgepeitschten Bermudainseln gelandet.
Hinter ihm lagen die Trümmer der Welt. [...] Der Himmel strahlt!
Wunder der Schönheit rings um sein verzaubertes Auge! Und das
größte Wunder die schöne Flamme, durch deren Licht er die Herrlich-
keit des Daseins zum erstenmal erblickt. [...] Oh, Miranda! Prinz
Ferdinand liegt dir zu Füßen.
Oder ist es Adam? Hat man ihm im Schlaf die Rippe aus der Seite
genommen und so verwandelt, daß er das Paradies schaut – für einen
Augenblick? Mit verzehrenden Blicken sah der Jüngling sie an. Sie war
für ihn das erste Weib.
Und ihr waren alle Menschen Kaliban – bis auf diesen einen Prinzen.«

Die tragische Ironie liegt auf der Hand – »So siegte das System,
kurz bevor es zusammenbrechen sollte« –, doch die intimere
ironische Umkehrung ist ebenfalls offenkundig. So wie Richard
später »Witwe Ann« und Bella Mount wiederum Richard III.
ist, so ist Lucy hier der normal erzogene Ferdinand und

Richard die einzigartige Miranda — ein weiteres Zeichen, wie
Meredith Konvention und Erwartungen auf den Kopf stellt,
zudem ein Beispiel für die Umkehrung der Geschlechtsrollen,
die eine egalitäre Botschaft enthält. Meredith läßt keinen Zweifel daran, daß Lucy »das richtige Mädchen« ist. In der Sprache
des Romans ist sie das Aschenbrödel, das Richard mit sicherem
Instinkt findet, während sein Vater nach wissenschaftlichen
Kriterien, mit »dem Glaspantoffel«, für den Sohn auf Braut-
schau geht. Das schlichte Paradies, das Lucy und Richard
bewohnen, hat jedoch mit dem wissenschaftlichen Denken Sir
Austins die Täuschung gemein:

»[...] hier sitzt ein Paar, dem die Liebe mit einfachem Wasser und Brot
ein herrlicheres Mahl bereitet. Für sie flötet Eros, der Hirtenknabe.
Für sie entfalten strahlende Engel die Schwingen und lassen ihr Lied
erschallen. Sie sind über Denken und Wissen hinaus, ihr reines Gefühl
hat sie ins Grenzenlose getragen. Sie sind wieder im Paradies.«

Befangen in seinem romantischen Gefühl, fällt Richard der
Täuschung seines Vaters zum Opfer. Der dicke Benson spioniert nämlich hinter Lucy und Richard her: »Auf Zauberinseln
haust noch immer die alte Drachenbrut. Alles Romantische
zieht diese Ungeheuer mit magischer Gewalt an.« Anders gesagt: Benson ist ein schmieriger Alter, der dem Voyeurismus
frönt. (Diese sprachliche Ernüchterungstechnik entspricht der
Technik, mit der die Apfel-Krankheit gelegentlich als Ausdruck
für Geschlechtskrankheit eingesetzt wird.) Die meisten Kritiker
fassen diese Passagen als unmittelbar lyrische auf und sehen
deshalb die Ursache der Tragödie darin, daß Sir Austin seinen
Sohn in so schroffer Weise von seiner Frau trennte. Damit wird
freilich die zarte, nachsichtige und dennoch genaue Ironisie-
rung des Romantischen verfehlt. Mißverstanden wird jedoch
auch die Geschichte selbst. Richard begräbt zwar nach seiner
Krankheit die Liebe zu Lucy, aber als er von der Möglichkeit
vernimmt, sie vor einer entwürdigenden Ehe zu bewahren, wird
seine Liebe in schmerzlicher Weise wieder lebendig. Das an-
schließende Werben und die Hochzeit selbst hat Meredith
durch antiromantische Inszenierungen konterkariert: Richard

vergißt das Haus, wo er Lucy untergebracht hat – »im Stich
gelassen von seinem Instinkt, dem Zaubersklaven der Liebe!«;
er scheint aus Liebe zu verhungern – »Lucy weinte um den
verhungerten Helden, der in diesem Augenblick mächtig zu-
griff«; er verliert vor der Trauung den Ehering; sein Trauzeuge
Ripton besäuft sich beim Hochzeitsfrühstück und verrät
Adrian das Geheimnis. Kein Zweifel, daß Meredith die Eheschließung für übereilt hält, ohne sie damit zu verurteilen, und
daß er Richard immer noch in einer Welt romantischer Illusio-
nen gefangen sieht.

»›Die Alpen! Italien! Rom! Und dann werde ich in den Orient reisen‹,
fuhr der Held fort. ›Sie wird überall bei mir sein, sie ist tapfer. Oh, der
herrliche goldene Orient! [...] Ich träume, ich bin der Häuptling eines
Araberstammes, und wir fliegen auf unseren Pferden in weißen Ge-
wändern durch die Mondnacht dahin, um meine Geliebte zu befreien.
Wir werfen unsere Speere und verjagen die Feinde, und ich komme zu
dem Zelt, wo sie am Boden kauert, und hebe sie zu mir in den Sattel,
und fort geht's!‹«

Die Prüfungen verlagern sich vom Allgemeinen auf das Persönliche. Die Ordalien Richards sind seine Hochzeit: »Zufrieden
lächelnd saß er [Sir Austin] da und ahnte nicht, wie nah die
Prüfung [ordeal] seinem Sohn und ihm selber bevorstand.« Sir
Austins Vorstellung eines göttlichen Schicksals und Meredith'
psychologische Deutung davon vereinigen sich nun in einem
Kapitel, das den Titel trägt »Mit der Komödie letztem Akt
beginnt ein neues Spiel«:

»In der ›Philosophischen Geographie‹ heißt es, jeder Mann habe
irgendwann einmal über einen kleinen Rubikon zu setzen – über ein
klares oder ein trübes Gewässer. [...] Ob sein Rubikon breit oder
schmal, klar oder trübe ist, das ist einerlei: nur umkehren darf er nicht.
Vorwärts – zum Acheron! – In den ›Notizen eines Pilgers‹ heißt es mit
Recht:
›Über die Gefahr einer zu geringen Kenntnis der Dinge läßt sich
streiten; hütet euch aber vor zu geringer Kenntnis eures Selbst!‹
Richard Feverel setzte also über den Fluß seiner Ordalien. Schon
senkte sich der Nebel über das Land, das er verlassen hatte; er war von
seinem alten Leben abgeschnitten und atmete nur die Luft ein, die ihm
entgegenströmte. Sein Vater, die Liebe seines Vaters, seine Kindheit,

sein Ehrgeiz wurden zu Schatten. [...] Dennoch liebte der junge Mann
noch immer seinen Vater und seine Heimat, wie Caesar Rom liebte.
Im Gegensatz zu Caesar aber, der schon kahl war, als er der Republik
den Todesstoß versetzte, fühlte unser Held eben, wie ihm der männliche Schnurrbart wuchs. Wußte er, was in ihm steckte? Sicherlich
nicht. Und doch hat die rechte Leidenschaft einen Instinkt, der zuver-
lässiger ist als die selbstbewußte Weisheit. [...] Seine dreisten Lügen
und Ausflüchte waren nach seiner Meinung durchaus kein Unrecht
[...]. Für ihn waren Lucy und ein reines Gewissen eins.«

Indem Richard Lucy heiratet, macht er sich unwissentlich
schuldig, die ihm treu ergebene Clara schwer zu kränken.
Claras Schmerz kommt ungebrochen in der Szene zum Vor-
schein, in der sie Richards verlorenen Ehering findet, ihn
überstreift und von der Mutter und den Cousinen geneckt
wird, ihren künftigen Gatten gefunden zu haben. Richard ist
zwar schuldig, aber seine Schuld ist Teil eines gesellschaftlichen
Zusammenhangs – das Glück, sagt Meredith, ist wie das Geld,
das die Reichen den Armen wegnehmen:

»Kein Brautglück, das nicht einen anderen bestohlen hätte. Wenn der
Straßenräuber droht: ›Geld oder das Leben!‹, so hat Richard Feverel
das gleiche getan und nur ›Glück‹ statt ›Geld‹ gesagt – was häufig
genug dasselbe bedeutet. Er wollte unbedingt seinen Schatz haben,
genau wie jeder Straßenräuber. [...] Sein Schatz ist ihm die herrlichste
Musik. Natur und die Einrichtung der Welt werden von niemandem
glühender bewundert als von einem fröhlichen Räuber oder einem
jungen Mann, den sein Raub glücklich gemacht hat.«[6]

Meredith interpretiert die Heirat von Lucy und Richard realistisch. Obwohl sie glücklich sind und sich immer noch lieben[7],
ist Richard enttäuscht – der Ehrgeiz ist an die Stelle der »Liebe«
getreten, und zwischen den beiden gibt es Streit und Unstim-
migkeiten. In den unklaren Zwist des Paars mischen sich
Adrian, der Lucy halbwegs verführt mit seiner Vorliebe für das
Kochen, und Lady Judith ein, die Richard halbwegs verführt
mit ihrer romantischen Menschenfreundlichkeit. Für die Trennung der Jungvermählten und damit indirekt für Richards
Untreue ist nicht Sir Austin verantwortlich: Andere Menschen
sind das Schicksal, aber die Protagonisten machen sich selbst
dafür empfänglich.

Nach der Trennung von Lucy versucht Richard sich in der
Errettung der »verirrten Frauen« von London: »Klug wären
sie, schön, aber das Opfer ihrer Liebe; es wäre die Pflicht aller
wahren Männer, sich ihrer anzunehmen und sie auf den rech-
ten Pfad zurückzuführen.« Während sein Vater die Männer als
Opfer der Frauen betrachtet, sieht Richard die Frauen als
Opfer der Männer. Als er gerade dabei ist, den Fehler seines
Vaters wettzumachen, wird er von Bella Mount verführt (der
Name ist ein literarisches und ›derbes‹ Wortspiel)[7a], womit er
die Theorie seines Vaters bestätigt:

»›Kann man sich in der Liebe irren?‹ fragte Richard – sich selbst mehr
als sie [Bella Mount].
›Ja. Wenn man jung ist, kann man sich sehr leicht irren. Wenn es so
etwas wie Liebe wirklich gibt, entdeckt man sie erst, nachdem man
einiges mitgemacht hat. Dann findet man den Menschen, der zu einem
paßt – und dann ist's zu spät!‹ (Bella Mount)
Merkwürdig! dachte Richard. Sie sagt genau dasselbe wie mein
Vater.«

Meredith charakterisiert Richards Untreue ebenso realistisch
wie die Hochzeit. Es gibt keine sofortige Zerknirschung. An
Bella schreibt Richard: »Komm, mein leuchtender Höllenstern!
[…] Du hast mir gezeigt, wie Teufel lieben. Ich kann nicht ohne
dich leben.« Nach Bellas Weigerung und nachdem die mit
einem alten, jedoch liebenswerten Mann verheiratete Clara
Selbstmord begangen hat, reist Richard nach Deutschland.
Seine romantische Einstellung ist ungeschmälert: Hatte er früher von arabischen Abenteuern und von der sittlichen Besse-
rung der Londoner Prostituierten geträumt, so will er jetzt
Italien befreien. Er befindet sich in Begleitung von Lady Judith,
die, Austin Wentworth zufolge, »eine Sentimentale« ist.
Von der Nachricht seiner Vaterschaft überwältigt, hat Richard
während eines Gewitters im Wald ein übersinnliches Erlebnis,
»ein eigentümlich beglückender Schauer, der ihm den einen
Arm hinauflief, ohne aber in sein Herz zu dringen. Es war ein
rein körperlicher Schauder; er hörte auf, begann von neuem
und drang allmählich in sein ganzes Blut«. Dann merkt er, daß
die Empfindung von dem kleinen Häschen herrührt, das er

aufgelesen hat und das ihm die Hand leckt. »Sobald er die Ursache erkannt hatte, endete das Wunder; die Erkenntnis aber drang in sein Herz ein, um dort eine höhere Bedeutung zu gewinnen.« Meredith hatte alle früheren erleuchtenden Momente im Leben Richards auf den »Instinkt«, auf das »Blut« zurückgeführt; nun ist er zum Herzen vorgedrungen[8] und von dort aus zum Geist. Als Richard eine kleine Waldkapelle erblickt, erfaßt ihn ein Gefühl weltumspannender Liebe:

»Der Geist des Lebens hatte ihn wie ein Blitz erleuchtet. In seinem Herzen vernahm er den Schrei seines Kindes, spürte die Berührung der Geliebten. Mit geschlossenen Augen sah er beide vor sich. Sie zogen ihn aus der Tiefe empor; sie führten ihn, den Blinden, Wankenden. Und wie sie ihn führten, wußte er sich geläutert und erschauerte wieder und wieder in der Süße dieses Gefühls.«

Auf dem Weg nach Hause empfängt Richard in London Bellas Brief. Sein ganzes Leben lang fühlte er sich den Ränken anderer Leute ausgeliefert und erfährt nun, daß seine Trennung von Lucy und die Verführung durch Bella ebenfalls ein Ränkespiel war. Nachdem er Lord Mountfalcon zum Duell aufgefordert hat[9], verzögert er seine Rückkehr nach Raynham bis zum Abend. Dort entdeckt er, daß seine wahren Ordalien darin bestehen, seinen Sohn und seine Frau verlassen und möglicherweise sterben zu müssen:

»Oh Gott, welch eine Prüfung [ordeal]! Morgen mußte er dem Tod ins Auge sehen, vielleicht sterben, von der Geliebten fortgerissen werden – von Weib und Kind [...].«

Sein Vater erblickt die eigenen Ordalien im möglichen Tod seines Sohnes. Lady Blandish schreibt:

»Die Zeit seiner Prüfungen [his ordeal] ist vorüber. Ich bin eben aus dem Zimmer gekommen und habe gesehen, wie er die furchtbare Nachricht aufgenommen hat.«

Liebe und Tod sind die Ordalien.

III.

> »Es gibt Frauen auf der Welt, mein Sohn!«
>
> (Sir Austin Feverel)

Die Frauen kamen zur Welt, um die Männer in Versuchung zu bringen. Sir Austin legt diese herkömmliche Vorstellung wörtlich aus, deformiert sie und gibt sie damit dem Gelächter und Gespött preis. Meredith überführt Sir Austin aber nicht einfach des Irrtums – Liebe und Sexualität *sind* zwar die Ordalien, aber nicht genau so, wie Sir Austin sie versteht. Wer ist die Frau mit dem bösen Fluch? »Frau Verwünschung«, die den kleinen Richard besucht, stürzt Sir Austin in Verwirrung, weil sie seinen Sohn küßt:

> »Sir Austin hatte mit freudiger Aufmerksamkeit dem Geplapper seines Jungen zugehört. Als die Dame erwähnt wurde, veränderte sich sein Gesicht.
> ›Hat sie dich geküßt, mein Kleiner?‹, fragte er besorgt.«

»Frau Verwünschung« ist in Wirklichkeit Lady Feverel. Sie ist die verwaiste Tochter eines Admirals, der ihre Schulbildung von seiner Pension bezahlt hatte.[10] Ihr Ehebruch mit Diaper Sandoe wird am Anfang und kurz vor Schluß des Romans erörtert. Richard aber, der bis ins Erwachsenenalter nichts von der Geschichte seiner Mutter weiß, zitiert mit unheimlichem »Geschick« jedesmal, kurz bevor er irgend etwas falsch macht, Sandoes Gedichte, deren (von Richard gelobte) alberne Sentimentalität sich wie ein beunruhigendes Motiv durch den gesamten Roman zieht. Richard steht in mancherlei Beziehungen zu älteren Frauen, die deutlich als Ersatz für die Mutter gelten. Lady Blandish (die sowohl Austin Wentworth als auch Austin Feverel anhimmelt), die zunächst als »Damenhut« und dann als »Herbstzeitlose« charakterisiert wird, weckt in ihm die Geschlechtlichkeit – »Emmeline Clementina Mathilda Laura, Gräfin Blandish«, murmelt er zur Antwort auf Ralf Mortons liebesselige Träumereien über Frauennamen vor sich hin. Zu ihrem Getändel mit Sir Austin gehört es aber auch, für Richard die Rolle einer Adoptivmutter wahrzunehmen. Als Aussicht besteht, daß sie tatsächlich seine Stiefmutter werden könnte, wird Richard von der ganzen Eifersucht gepeinigt, die ein Knabe seinem Vater gegenüber zu empfinden vermag, der die Mutter »sexuell erobert« hat. Lady Blandish wird aber auch mit Bella Mount in Verbindung gebracht: »Lady Blandish liebte den Knaben aufrichtig. Sie sagte zu ihm: ›Wenn ich ein Mädchen wäre, würde ich dich zum Gatten nehmen.‹ Er antwortete mit der Offenheit seiner Jahre: ›Und woher wissen Sie, daß ich Sie haben möchte?‹ Sie lachte nur und nannte ihn einen kleinen Jungen; er habe wohl nicht gehört, daß sie ihn nehmen würde? Schreckliche Worte, deren Bedeutung er nicht fassen konnte.« Lady Judith Velle: »Eine zweite Blandish, dachte Adrian, [...] küßte Lucy etwas mütterlich und trat mit einer Bemerkung über das himmlische Farbenspiel neben Richard.« Frau Bella Mount, seine Verführerin, steht in direkter Beziehung zu Lady Feverel (und natürlich auch zu Austin Wentworths Frau, womit die parallelen Rollen der beiden Austins nochmals betont werden). Richard beschließt, seine Mutter aus ihrer ehebrecherischen Bindung zu befreien, und macht dabei Lady Blandish zur Mitwisserin. Er veranlaßt, daß seine Mutter bei Frau Beer untergebracht wird — aber Frau Beer hat Richard mit Bella Mount zusammen im Park gesehen und meint, die »Dame«, die er mitbringen wolle, sei seine »Belladonna«, wie sie sie nennt. (*Beller Donner:* »Verheiratet oder nicht, und egal, wo er sie gefunden hat — sie ist ganz bestimmt Belladonna!« So trug sie die Dame als Giftpflanze in das botanische Notizbuch ihres Gedächtnisses ein.« An einer früheren Stelle hatte Richard über Bella Mount gesagt: »Sie entspricht meiner Vorstellung der Kriegsgöttin Bellona.«)

»›Ich möchte, daß Sie Ihre Zimmer für mich freihalten – die, die Lucy gehabt hat. Ich denke in den nächsten Tagen eine Dame herzubringen —‹
›Eine Dame?‹ stotterte Frau Beer.
›Ja, eine Dame.‹ [...] ›Aber dies ist kein Bußhaus für Sünderinnen – nein!‹ [...] Am Abend hörte sie, wie ein Wagen vor ihrem Hause anhielt. ›Unerhört!‹ rief sie, vom Stuhl aufspringend. ›Er kann doch

nicht vormittags mit ihr ausreiten und noch vor Abend eine Büßerin
aus ihr gemacht haben!‹ [...]
›Herr Richard, wenn diese Frau hierbleibt, geh ich! Dies ist keine
Besserungsanstalt für unglückliche Frauen!‹ Er sah sie erstaunt an;
aber als sie eben voller Entrüstung ihren Protest wiederholen wollte,
legte er ihr seine Hand auf den Mund und sagte ihr Worte ins Ohr, die
eine erschreckende Wirkung hatten. Sie zitterte und stieß leise hervor:
›Mein Gott, vergib mir! Lady Feverel ist es? Ihre Mutter, Herr
Richard?‹«

Die böse Frau ist also die geschlechtliche Mutter; und gegen sie
sind letztlich, obschon unbewußt, Sir Austins Energien gerichtet. Eine Formulierung in den »Notizen eines Pilgers« besagt:
Um den Frauen zu widerstehen, müssen wir erst die Mütter in
uns vernichten: zur Hälfte sterben. Und eben die Mutter seines
Kindes will Sir Austin in Lady Feverel vernichten, indem er
nicht zuläßt, daß sie für Richard existiert. Er versucht, aus
seiner Schwiegertochter Lucy eine perfekte Mutter zu machen,
und treibt sie durch seine harte Kritik in den Tod. (Die mörde-
rischen Folgen der Verhaltensweise seines Vaters erkennt
Richard zum Zeitpunkt von Claras Tod.)
Ein wichtiger Aspekt des sexuellen Egalitarismus bei Meredith
ist seine Weigerung, zwischen Mann und Frau eine scharfe
Grenzlinie zu ziehen. Wir haben dies bereits an der Bilderwelt
des Rollentausches für Lucy und Richard, für Bella und
Richard beobachtet – obwohl die Frauen höchst »weiblich«
sind, besitzen sie männliche Attribute, und in den beiden
Austins hat Meredith die Bedeutung von Sanftheit, von Weib-
lichkeit im Männlichen vorgestellt; von Sir Austin heißt es:
»Der arme Mann, der die Frauen im Ernst als einen Irrtum
ansah, hatte lange versucht, die Mutter in sich zu vernichten.
Wäre es ihm gelungen, dann hätte er seine bessere Hälfte
getötet, denn seine Mutter wirkte in ihm sehr stark.« Sir
Austins Untergang liegt darin begründet, daß er seine Zärtlichkeit unterdrückt, daß er eine Maske trägt; was seinen Ruhm
ausmacht und ihm die Billigung Meredith' einträgt, ist seine
Weiblichkeit. Frau Beer, das indiskrete Hausmädchen von
einst, sagt die Wahrheit über ihn im Roman, spät (zu spät):

»– sag ich doch, er hat ein so weiches Herz, wie 'ne Frau, und das weiß
ich genau. Das ist's. Damit hat er alle Menschen getäuscht, auch mich.
Er macht aber bloß so ein Gesicht, daß man denkt, er wär' ein harter
Mann, und in Wirklichkeit ist er wie 'ne Frau. Und ein Mann, der wie
'ne Frau ist, der ist nicht so einfach! Wir können uns durchschauen,
gnädige Frau, und wir können einen Mann durchschauen, aber so
einer – der ist wie was Unnatürliches. Darum sage ich – entschuldigen
Sie –, so muß man ihn auch behandeln. Wie 'ne Frau. Ihm nicht seinen
Willen lassen, denn den kennt er selber nicht – und darum auch sonst
niemand.«

Austin Wentworth ist das, was zu sein Sir Austin sich selbst
hätte gestatten sollen: »er war ein höchst stattlicher Mann:
blond, mit einem Lächeln so sanft wie bei einer Frau: liebens-
würdig wie ein Kind; ein von entschlossener Ruhe geprägtes
Gesicht: sein Gesicht war so rein, daß man in seine Seele zu
blicken glaubte, wenn man es ansah«. Durchsichtigkeit *versus*
Maske: beide sind Vorbilder für Richard. Austin Wentworth
verschafft Richard zweimal das Gefühl einer Seligkeit des
Geistes, das erste Mal, als er ihm die Chance eröffnet, die
Brandstiftung einzugestehen (»Nie geahnte Gefühle strömten
wie aus himmlischen Regionen in ihn ein: eine Zärtlichkeit, die
er nie zuvor empfunden, ein alles umarmender Humor, das
Bewußtsein einer unversiegbaren Glorie, ein Aufleuchten des
Antlitzes der Menschheit«), und das zweite Mal, als er ihm die
Nachricht der Geburt von Richards Sohn überbringt. Als
Richard den jungen Hasen »*an seiner Brust geborgen*« hielt,
entdeckte er seine Männlichkeit in der Befreiung seiner Weiblichkeit, allerdings zu spät, er war »zu sehr Engländer, als daß
er seine Gefühle gezeigt hätte«; die Frauen werden zerstört,
Richard hat einen mutterlosen Sohn, die Maske hat trium-
phiert:

»Haben Sie den Ausdruck in den Augen Blinder bemerkt? Genau so
sieht Richard aus, wie er still im Bett daliegt und sich bemüht, ihre
geliebten Züge seiner Seele aufzuprägen.« [Schluß des Romans: Brief
von Lady Blandish an Austin Wentworth über den Ausgang von
Richards Duell und den Tod Lucys.]

IV.

»Alceste ist der Jean-Jacques des Herzens.«

(Meredith, *Essay on Comedy*)

Vor dem Ehebruch seiner Frau lebt Sir Austin in einem er-
träumten Goldenen Zeitalter: »Ihr [Lady Feverel] hatte er seine
hohe Liebe geschenkt, ihm [Diaper Sandoe] seine reinste
Freundschaft. Wie Bruder und Schwester sollten sie zueinander
sein, unter der Sonne seiner Liebe ein Goldenes Zeitalter in
Raynham einziehen lassen!« Sein Erziehungssystem ist der
Versuch, das verlorene Eden für seinen Sohn wiederzugewin-
nen. Ja, einmal verlockt ihn sogar die Aussicht auf eine eigene,
erneuerte Utopie mit Lady Blandish:

»War hier nicht eine Frau, würdig des Goldenen Zeitalters? Eine Frau,
die den Mann als ein Geschöpf Gottes ansehen konnte, ohne sich von
der Schlange verführt oder gedemütigt zu fühlen?«

Doch weil er sein ursprüngliches Paradies verloren hat, ist er in
Misanthropie verfallen: »wie Timon verlor er alles, und ihm
blieb nichts als Verbitterung.« Meredith hat später den *Men-
schenfeind* als die bedeutendste Komödie bewertet. In der Tat,
Sir Austin gleicht Alceste:

»Die Wunde sitzt zu tief. Wo ich auch hinschau – alle,
Höflinge, Bürger, Fraun, sie reizen meine Galle.
Je länger ich ringsum das Treiben mir betrachte,
Je mehr wird mir bewußt, wie tief ich es verachte.«

(*Le Misanthrope*, I, 1)

Für Meredith haben Molières Alceste und Molières großer
Kritiker Jean-Jacques Rousseau vieles gemeinsam: Beide sind
egozentrische Misanthropen. Wie Mackay es formuliert: »la
chute du Misanthrope implique la chute de Jean-Jacques«.[11]
Wenn Sir Austin nun manche Eigenschaften mit Timon und
Alceste teilt, könnte daraus dann nicht folgen, daß er eine
gewisse Ähnlichkeit mit Rousseau hat?
Es gibt bisher keine sicheren Belege dafür, daß Meredith mit
Rousseaus Werk wohlvertraut war, doch seine Allgemeinbil-

dung, seine Erziehung in Deutschland – wo Rousseau eine
größere Bedeutung hatte als in Frankreich selbst oder in England – und sein Brief von 1875 an Morley, in dem er diesem zu
seiner Rousseau-Biographie gratuliert, sprechen nachdrücklich
dafür. Im Roman bezieht sich Austin Wentworth zustimmend
auf die *Bekenntnisse.* Wenn Meredith als Teilvorbild für Sir
Austin an Rousseau gedacht haben sollte, dann wohl vornehmlich an den Autor des *Emile.* Sir Austins Hauptgrundsatz klingt
wie eine vereinfachte Fassung von Rousseaus Konzeption: Der
Mensch kommt nicht böse auf die Welt (und auch nicht gut),
vielmehr hat er durch die Verderbtheit der von ihm selbst
gegründeten Gesellschaften das Pfand des Paradieses einge-
büßt; er *wählt* das Böse, deshalb sollte es sein Vorsatz sein, in
den Zustand der Vollkommenheit zurückzugelangen. Rousseau und Sir Austin streben beide nach einer Utopie, etwas
Künftigem, das auf einem Goldenen Zeitalter der Vergangenheit aufbaut. Meredith schildert sehr genau den elementaren
Manichäismus – »das Gefühl von der Allmacht des Teufels« –,
der damit verbunden ist, und er mag wohl bei Rousseau (einem
weiteren »Lobredner der Natur«) wie bei Sir Austin denselben
Eindruck gehabt haben:

»Das Gefühl von der Allmacht des Teufels – ein Gefühl, gegen das sich
der Lobredner der Natur schon seit Jahren gesträubt hatte und das
zum Teil auch dem System zugrunde lag – begann jetzt seinen Geist zu
umwölken und allmählich zu beherrschen. Während er allein in der
Totenstille seiner Bibliothek saß, erblickte er den Teufel. [...] und der
Teufel sprach zu ihm: ›[...] Dein Ziel muß jetzt sein, der Welt eine
tapfere Miene zu zeigen, so daß jeder erkennt, wie erhaben du über die
menschliche Natur bist, die dich getäuscht hat. Denn es ist die
schamlose Täuschung, die dich verwundet hat, nicht die Heirat.‹ [...]
Der Teufel fuhr flüsternd fort: ›Und dein System: Wenn du vor der
Welt tapfer erscheinen möchtest, habe den Mut, diese Illusion aufzugeben; der Plan läßt sich nicht verwirklichen; sieh ihn so, wie er ist:
tot, zu gut für die Menschen!‹
›Ja‹, murmelte der Baron. ›Jeder, der sie retten will, stirbt am Kreuz.‹«

Sir Austin hält Richard für schlimmer als den Trinker und
Pornographieleser Ripton. Ebenso wie Molière glaubt Meredith an das elementar Gute der menschlichen Natur; an Sir

Austin kritisiert er die romantische, idealistische Mentalität, die ihren Ursprung und ihren Endpunkt in ihrer Umkehrung findet: in der Misanthropie. Mit Rousseau hat Sir Austin die Misogynie, den Weiberhaß, gemeinsam: Rousseau hält die Frauen entschieden für mindere Wesen, und obwohl in seiner Theorie nicht die Frauen als Quelle allen Übels erscheinen, erklärt er Sophies Untreue zur Ursache von Emiles Unglück, so wie Lady Feverels Untreue die Ursache von Sir Austins Unglück war.

Manche Kritiker von *Richard Feverel* haben behauptet, Meredith stütze sich bei seinem Systembegriff auf Herbert Spencers zeitgenössische Erziehungskonzepte, die in *Quarterly Review* (1858) veröffentlicht wurden. Kritiker Spencers behaupteten wiederum, er beziehe seine Vorschläge aus dem *Emile*, was Spencer zu der Replik bewog, er habe nie eine Zeile von Rousseau gelesen.[12] In einem Punkt freilich können wir ganz sicher sein: Der Kosmopolit Meredith hätte sich nicht des selbstgefälligen Philistertums schuldig gemacht, wie Spencer. So wie es zwischen Sir Austin und Rousseau im Charakter und in den allgemeinen Ansichten manche Verwandtschaften gibt, so auch zwischen Sir Austins System und dem System in *Emile*.

Rousseaus Schüler Emile ist ein Knabe mit reinem (Oberschicht-)Blut und von guter Gesundheit. Der Vater ist der »ideelle Lehrer«, doch in der Realität ist Emile Waise, und deshalb übernimmt ein Erzieher die Bildungsaufgabe. Er räumt dem Knaben eine scheinbare Freiheit ein, betreibt in Wirklichkeit jedoch systematisch Kontrolle und Spionage. Dies entspricht genau der Haltung, die Sir Austin einnimmt: »[ihm] schmeichelte der Gedanke, das Geheimnis seines Sohnes zu kennen. So konnte er die Vorsehung spielen, den Ahnungslosen beobachten und seine Handlungen lenken. Er behandelte deshalb den Jungen wie immer. Dieser meinte also, sein Vater sei genau wie sonst, und merkte nichts von dessen Verdacht.« An Sir Austin kritisiert Meredith eben diese gespielte »Vorsehung« (Lucy und Richard sind zwar Ferdinand und Miranda, doch von Sir Austin heißt es, er sei kein Prospero). Die Hauptabsicht der Systeme von Rousseau und von Sir Austin geht darauf, die Gesundheit des Körpers mit der Wahrheit der Seele zu verbinden und so »Festigkeit« (»Valour«) zu erzeugen. Beide setzen auf die frühe mütterliche Pflege und Zuwendung. Beide haben eine im Kern »fortschrittliche« Vorstellung von der Erziehung – das Kind ist kein leerer Behälter, den es zu füllen gilt, sondern eine heranwachsende, sich entwickelnde Person; daher auch der Gedanke von den Wachstumsstufen. Rousseau gliedert das Leben seines Schülers in vier Stufen: von einem Jahr bis fünf Jahre, von fünf bis zwölf, von zwölf bis fünfzehn und von fünfzehn bis Anfang Zwanzig. Die erste Stufe ist körperorientiert. Emile lernt essen, gehen und sprechen. Die zweite ist »negativ«: Es wird nicht die Wahrheit gelehrt, sondern der Schüler wird vom Übel abgehalten; Tapferkeit, Kraft und Mut werden im Wechselspiel mit der Natur entfaltet; gelernt wird nicht viel, es gibt weder Strafen noch Belohnungen. Die nächste Phase konzentriert sich auf Emiles geistige Ausbildung. Hier liegt das Gewicht mehr auf Entdeckerfreude und naturwüchsiger Neugier als auf dem Zwang. Bis zu diesem Zeitpunkt war Emile ein Individualist und Egoist – die Selbstliebe ist der Quell aller Leidenschaften. Nun beginnt seine moralische und geistige Formung: Aus Liebe und Empfinden werden Tugend und Moral entwickelt. Emile, der bisher auf dem Land aufgezogen wurde, wird nun in die Stadt geführt, während man eine Braut für ihn zu suchen beginnt, die ebenso rein sein soll wie er. Er trifft ein solches Mädchen, Sophie, wird dann aber von ihr getrennt und verbringt zwei Jahre im Ausland. Der Schlußteil des Buches beschreibt Sophies Erziehung. (Rousseau verfaßte jedoch noch eine ›misanthropische‹ Fortsetzung: *Sophie und Emile,* worin das Paar, das geheiratet hat und Kinder aufzieht, von einer Katastrophe heimgesucht wird – Sophie wird untreu, Emile wird gefangengenommen und von tunesischen Piraten zum Sklaven gemacht.)

Sir Austins System weicht zwar in manchen Einzelheiten von diesem Modell ab (Richard studiert Geschichte, Emile nicht; Emile erlernt ein Handwerk, Richard nicht, usw.), folgt aber

auf vielen Spuren dem Plan Rousseaus. Beispielsweise wird
auch Richards Entwicklung als eine Stufenfolge definiert, und
die Stufen stehen für ein ähnliches Erziehungsprojekt, obschon
sie in der Jahreseinteilung leicht variieren (bei Sir Austin sind
die Stufen weniger scharf voneinander geschieden) und obwohl
sie allein auf Richards künftige Beziehung zur »Frau« ausgerichtet sind. Die Anklänge sind unüberhörbar:

> »Sir Austin schrieb in sein Notizbuch: ›Zwischen Knabenalter und
> Jünglingszeit – in der Blüte des Lebens – auf der Schwelle der Pubertät
> gibt es eine selbstlose Stunde: die geistige Saatzeit.‹«

Erziehung nach der Natur, Erziehung zur Vollkommenheit,
allmähliche, stufenförmige Ausbildung, Wechsel vom Land in
die Stadt, ununterbrochener Erziehungsgang bis hin zur Hochzeit, Trennung der Liebenden, usw. – die elementaren Grund-
sätze (und der elementare Charakter) Sir Austins sind Rousseaus Konzeption näher als Spencers.[13] Sir Austin folgt Rousseau in der Überzeugung, daß der anfängliche Egoismus des
Menschen sich in gesellschaftliches Bewußtsein und in den
»allgemeinen Willen« umwandeln läßt (Rousseau hat diesen
Begriff im *Gesellschaftsvertrag* klarer gefaßt als im *Emile*).
Meredith entwickelt in diesem Punkt eine doppelte Ironie –
ebenso wie Emile scheitert auch Richard in seinen Bemühungen
um öffentliche Philanthropie; vor allem aber sind Rousseau
und Sir Austin Erz-Egoisten. So wie ihr theoretischer Gesell-
schaftsentwurf auf persönlicher Misanthropie beruht, so ent-
springen ihre Visionen des Altruismus einer Obsession durchs
eigene Selbst. (Der wahre Altruist ist natürlich Richards
»Schutzengel« Austin Wentworth: der Mann ohne Misanthropie und ohne System.)
Sir Austin ist kein vollständiges oder unmittelbares Porträt von
Rousseau, sondern eher dessen Quintessenz und Parodie. Und
freilich ist er eine »modernisierte« Version. Im selben Jahr
»geschaffen« wie *Der Ursprung der Arten,* ist er ein wissen-
schaftlicher Humanist (obwohl in Wirklichkeit weder Wissen-
schaftler noch Humanist). Meredith hat Rousseaus »Natur-
menschen« *literarisiert.* Die Erziehung des Richard Feverel ist

keine unverhohlene Nachahmung derjenigen Emiles, doch die
Gesamtstruktur und insbesondere die Stimmung und der Ton-
fall sind auffallend ähnlich. 1864 schrieb Justin McCarthy in
einer beachtenswerten Rezension:

»Ich glaube, daß die Leute heutzutage den *Emile* von Rousseau im
allgemeinen nicht lesen, aber wer mit diesem Meisterwerk einer
abgestorbenen Philosophie vertraut ist, wird mir wahrscheinlich zustimmen, daß die Katastrophe einen höchst unbefriedigenden und
entmutigenden Eindruck hinterläßt. Der Leser sieht sich zur Frage
gedrängt, ob Wissenschaft und Liebe denn dafür ihr Äußerstes tun,
um einen einzigen Weg zu bahnen, ein einziges Menschenleben hell,
edel und glücklich zu gestalten? Wurde Emil denn von Geburt an dazu
angehalten, jeden selbstsüchtigen Gedanken zu unterdrücken, jeden
unwürdigen Zweck zu verachten; zu einer absoluten Hingabe an die
Wahrheit, an die Reinheit und an die Wohltätigkeit erzogen — nur
damit er in seinen kostbarsten Gefühlen der Zuneigung enttäuscht
werde und der krönende Abschluß seiner Existenz in einer Selbstverleugnung liegen soll, für die wir kaum Bewunderung aufbringen
können? Sicherlich ist es das Recht des Autors, seine Moral nach
Belieben zu gestalten und mit seinen Geschöpfen nach Gutdünken
umzuspringen, aber es schmerzt uns und wir sind schockiert darüber,
daß er es für richtig gehalten haben sollte, mit dem geliebten Sproß
seines Systems so grausam umzugehen.
Eine ähnliche Überraschung und Enttäuschung erfüllt unseren Geist,
wenn wir am Ende von Richard Feverels Ordalien angekommen sind
und entdecken, daß er seine heitersten Hoffnungen und seine wertvoll-
ste Zuneigung tot und begraben hinter sich läßt. Das Buch endet mit
einem jähen Knall oder Aufprall; man hat die Empfindung, als ob
einem auf schmerzhafte und überraschende Art plötzlich etwas entris-
sen würde; und Dunkelheit befällt das Gemüt.«[14]

In einer weiteren ironischen Umkehrung (und mit der Ab-
sicht, den Status der Frau zu erhöhen) läßt Meredith nicht
Lucy (Sophie) untreu werden, sondern Richard (Emile), und
Lucy eine »Selbstverleugnung« bekunden, »für die wir kaum
Bewunderung aufbringen können«. Ob dem nun so ist oder
nicht, McCarthy hat den Gegenstand des Romans und den
Ton des Traktats genau bezeichnet — er ist tragisch, ohne
eine Tragödie zu sein. Eine Misanthropie, die durch den
Idealismus hindurchgegangen ist, bringt die konkrete Ursache

ihrer eigenen Desillusionierung hervor. Der Egoismus hat
seine gerechte, wenn auch traurige Belohnung in der Isolation gefunden. Die Utopie wird vielleicht eintreten, aber nicht
mittels eines *advocatus diaboli* und auch nicht durch den
Glauben allein.

Maisie: Bildnis des Künstlers als junges Mädchen

> »Sie trug eine Brille, die sie mit bescheidenem Hinweis auf
> ihr Schielen als ihren ›Gerademacher‹ bezeichnete.«
>
> *(Maisie)*

> »Mrs. Wix blickte sie von der Seite an. Sie mußte sich von
> neuem darüber wundern, was Maisie wußte.«
>
> *(Maisie)*

Die schielende, seitlich durch ihre Brille blickende Mrs. Wix
bleibt – für sie gewiß ein Nachteil – eine Blinde unter den
Sehenden. Doch die Verwicklung in einen Roman von Henry
James bedeutet für den James-Leser ebenso wie für die James-
Heldin einen Initiationsvorgang ins Sehen. In seinen *Notebooks* [*Tagebuch eines Schriftstellers*], im Vorwort und im
Roman berichtet James, daß das Kind Maisie mehr sah, als es
verstand. Für die reife Maisie – und genau darin besteht ihre
Reife – ist sehen gleich wissen, sind Sehen und Wissen eins.
Was Maisie weiß, ist das, was wir wissen, und das ist das, was
der Erzähler weiß, und dies wiederum ist das, was James weiß;
und das können viele Dinge in vielen verschiedenen Perspekti-
ven sein, doch insbesondere ist es das Wissen, daß niemand
sonst im Roman ebensoviel weiß, wie wir über sie und uns
wissen.

»[...] ich bin mir dessen nicht sicher, ob Maisie nicht sogar das
merkwürdige Gesetz ihres eigenen Lebens dunkel erspürte, das sie
jene, die älter waren als sie und mit denen sie Umgang hatte, zu dieser
Art von Wissen erziehen ließ. Sie förderte gleichsam ihre Entwicklung;
nichts konnte zum Beispiel offensichtlicher gewesen sein als ihr Erfolg
im Fördern der Entwicklung Mrs. Beales. Sie sagte sich, wenn ihr
ganzes bisheriges Leben, so wie Mrs. Wix es sah, aus den jeweiligen
Stufen der Erweiterung ihres Wissens bestanden hätte, so würde den
eigentlichen Gipfel dieser stufenweisen Entfaltung, wenn man die
Sache genauso sah, die Stufe darstellen, auf der dieses Wissen überflie-

ßen würde. Da sie dazu verurteilt war, mehr und mehr zu wissen, wie konnte dieser Vorgang logischerweise sein Ende finden, bevor sie das denkbar meiste wissen würde? Tatsächlich kam ihr, als sie dort im Sande saßen, der Gedanke, daß sie sich ganz offenbar auf dem Wege befand, alles zu wissen. [...] Sie blickte auf den rosaroten Himmel in dem stillen Vorgefühl, daß sie nun bald alles gelernt haben würde.«

Der Inhalt des Wissens ist durchaus wichtig, aber ebenso wichtig ist die Haltung des Wissenden. Die reife Maisie beweist, natürlich, tadellosen Geschmack:

»Sicher, meinst du, daß sie durchbrennen wird?‹ Maisie wußte sehr genau, was das Wort durchbrennen bedeutete; aber sie *war* ja nun einmal älter geworden, und etwas war in ihr, das Abscheu empfinden mochte über die Art, wie ihr Vater sich des häßlichen Wortes bediente – in einem Ton, der es, milde gesagt, noch häßlicher klingen ließ.«

Gewiß hat Maisie am Ende des Romans ihre Unschuld und ihre Unwissenheit verloren, ihr »Wissen« allerdings ist unverdorben. Die von einigen Kritikern geäußerte Vermutung, ihre letzte Aufforderung an Sir Claude, sie sollten beide abreisen und allein zusammenleben, sei ein sexueller Antrag, ist ebenso absurd wie die Behauptung, James selbst hätte sich einer solchen Prostitution schuldig machen können. Oder anders gesagt: Glaubt man das eine, dann muß man auch das andere glauben. Maisie hat Diskretion gelernt, und sie ist dabei zu einer dis-kreten – für sich allein stehenden –, autonomen Person geworden. So wie James und der geforderte Leser hat auch sie, da die Teilnahme scheiterte, die Selbständigkeit des Beobachters erlangt. In diesem Roman bietet uns James jedoch zwei »Beobachter«, zwei Gesichtspunkte an – sein »Bewußtseinszentrum« Maisie und die Erzieherin, Mrs. Wix. Zwei Weltansichten: die gerade und die gekrümmte. »Zu meinem Blickwinkel, meiner *Richtschnur* muß ich das Bewußtsein, die unklare [dim] sanfte, erschrockene, verwunderte, tiefsitzende Empfindung des Kindes machen«[1]; »Würde das Ganze nicht am besten in Mrs. Wix' Gesprächen, ihren Bekenntnissen, ihrem Gedankenaustausch gespiegelt?«, so daß sie [Mrs. Wix] »gleichsam als trüber [dim] und verzerrender Spiegel des Lebens dient, das ich die anderen führen lassen möchte«.[2] Die

Hornhauttrübung verschwindet aus dem Auge des heranwachsenden Kindes; die ältliche Erzieherin durchbricht ihre verzerrende Wahrnehmung und verschafft sich das Recht auf ihre schielende Sehweise: »[...] die Brillengläser [ihres ›Gerademachers‹] schienen zu zersplittern, weil die Ehrbarkeit ihrer Trägerin gleichfalls in Stücke brach.« Es läßt sich Klarheit erreichen, dann eine neue Dunkelheit: das Halbdunkel der Distanz.

Von einer Widerspiegelung zur anderen – das ist die Methodik der Kunst von James und der Geschichte der Heldin. Der abgründige Spiegel des Selbst, in den man zuerst hineinblickt, um andere darin gespiegelt zu sehen, dann um sich selbst zu sehen und die anderen als Spiegelung, dann um zu sehen, daß der Spiegel das eigene Selbst ist: Zeit für das Denken, das nicht mehr visuell, sondern visionär ist; Reflexion, Überlegung.

»Ich habe es allgemein immer als schwierig empfunden, unter einem allzu direkten Eindruck über Orte zu schreiben, [...] einem Eindruck, der die Konturierung verhindert und weder Raum noch Zeit läßt für eine bestimmte Betrachtungsweise. Der Bildeindruck mußte meist schon etwas dunkel sein, wenn die Reflexion, das Nachdenken darüber – wie es sich für sie gehört – sowohl scharf als auch ruhig sein sollte.«[3]

Der Spiegel kann entweder als die Widerspiegelung in ihm wahrgenommen werden oder als Spiegel. Er kann auch eine Glasscheibe sein, die man von beiden Seiten her durchblicken kann, wobei allerdings die Seite des Betrachters stets undeutlich im Glas gespiegelt wird. Oder man kann den Rahmen des Glases sehen, durch das man hindurchschaut: die Bildkanten, den Proszeniumsbogen. In seinen theoretischen Schriften stellt James die bildliche (bildnerisch-malerische) und die dramatische (theatralische) Technik nebeneinander: Bild und Szene. In *Maisie* verschmelzen beide miteinander, weil sie jeweils nur Aspekte des dominierenden Themas – des Spiels von Widerspiegelungen und Reflexionen – sind. Der Roman ist kein Drama und kein Gemälde, sondern in einem wichtigen Sinne eine Schattentheater-Inszenierung oder – mit seiner dem Kino vorausliegenden Bilderwelt – ein Film. Dies gilt erst recht für Maisies Ansicht ihrer eigenen Welt:

»Man machte sie zur Vertrauten von Leidenschaften, die sie anstarren
mußte, wie sie etwa Bilder hätte anstarren können, die eine Laterna
magica huschend über eine Wand gleiten ließ. Ihre kleine Welt war
eine Phantasmagorie — seltsame Schatten, über eine Leinwand tan-
zend. Es war als wäre die ganze Vorstellung nur für sie gegeben
worden — ein kleines verschrecktes Kind in einem großen dunklen
Theater.«

In einem Theater werden Stücke gespielt. Kinder agieren, spielen Kinderspiele und Gesellschaftsspiele [games]. Maisie und
Mrs. Wix verstehen diese Spiele nicht: »Die Gesellschaftsspiele
[games] sollten, wie er [Sir Claude] sagte, ihnen die Abendstunden vertreiben, aber die Abendstunden gingen oft darüber hin,
daß Mrs. Wix vergeblich versuchte, ganz zu erfassen, was die
Anweisungen ›sagten‹. Wenn er die beiden fragte, wie ihnen die
Gesellschaftsspiele gefielen, erwiderten sie immer: ›Oh, unendlich!‹, aber sie erwogen ernstlich miteinander, ob sie nicht
besser daran täten, ihn offen zu bitten, ihn spielen zu lehren.«
Es gibt im Roman jedoch keinen einzigen Erwachsenen, dessen
Haupttätigkeit nicht als Spiel beschrieben wird: »Ich kenne
dein Spiel«; »Es war ein Spiel wie jedes andere«; »Das ist ihr
übliches Spiel«; »Ich kann nicht erkennen, was für ein Spiel sie
da spielt«. Maisie ist bei diesen Spielen das Werkzeug, das
Opfer, der Spielball. James' Wahrnehmung ihrer wachsenden
Wahrnehmung dieses Umstands, das Gleichgewicht zwischen
ihrer Metapher und den »Tatsachen«, wird einprägsam wie-
dergegeben:

»Wenn das Kind also nun mit gespannter Aufmerksamkeit beobachtete, was hier vor sich ging, so tat ihm gerade das sehr gut, denn es war
seit langem, ja seit jeher, gewohnt zu sehen, wie *es* zum Gegenstand
von Gesprächen gemacht wurde, und zugleich gewohnt, in dem
erbitterten Eifer solcher Reden — Maisie hatte einmal kurz einem
Fußballspiel zuschauen können — so etwas wie eine Entschädigung für
das Verhängnis dieser besonderen Art von Passivität zu finden.«
»Im Verlauf des Psychotherapie mit diesem Mädchen entdeckte ich,
daß sie in der Tagträumerei eines permanenten Tennisspiels versunken
war. Gemischte Doppel. Centre Court. Wimbledon. Die Menge, der
Platz, das Netz, die Spieler, der Ball, hin und her, hin und her, hin und
her. Sie war alles das, aber ganz besonders, im Kern der Sache, war sie

der Ball. Dieser Ball wurde aufgeschlagen, geschmettert, als Flugball oder als Lob geschlagen, manchmal direkt aus dem Feld geschlagen. [...]

Wenn man nun aus Begleitumständen die Eigenart ihres Familiensystems erschloß, so zeigte sich, daß dieser Tagtraum eine ziemlich genaue Darstellung der Familienerfahrung aus ihrer Sicht war. [...] Die Organisation der Familie, unter einem Dach, bestand aus ihrem Vater und ihrer Mutter, dem Vater der Mutter und der Mutter des Vaters – gemischte Doppel. Sie waren tatsächlich gegeneinander aufgestellt: der Vater und seine Mutter gegen die Mutter und ihren Vater. In ihrem Spiel war sie der Ball, um die Genauigkeit der Metapher zu verdeutlichen.«[4]

Maisie allerdings bleibt seelisch gesund. Tatsächlich war eine der Hauptanziehungskräfte der ursprünglichen Geschichte für James die Vorstellung, daß das Kind geschützt bleibt, daß es alles übersteht und überwindet. Vielleicht wird seine seelische Gesundheit auch dadurch gewahrt, daß die Spieler wissen und sich bewußt sind, ein Spiel zu treiben (wie sich den Andeutungen, die James macht, entnehmen läßt): »[...] Maisie war der kleine Federball, den sie in ihrer grimmigen Wut ständig zwischen sich hin und her fliegen lassen konnten. Das Böse, das sie einander zutrauten oder *zuzutrauen fähig waren*, gossen sie in ihre kleine, ernste Seele wie in ein unfüllbares Gefäß.« (Herv. J. M.) Diese Beziehungen sind also die Spiele, die die Leute gemeinhin spielen.

Maisie ist die sechsjährige Tochter eines geschiedenen Paars – Beale und Ida Farange. Sie wird dem mittellosen Vater in Obhut gegeben, der sie jedoch aus finanziellen Erwägungen jeweils für die Hälfte des Jahres ihrer Mutter überläßt. Bei ihrer Mutter hat Maisie eine Erzieherin, Miß Overmore. Diese wechselt alsbald die Fronten und läuft zum Vater über. Beim nächsten Besuch bei ihrer Mutter erhält Maisie eine neue Erzieherin, Mrs. Wix. Und als sie wieder zum Vater kommt, erfährt sie, daß Miß Overmore inzwischen ihren Vater geheiratet hat und Mrs. Beale heißt. Gleichzeitig hört sie von der auf Besuch weilenden Mrs. Wix, daß ihre Mutter einen gutaussehenden jungen Aristokraten zu heiraten gedenke: Sir Claude. Sir

Claude – ihr neuer Stiefvater – holt Maisie bei ihrem Vater ab
und begegnet dabei der neuen Mrs. Beale. Allmählich treten die
beiden, vermittelt durch Maisie, in eine Beziehung ein. In der
Zwischenzeit unterhält Ida eine ganze Reihe von Verhältnissen,
deren bekanntestes das mit dem »Kapitän« ist – den Sir Claude
und Maisie anfänglich für den »Grafen« halten. Beale hat
ebenfalls zahlreiche Affären, von denen die einzige öffentlich
bekannte die mit der »Gräfin« ist. Beale verabschiedet sich von
seiner Tochter und gibt seine Verantwortung für sie unter dem
Vorwand auf, nach Amerika zu gehen. Sir Claude nimmt
Maisie mit nach Folkestone. Ida verabschiedet sich von Maisie,
überläßt ihre Tochter Sir Claude und gibt vor, nach Südafrika
zu reisen. Inzwischen versucht Mrs. Wix – in Sir Claude
vernarrt und über seine Beziehung zu Mrs. Beale empört –, ihn
(und Maisie) vor einer solchen Bindung zu bewahren. Mrs.
Beale bemüht sich jedoch, Sir Claude mit der Behauptung für
sich zu gewinnen, Maisie – die inzwischen in Boulogne ist – sei
ihre Stieftochter und stehe ihr rechtmäßig zu. Maisie, die in
ihrem Wunschdenken hofft, sie, Mrs. Wix, Sir Claude und
Mrs. Beale könnten zusammenleben, kapiert das Spiel und
beschließt, mit Sir Claude allein leben zu wollen. Sie bittet
zuerst ihn und dann Mrs. Beale, jeweils den anderen freizuge-
ben. Er kann nicht, und sie lehnt ab. Maisie »verliert« und
kehrt mit Mrs. Wix nach England zurück. Soweit die Geschichte. Aber wie steht es mit der metaphorischen Struktur?

»Es hatte den Anschein gehabt, als ob der Prozeß nie ein Ende nehmen
würde, und er war tatsächlich kompliziert gewesen; aber bei der
Berufung war das Urteil des für Ehescheidungsfragen zuständigen
Gerichts, was die Zuweisung des Kindes anbetraf, bestätigt worden.
Dem Vater [...] wurde [...] es auferlegt, das Kind zu behalten [...]. Er
war nicht in der Lage, das Geld vorzuweisen [das er Ida schuldete]
oder es irgendwie herbeizuschaffen, so daß nach einer heftigen Auseinandersetzung, die kaum weniger öffentlich und kaum dezenter verlief
als der ursprüngliche wilde Zwist, sein einziger Ausweg aus seiner
fatalen Lage ein Kompromiß war, den seine Rechtsanwälte vorschlu-
gen und der schließlich auch von den ihren angenommen wurde.
Durch diese Vereinbarung wurde ihm die Erstattung seiner Schulden
auferlegt und wurde über das kleine Mädchen in einer Weise verfügt,

die des Urteilsspruches Salomons würdig war. Das Kind wurde in zwei Teile zerlegt, und diese Teile wurden den beiden Streitenden ohne Bevorzugung einer Partei zugeschoben. Sie sollten es, in ständigem Wechsel, jeweils auf sechs Monate zu sich nehmen [...], das auseinandergeratene Ehepaar hatte schließlich seine Gründe, eine Zeit gesteigerter Aktivität kommen zu sehen. Sie gürteten ihre Lenden, sie spürten, daß der eigentliche Kampf eben erst begonnen habe. Sie kamen sich tatsächlich verheirateter vor als je, insofern das, was die Ehe ihnen hauptsächlich vermittelt hatte, eben diese ständige Möglichkeit des Streites gewesen war. Es hatte ›Parteien‹ zuvor gegeben, und es gab auch weiterhin so viele Parteien wie nur je; auch eröffnete sich für den Parteinehmenden ein günstiger Ausblick. [...] Die vielen Freunde der Faranges kamen zusammen, um ihre Meinungsverschiedenheiten über sie auszutauschen; es kam zu immer neuen und heftigen Auseinandersetzungen, während man Tee trank und Zigarren rauchte.«

Maisies Mutter ist eine Meisterin des Billardspiels. Drei Kugeln: zwei weiße, eine rote. Ida hat Sir Claude, Beale hat Miß Overmore: die beiden weißen Kugeln. Maisie ist die rote Kugel, die jeder spielt. »Der Spieler wird sein Ziel so lange nicht genau treffen, als er nicht gelernt hat, das Auge auf den angespielten Ball zu richten und nicht auf den Ball, mit dem er spielt, und zwar besonders im Augenblick des Stoßes. Das ist eine *conditio sine qua non* für das gute Billardspiel.«[5] Es wird erkennbar, warum Ida »ihren Exgatten so oft beim Billard geschlagen hatte«. Sie ist zusammen mit dem Kapitän im Hyde-Park und trifft dort ihren Gatten, Sir Claude, der Arm in Arm mit Maisie spazierengeht; sie geht direkt auf Sir Claude zu, betreibt aber, um ihn richtig hart zu treffen, eine Art Nebenspiel mit Maisie: »Im nächsten Augenblick lag sie [Maisie] ihrer Mutter an der Brust, [...] aber nur um sie eben so plötzlich mit einem Schubs und der hastigen Weisung hinauszuwerfen: ›So und nun geh zum Kapitän!‹ [...] Maisie machte sich auf den Weg, kam wieder zurück und sagte, Sir Claude anschauend, ganz verwirrt: ›Nur für einen Augenblick.‹ Aber er war zu erzürnt, um ihr Beachtung zu schenken – zu erzürnt über seine Frau.« Am Ende des Romans hat Mrs. Beale etwas vom Können Idas erworben, und Maisie sieht sich erneut als wichtigster Ball im Spiel, wenn auch nicht als Zentrum der Aufmerksamkeit. Mrs.

Beale hat die Kunst des »Ziehens und Stoßens« beherrschen gelernt: »mit einem unverkennbar mütterlichen Schubs«. »[...] sie warf sich auf das Kind, und bevor Maisie sich ihr entziehen konnte, war sie mit ihr auf das Sofa gesunken, hatte sich ihrer, sie umarmend, bemächtigt, [...] und nun spürte Maisie im Rücken einen Schubs, aus dem tiefer Groll sprach.« Erneut benutzt in der Konfrontation mit Sir Claude, wird Maisie wiederum beiseite gestoßen, diesmal um mit Mrs. Wix wegzugehen, so wie sie lange Zeit zuvor von Ida zum Kapitän hin gestoßen wurde, von Ida, die angeblich in Brüssel bei einem Billard-Wettspiel war. Zu Beginn wurde Maisie »in zwei Teile zerlegt«; am Ende wird sie erneut fallengelassen und gespalten – das Recht liefert die Spielregeln:

»Sie war immer noch, der Sprößling nachgerade so vieler Elternteile, eine Tochter für irgendjemanden, selbst nachdem Papa und Mama für alle tot waren. Wenn die Frau ihres Vaters und der Mann ihrer Mutter infolge einer natürlichen, oder soweit sie das durchschaute, einer gesetzlichen Regelung an die Stelle ihrer ausgeschiedenen Ehepartner getreten waren, dann war Mrs. Beales Partner genau so ausgeschieden wir Sir Claudes Partnerin, und deren Stelle nahm eben jenes Paar ein, dem das Gericht im Prozeß ›Farange versus Farange und andere‹ die Priorität zuerkannt hatte.«

Billard ist, aus der Sicht der Kugel, ein ausgeklügeltes Spiel, und James fügt ihm einen ironischen Effekt hinzu – die Kugel entwischt, der Sieger wird geschlagen:

»›Ja, meine Liebe, ich habe dich nicht freigegeben‹, sagte Sir Claude schließlich zu Mrs. Beale. ›Und wenn dir etwas daran liegen sollte, daß ich unsere Freundinnen hier als Zeugen anrufe, so will ich dir mein Wort verpfänden, daß ich das niemals tun werde. So, nun weißt du es!‹ rief er tollkühn. [...]
Mrs. Beale, die *in all ihrer Niedergeschlagenheit aufrecht und lebenssprühend dastand*, drehte ihr hübsches Gesicht herum.« (Herv. J. M.)

Die einzelnen Gruppen im Roman gebrauchen Maisie als ihren »Ball«, wenngleich auf verschiedene Arten. Ida und Beale benutzen sie in ihrer eigenen Beziehung, zuerst als nützlichen Boten, dann als eine Bombe, von der man hofft, daß sie im Hof des anderen detoniere. Mrs. Beale verdinglicht sie zu einem kostbaren Spielball der Liebe: ihrer »Liebe« zu Maisies Vätern, zunächst zu Beale, sodann zu Sir Claude: »Mrs. Beale stürzte sich geradezu auf sie, und diese ganze Stunde ihres Zusammenseins führte dazu, daß dem Kinde klar wurde, wie sehr, ja wie ungeheuer lieb man sie eigentlich hatte.« Für Mrs. Wix ist sie eine Ergänzung des Selbst, an der man festhalten muß, durch dick und dünn; ein Ersatz für das eigene tote Kind, Clara Mathilda, das sie bei einem Sturz verloren hatte: sie war »an einer Straßenkreuzung auf der Harrow Road von dem grausamsten aller Zweispänner zu Boden geworfen und zermalmt worden«. Maisie ist in ein Spiel verwickelt, das in verwirrender Weise jenem ähnelt, in dem alle Züge – Akte der Besitzergreifung – als gleich erscheinen, aber dennoch verschieden sind. Es *sind* nämlich alles Akte der Besitzergreifung. Sogar Ida und Beale geben in Wirklichkeit niemals auf, obwohl sie Maisie schließlich »fallenlassen« und abzureisen planen; sie sind ganz einfach des Spiels müde: Beales Spiel war das einer allgemeinen Gleichgültigkeit gegenüber Ida. Ihrem »Tod« kommt die beunruhigende *Präsenz* zu, die auch der (in Maisie) »reinkarnierten« Clara Mathilda zugehört, »die im Himmel war und dennoch, so sehr, daß es einen fast in Verwirrung bringen konnte, auch in Kensal Green, wo sie gemeinsam gewesen waren, um ihr kleines, von Unkraut überwuchertes Grab zu besuchen«. James stellt die Vorstellung auf den Kopf, Scheidung und Ehebruch bedeuteten in irgendeinem Sinne, jemanden zu »verlassen«. Die einschneidende Deprivation, die Maisie als Kind erfährt, ist vermutlich die, daß niemand sie verlassen wird[6], und deshalb hat sie auch keine Vorstellung vom Tod, bis zuletzt, als Sir Claude nicht zur vereinbarten Zeit eintrifft. James schreibt: »Sie mußte erst noch lernen, wie es ist, wenn plötzlich etwas erlischt, und darum bemerkte sie nicht, daß dieser augenblickliche jähe Schmerz ein Vorgeschmack des Todes war.«

Maisie ist über ihre Bedeutung als Zentrum eines Beziehungsgefüges verstört. Ist der Ball das Opfer des Spiels? Oder ist er, weil es ihn gibt, überhaupt erst die Ursache des Spiels? »Mit unzureichenden Mitteln, aber mit unerschöpflich einfallsrei-

chem Geist bekam sie heraus, daß sie ein Mittelpunkt des
Hauses und eine Sendbotin der Schmähungen gewesen und daß
alles böse war, weil man sie dazu mißbraucht hatte, so zu
handeln.« Wo liegt Maisies Verantwortung? Gewiß *ermöglicht*
die Anwesenheit des Balls, daß das Spiel weitergeht. Es erweist
sich aber, daß Maisie nicht dort verantwortlich ist, wo sie
scheinbar zerstörend wirkt, sondern, und das ist beunruhigend,
sie ist dort verantwortlich, wo sie scheinbar harmonisierend
wirkt. Ihr mit Entzücken wiederholter Refrain im Mittelteil des
Buches besagt, *sie* sei es gewesen, die Mrs. Beale und Sir Claude
zusammengebracht habe. Die Ironie steckt darin, daß die Harmonie Chaos bedeutet und daß Maisie ihre Eltern *tatsächlich*
trennt – wenn schon nicht voneinander, so doch von ihren
neuen Gatten. Eben dieser Verantwortung muß Maisie sich
stellen, um für sich neue Eltern gegen die alten zu erschaffen –
nicht in ihren Elternrollen, sondern in ihren neuen ehelichen
Rollen:

»Deine Mutter vergötterte ihn [Sir Claude] anfangs – das hätte von
Dauer sein können. Aber schon sehr bald begann das mit Mrs. Beale.
›Es stimmt‹, sagte sie dann, ›[...] du hast sie zusammengebracht.‹«
»›Dann sollten mein Vater und meine Mutter –!‹ Aber sie hatte bereits
den Faden verloren, und schon fiel ihr Mrs. Wix, sie anstarrend,
ins Wort: ›... zusammenleben? Fang nicht wieder damit an!‹ Sie
wandte sich seufzend ab, um sich zum Waschbecken zu begeben, und
Maisie konnte mittlerweile mit einer gewissen Erleichterung sich darüber klar werden, daß dies denn doch der reinste Wahnsinn sein
würde.«

Sie muß diese neuen »Eltern« trennen, wenn das Spiel aufhören
und die seelische Integrität über den Wahnsinn siegen soll. Da
es ihr mißlingt, überläßt sie sie ihrer eigenen verrückten Welt[7],
worin sie einander selbst gegenübertreten, ohne sie, ohne Entschuldigung, ohne Tochter.
Das ist eine Art, in der Maisie ihre Rolle im Spiel zu entziffern,
zu spielen und zu verlieren lernt. Daneben gibt es andere,
weniger strategische.
Für ein Spiel scheinen zwei oder mehr Personen erforderlich zu
sein, die einander gegenüberstehen: Opposition, Polaritäten.

Um Parteien zu sein, müssen sie gegeneinander antreten. Freilich, beide sind »Parteien«, und darin sind sie in irritierender Weise gleich. In intensiven Augenblicken erfaßt Maisie instinktiv, daß die gespaltene Welt eine Einheit bildet. Sosehr die Streitenden einander zu opponieren sich bemühen, im Grunde sind sie doch allesamt Wettstreiter. Maisie besitzt ein Kinderwissen über die Stimmigkeit des Unstimmigen, die Schicklichkeit des Unschicklichen; sie verwandelt den Gegensatz in eine Paradoxie und löst diese durch ihr eigenes dialektisches Handeln auf. Die Intuitionen des Kindes sind Formulierungen des metaphysischen Künstlers.

»[…] ihre Stiefmutter, die sich – ganz in der Art ihrer Mutter – so gewandelt hatte […].«

»Der Kapitän war ihm [Sir Claude] durchaus nicht ähnlich, denn es war das Seltsamste an dem, was Mamas Freund so angenehm machte, daß dies irgendwie darin beruhte, daß dieser Freund ein so unförmiges Gesicht hatte, von dem, wollte man es irgendwie freundlich kennzeichnen, man nur sagen konnte, es sei höchst komisch; und noch seltsamer war es, daß unsere junge Dame, um ihn noch besser einordnen zu können, sich schließlich sagen mußte, daß er von allen Leuten, die sie je gesehen hatte, sie in einer sehr schwer zu erklärenden Weise an Mrs. Wix erinnerte. Er trug weder eine Brille noch eine Brillantnadel […], er war sonnengebräunt, hatte eine tiefe Stimme und roch nach Zigarre, und doch hatte er sonderbarerweise mehr Ähnlichkeit mit der alten Gouvernante als mit ihrem jungen Stiefvater.«

»[…] und dann ließ er [Beale] ein kurzes Gelächter vernehmen, das sie so seltsam an die einzigartigen Laute erinnerte, die sie Mrs. Wix hatte ausstoßen hören.«

»Die Gräfin stand lächelnd da, und nach einer kleinen Weile, während deren sie vor allem das Entsetzen über ihre unheimliche Erscheinung empfand, fühlte Maisie sich an ein anderes Lächeln erinnert, das, obgleich es auch einen bestimmten Zweck verfolgte, nicht häßlich war – an das gütige Licht, das an jenem Tage im Park von dem glatten, gebräunten Gesicht des Kapitäns ausgestrahlt war.«

Und am allerwichtigsten:

»Nachdem sie [Ida] verschwunden war, sank Maisie wieder auf die
Bank zurück, und eine Zeitlang saß sie in dem leeren Garten und dem
immer tieferen Dunkel und starrte auf das Bild, das von der Flucht
ihrer Mutter dort noch immer irgendwie sichtbar blieb. Es hatte
aufgehört, das Bild ihrer Mutter zu sein, um in der sonderbarsten
Weise das Bild ihres Vaters zu werden; des Vaters, dessen Wunsch, sie
wäre tot, immer noch in der Luft hing. Es war eine Erscheinung mit
unbestimmten Konturen – immer noch stand sie vor ihr und nahm ihr
die Sicht.«

Während sie die Ähnlichkeit der einander gegenüberstehenden
Parteien erfaßt, versucht Maisie, ihre eigene Position im Spiel
zu verstehen. In einer vorzüglich komponierten Episode verwandelt Maisie ihre Puppe Lisette in sich selbst: »[...] es
geschah, daß Lisettes Fragen sie aufklärten, die genau so wie
ihre eigenen auf diejenigen wirkten, für die sie selbst in der
genau gleichen Dunkelheit befangen war wie Lisette. War sie
nicht selbst durch solche Unschuld ganz außer sich geraten?«
Und natürlich findet sie heraus, daß sie sich selbst in ihre
Mutter verwandelt: »Sie ahmte dabei den scharfen Ton ihrer
Mutter nach, aber später schämte sie sich doch etwas, obgleich
es nicht ganz klar wurde, ob wegen dieses scharfen Tones oder
weil sie sie derart nachmachte.« Auf diese Weise lernt Maisie,
daß sie nicht so werden will wie die Streitenden; sie hat ganz
offenkundig Furcht davor, eine »miese Petze« zu sein, wie ihre
Mutter den Vater und ihr Vater die Mutter nennt.
Diese Methode, mit der die Maisie die Spielteilnehmer vertauscht,
selber in die Rollen anderer schlüpft und ihre Rolle auf eine
andere projiziert, ist ein elementares Mittel ihres »Wissens«
oder »Erkennens«, das mit jeder Bewegung ein Erkennen des
Spiels, ein Bewußtsein vom Spiel anzeigt. Doch im Vergleich
mit jeder anderen Dimension des Kampfes um das Wissen ist
diese elementar. James' Beschreibung von Maisies Initiation ist
von Grund auf eng an seine literarische Methodik in diesem
Roman gebunden; ihr Fortschritt ist ebensosehr sein Fortschritt, wie ihre Kunst auch die seine ist.
Maisies Fortschreiten ist eines vom »ungesehenen« Zentrum
zum »gesehenen« und »sehenden« Beobachter. Der Wechsel ist

deshalb möglich, weil sie allmählich das Spiel wahrnehmen lernt, in das sie verwickelt ist. Ihr Wissen am Ende ist das Wissen von der Ablehnung des Spiels durch den Experten. Doch bevor sie aus dem Spiel herauskommen kann, muß sie erst einmal ganz hineinkommen. Genau hier, bei der Nachzeichnung ihrer Entwicklung, erreichen die regulativen Bilder in James' Prosa ihre radikale Assoziationskraft: die dramatische Methode des Romans, das Drama der Geschichte, das Spielen eines Stücks, das Spiel im Spiel, die Vortäuschung, das Beobachten des Stücks, die Betrachtung des Bildes, das Schauspiel, die Laterna magica, die Schatten, die Person und ihr Schatten, inneres und äußeres Selbst, Widerspiegelungen, Reflexionen der Spiegel, Blicke durch das Spiegelglas, der Treffpunkt von Zuschauer und Schauspieler, das Spiel spielen, das Stück ansehen, das Stück schreiben. Man könnte zwar einige dieser Punkte neu anordnen (ein paar von ihnen entsprechen einander), aber die Reihung ist in jedem Falle die Kette von Maisies Leben, und diese Kette ist die Kette des Romans. Das Glas und die Schatten bilden das Scharnier; das Spiegelbild ist entscheidend – man braucht die Geschichte nur anzusehen.

Maisie, obwohl sie im Mittelpunkt ist, befindet sich immer auch außerhalb. Am Anfang des Romans wird diese Position ihr aufgezwungen. Sie steht auf der falschen Seite der Türe.

»Sie war unter Verhältnissen aufgewachsen, denen gegenüber ihr bestes Wissen ihr gesagt hatte, daß sie niemals nach ihnen fragen solle. [...] Alles war hier hintergründig: das Leben war wie ein langer, langer Korridor mit Reihen verschlossener Türen. Sie hatte gelernt, daß es weise war, nicht an diese Türen zu klopfen; tat man das, so war es, als höre man hinter ihnen Laute des Lachens.«

Sie findet sich in den dunklen Passagen allein zurecht; schon früher war sie davon überzeugt gewesen, stets den Schlüssel zum häuslichen Labyrinth bei sich zu haben. Allmählich verwandeln sich die Türen jedoch in Glasscheiben, ja, sie werden zu Fenstern. Um sicherzugehen, muß sie sich weiterhin für eine Zuschauerin halten.

»Wenn das Kind also nun mit gespannter Aufmerksamkeit beobachtete, was hier vor sich ging, so tat ihm gerade das sehr gut, denn es war
seit langem, ja seit jeher, gewohnt zu sehen, wie *es* zum Gegenstand
von Gesprächen gemacht wurde [...] . Es war oft ein seltsames Gefühl
für sie, wenn sie bei allem, wo es um sie ging, so gleichsam von der
Wirklichkeit abgesondert war, wie sie es sonst nur hatte, wenn sie ihre
Nase an eine Fensterscheibe preßte.«

»Von nun an sollte sie das Gefühl haben, als drücke sie ihre Nase platt
an der harten Fensterscheibe des lauter Süßigkeiten bergenden Ladens
des Wissens.«

Sie wird zum Fenster, zum Fenster als Spiegel: »sie [Ida] setzte
sich aufs äußerste in Szene vor dem letzten kleinen Dreieck
zersplitterten Glases, das von dem feingeschliffenen Glasteller
töchterlichen Aberglaubens übriggeblieben war«, dann zu einem Zweiwegspiegel, und das Glas löst sich auf. Was ist der
Unterschied zwischen dem Selbst und der Widerspiegelung,
zwischen dem Selbst und den anderen?

»Dann sah sie [Maisie], daß die Brillengläser [von Mrs. Wix] ganz von
Tränen getrübt waren, die gleich darauf, wie es ihr vorkam, auch ihren
eigenen Augen entströmten. Tatsächlich gab es nun Tränen beiderseits
der Brillengläser.«

»Maisie wußte, daß sie mehr Angst hatte als je in ihrem Leben, eine so
große Angst, daß sie wie in einem Spiegel die Blässe ihres Gesichts zu
sehen glaubte. Aber dann merkte sie, daß das, was sie sah, Sir Claudes
Blässe war: er hatte ebensoviel Angst wie sie selbst.«

Maisie hatte ihre Kindheit damit verbracht, ein Spiegel für
andere zu sein, doch die Reaktionen, die sie darauf empfängt,
sind von erschreckender Beliebigkeit, besonders diejenigen ihrer Mutter. Ida spiegelt ihr Kind nicht, wie sie es als »gute«
Mutter getan haben würde. Für das Kind ist dies eine entscheidende Deprivation, und wenn sie vorkommt, »gewöhnt sich
das Kind an die Vorstellung, daß das, was es bei seinen Blicken
sieht, das Gesicht der Mutter sei. Das Gesicht der Mutter ist
dann aber kein Spiegel. Deshalb nimmt die Perzeption die Stelle
der Apperzeption ein, d.h. die Stelle dessen, was der Anfang
eines bedeutungsvollen Austauschs mit der Welt hätte sein

können: ein Prozeß in zwei Richtungen, bei dem die Selbstbe-
reicherung mit der Entdeckung von Bedeutungen in der Welt
der erblickten Dinge abwechselt«.[8] Winnicotts Argumente
stimmen ersichtlich mit denen von James überein – Maisie ist
vor allem eine frühreif Wahrnehmende, die Mutter war nicht
der Spiegel, der sie hätte sein sollen. James sagt: »Maisie
verleiht ihnen allen ein gewisses Gewicht dadurch, daß sie ihren
guten Glauben walten läßt; sie macht vor allem ihre Mutter
[...] zu einer konkreten, gewaltigen und schrecklichen Erscheinung«[9]; Maisie vergleicht ihre Mutter mit einem wilden Elefan-
ten und beschreibt ihre Bewegungen als so heftig wie die der
Rolläden, die vor den Schaufenstern herunterrasseln. Diese
Mutter ist tatsächlich die *wahrgenommene* Mutter, die Mutter
als andere, auf ewig Getrennte.

Doch Maisies schließliche Beziehung mit Mrs. Wix und Sir
Claude (dieselben Tränen, dieselben Ängste) offenbart in der
Gemeinsamkeit des Gefühls eine neue »Symbiose«, aus der eine
echte Identität hervorgehen kann. Als Maisie mit dreizehn
Jahren plötzlich jene symbiotische Sicherheit erlangt, auf die sie
schon bei ihrer Geburt ein Anrecht gehabt hätte, kann sie
darauf verzichten und sich der Selbstbehauptung und dem
Verstehen anderer widmen: Reflexion als Überlegung, nicht als
Echo auf ein Echo.

»›Ich bete ihn an, ich bete ihn an.‹
Maisie kostete das aus, so sehr, daß sie einen Augenblick später
gedankenvoll geantwortet haben würde: ›Ich auch.‹ Aber bevor dieser
Augenblick vorüber war, geschah etwas, das andere Worte auf ihre
Lippen brachte; höchst wahrscheinlich nur das, daß ihr stärker zu
Bewußtsein kam, was es bedeutete, daß Mrs. Wix ihre Hand so
umfaßt hielt. Ihre Hände blieben ineinander verschränkt, als ein
Beweis ihrer innigen Gemeinschaft weit über alle Worte hinaus, und
Maisie sagte schließlich nur schlicht und heiter: ›Oh, ich weiß!‹«

Herauskommen kann man nur aus dem Zentrum des Spiels,
auseinanderreißen kann man nur eine Einheit, und verlassen
kann man nur das Herz einer Person. Dieses Auffinden des
Selbst in anderen, diese Anverwandlung des Anderen – das ist
der Kern des Experiments:

»Sie spürte, wie sie ein kalter Schauder überlief, und es schien ihr, daß sie mit einemmal wußte, wie sie es im Falle Sir Claudes wußte, wovor sie Angst hatte. Sie hatte Angst vor sich selbst.«

»Sie ging, als tappte sie, von ihm mit verbundenen Augen geführt, dahin. Sie hatten Angst vor sich selbst; aber im Hotel würden sie sich selbst nicht mehr entrinnen können.«

Am Ende ist die Menschenbeobachterin blind; im Augenblick der Vision ist die Welt unsichtbar.

Fast immer werden sogar Wörter wie »sehen« nur synekdochisch für die gesamte sinnliche und außersinnliche Wahrnehmung gebraucht. Maisie ist hoch empfänglich für die Körper- und Ausdrucksbewegungen einer Person:

»Gleich darauf trat er [Beale] zu ihr, schloß sie denkbar inkonsequent einen Augenblick lang in seine Arme und rieb seinen Bart an ihrer Wange. Da begriff sie so gut, als habe er es ausgesprochen, daß er den verdammten Wunsch hatte, sie solle ihn ziehen lassen, ohne daß seine Ehre angetastet werde«.

»[. . .] manches, was Ida sagte, hörte sie vielleicht nicht, und manches, was sie hörte, sagte Ida vielleicht nicht.«

Das Schweigen ist die Sprache des Verstehens. Es ist auch ein Ort des Rückzugs aus dem Spiel, einem Spiel, bei dem die Wörter herausgeschleudert werden: ein Konversationsstück, in dem Maisie zwar eine wichtige Rolle, aber nur einen winzigen Text hat:

»Maisie fühlte das Gewicht dieser Frage; und so verfiel sie vorübergehend in ein Schweigen, wobei sie Sir Claude, dessen Augen gesenkt blieben, anschaute.
›Nichts‹, erwiderte sie schließlich.
Er machte ein ungläubiges Gesicht. ›Nichts?‹
›Nichts‹, wiederholte Maisie.«

Maisie hat einen ebensoguten Grund für ihr hartnäckiges Schweigen wie Ophelia. Das Schweigen ist nicht nur das Medium, in dem das Verstehen sich ereignet, sondern es ist dessen Vorbedingung – warten und zuhören ist ebenso notwendig wie beobachten: »Ihre offenen Lippen verschlossen sich in dem festen Entschluß, sich nicht länger mißbrauchen zu lassen. Sie würde nichts wiederholen. [...] Sie brachte ihre Eltern um ihr Vergnügen, aber in Wirklichkeit vertiefte sie ihr eigenes. Sie sah mehr und mehr; sie sah zuviel.« Maisies Technik der Begriffs-stutzigkeit, ihre Weigerung, sich aktiv zu beteiligen, trennen sie auf bequeme Weise vom Spiel ab: »Aber ihr Schweigen be-schäftigte von nun an Maisies Gedanken; es umgab sie wie eine warme und wohnliche Atmosphäre, in die das Kind tiefer eindrang, als sie jemals ihren Gefährten gegenüber zu erwäh-nen wagte.« Die Zone des Schweigens in einer Welt des Redens ist zwar ein sicherer, aber ein einsamer Ort: »Sie hatte eine neue Empfindung, die Empfindung der Gefahr; und zugleich entdeckte sie ein neues Heilmittel, ihr zu begegnen, das Be-wußtsein eines inneren Selbst, oder, mit anderen Worten, sie erkannte, daß sie sich durch Verschwiegenheit zu schützen vermochte.« Ein »inneres Selbst« ist in einem gewissen Sinne ein falsches Selbst, sofern wir das »Selbst« als eine Erfahrung begreifen, und obwohl James uns sagt, für Maisie sei Ver-schwiegenheit nicht Selbsttäuschung, verrät er durch den wie-derholten Gebrauch des Ausdrucks, daß sie es doch ist. Das »Selbst«, welches Maisie am Ende erlangt, ist das sich durch-setzende, tätige Selbst, wobei »inneres« und »äußeres« Selbst genau den Polaritäten der »Parteigänger« im Spiel entsprechen. Ähnlich wie die Opponenten sind auch sie in ihrem neuen Wissen aufgegangen.

Am Ende findet Maisie ihre »Diskretion« kleinlich. Sie beginnt, die Tabufragen zu stellen, in ihrem eigenen Interesse ebenso wie in demjenigen Sir Claudes. Sie formuliert zudem ihre Ansprüche: »Sie hatte noch niemals in ihrem Leben irgendwel-chen Anspruch für sich erhoben, aber dieses Mal hoffte sie ganz offen, daß, was sie tat, ihr irgendwie angerechnet werden würde.« »Maisie kam dabei zu Hilfe, daß sie wußte, was sie wollte. All ihr Lernen und Lernen hatte sie schließlich dieses eine lernen lassen.« Was sie will, ist Sir Claude; was sie bekommt, ist Mrs Wix. Warum?

Wie alle anderen ist auch Maisie vom jungen, blonden Sir Claude bezaubert. In einer ganzen Gruppe von außerordentlich

attraktiven Leuten zieht er stets den Blick auf sich. Er ist der
»Prinz« der Phantasievorstellungen, wie Mrs. Wix Maisie berichtet. Doch ist nicht alles Gold, was glänzt, und auf eine
harmlose Weise ist Sir Claude sogar ein Lügner, er entzieht sich
und hat »Bammel«. Seine »Prinzen«-Eigenschaften haben
einen Makel, den Maisie erkennen, aber auch lieben lernt: die
verantwortungslose Verschwendungssucht. Das Interessanteste
an Sir Claude ist, daß seine Stellung derjenigen Maisies merkwürdig ähnelt. Ebenso wie sie ist er eher Besitz, als daß er Besitz
ergreift; er spielt zwar eine Rolle in dem Spiel, aber zögernd –
immer wieder versucht er »auszusteigen«.

Sir Claude und Maisie bilden eine Gemeinschaft. Er reagiert
auf ihr Alter nicht bloß posenhaft herablassend, sondern unver-
fälscht gleichgültig. Eine zarte Version von Homosexualität
stellt sich ein; er nennt sie »mein kleines Kerlchen«, »mein
guter Kerl«, »mein Guter«, »du Racker«, »alter Knabe«. Sie
teilen die Angst vor Frauen. Keiner von ihnen fürchtet zwar
Beale oder seine Genossen, aber Ida, Mrs. Beale und deren
Anhang versetzen sie in Schrecken. Sir Claude macht aus der
Ursache seiner Angst kein Hehl:

>›Warum hast du sie denn geheiratet?‹
›Gerade weil ich wirklich Angst hatte.‹
›Auch wenn sie dich liebte?‹
›Das machte sie nur noch unheimlicher.‹ [...] Angst ist ja leider ein
weites Feld; es gibt so viele Arten von Angst.‹
Sie begriff das vollkommen. ›Dann, glaube ich, habe ich sie alle
kennengelernt.‹ [...] ›Ich habe schreckliche Angst vor Mrs. Beale.‹
[...]
›Ich *kann* das verstehen. Ich *bin* in der gleichen Lage.‹
›Ach, aber sie hat dich so gern!‹ erwiderte Maisie beschwörend. Sir
Claude errötete buchstäblich. ›Das hat etwas damit zu tun.‹
Maisie staunte wiederum. ›Daß man Angst hat, wenn man geliebt
wird?‹«

Er hat keine Angst vor Maisie, weil ihre Liebe nicht besitzergreifend ist, und weil sie zu jung ist, um als »Frau« zu gelten.
Er flirtet zwar mit ihr, schreckt aber vor der Bewunderung
zurück, die ihm daraus zuteil wird. Neben seinen offenkun-

digen Ausweichstrategien verfügt er über ein Mittel zur Flucht, das ihn abermals zu einem Parallelfall zu Maisie macht. Wie bei einem Kind ist sein Realitätsverhältnis durch die Phantasie bestimmt. Da er von den anderen für einen »Märchenprinzen« gehalten wird, entschließt er sich, diese Rolle anzunehmen und die Welt entsprechend umzuformen. Der Hyde Park wird ihm zum Wald von Arden, seine ehebrecherische Gattin zur lieblichen Rosalind – bis Maisie auf den Tatsachen insistiert. Er treibt mit Maisie ein Spiel: Wenn man ihm schon zutraut, das unschuldige Kind auf die schiefe Bahn zu bringen, dann will er sich wenigstens seinen Spaß daran sichern. Obwohl er mittellos ist, kann er seine Verschwendungssucht ebensowenig aufgeben, wie er »die Frauen« aufgeben kann. Ein gutmütiger Humor überdeckt die unheilverkündenden Entscheidungen und die unheilvolle Unfähigkeit, Entscheidungen zu treffen:

»Jedenfalls war diese Angst eine Tatsache; seine Angst sprach daraus, daß er ihr gegenüber sehr herzlich, reizend und zärtlich war, daraus, daß er, während sie hier auf Kaffee und mit Butter bestrichene Semmeln warteten, sprach und lachte und doch dieses Sprechen und Lachen nicht ihr galt. Seine Angst lag in seiner scherzenden, zögernden, alles verkehrenden Stimme; sie lag gerade darin, daß er so tat, als habe er sie hierhergeführt, um so vertraut wie früher in London mit ihr zusammen zu sein und als ob alles zwischen ihnen unverändert sei, während sie doch [...] die Veränderung geradezu mit eigenen Augen gesehen hatte«

Sir Claude ist keineswegs »kindisch«, seine Rolle indes ist eindeutig die eines Kindes gegenüber einer Reihe von raffgierigen »Müttern«. James benutzt für ihn denselben Ausdruck wie für die Kinder in *The Turn of the Screw [Die Daumenschraube]:* »plastic« [weich, nachgiebig, formbar], »poor plastic and dependent male« [armer nachgiebiger und abhängiger Mann].
In meiner Sicht hat Sir Claudes Verhältnis zur Bilderreihe Glas/Spiegel/Theaterstück eine höchst auffällige Ähnlichkeit mit Maisies eigenem Verhältnis dazu. Er wird eingeführt in Gestalt einer Fotografie, um die sich Maisie, Mrs. Wix und Mrs. Beale zanken (so wie dies auch am Ende wieder geschieht). Maisie

sichert sich das Foto und hält an diesem Anblick fest. Er ist derjenige, der sich stets gut in Szene zu setzen weiß; er ist vergleichbar mit der einzigen, beherrschenden Fensterscheibe in einem großen, dunklen und unproportionierten Raum. Er ist ihr Licht in der Welt und in die Welt, die Linse der Laterna magica, und er nimmt sie auf seine Reisen mit. Er ist ein Objekt zum Anschauen, freilich auch eines zum Hindurchschauen. Noch wichtiger ist, daß sie sich manchmal selbst in ihm sehen kann:

»›Trotz alledem, besäßest du nicht diese verhängnisvolle Gabe der Schönheit ...!‹
›Wie, was?‹ fragte Maisie verwundert, warum er innehielt. Es war das erstemal, daß sie von ihrer Schönheit hörte.«

Weil er ihr einen Spiegel anbietet, kann sie sich mit ihm identifizieren und am Ende zu sich selbst finden. Sir Claude ist der Gefährte der Kindheit, über den sie hinauswächst und den sie rettet und tröstet. Sir Claude kann nur dann glücklich sein, wenn sie freigelassen wird. Maisie befreit sich auf eine Art von dem Spiel, die für Sir Claude ausgeschlossen ist. Der Refrain »Du bist frei« tönt durch das ganze Buch. Für Ida, Mrs. Beale und Beale bedeutet er, aus einem Ehevertrag befreit zu werden, nur um – ironischerweise – die Bedingungen ihrer Unfreiheit erneut zu bekräftigen. Ein Chaos von »Freiheiten« entfesseln die letzten Kapitel. Für Sir Claude bedeutet »Freisein« Flucht:

»›Laß sie los!‹ wiederholte Sir Claude noch nachdrücklicher. Er sah Mrs. Beale an, und seine Stimme nahm einen drohenden Klang an. Maisie merkte daran, daß Mrs. Beale sie losließ, daß sie die Drohung verstanden hatte; sie erhob sich langsam vom Sofa, und wieder stand das Kind da, fallengelassen und in zwei Teile zerlegt. ›Du bist frei – du bist frei‹, fuhr Sir Claude fort.«

Für Mrs. Wix bedeutet »Freiheit« Sittenlosigkeit:

»›Warum nicht, wo sie nun doch frei ist?‹
›Frei? Schwatzt du ihm das nach? Nun, wenn Sir Claude alt genug ist, das besser zu wissen, dann glaube ich tatsächlich, es wäre das richtige, dich so zu behandeln, als wärest du es auch. Jedenfalls müßtest du es sein – um es besser zu wissen – wenn du vorhast, diesen Weg

einzuschlagen.‹ Mrs. Wix war niemals so heftig geworden; aber andererseits konnte Maisie sich sagen, daß sie selbst sich noch niemals hatte so hinreißen lassen. Was dem aber zugrunde lag, versetzte sie noch mehr in Schrecken als in Zorn; sie spürte, sie könne noch auf ihrer Ansicht bestehen – nicht um zu widersprechen, sondern um nach Kräften den Frieden zu wahren. Währenddessen wuchs die Empörung ihrer Freundin darüber, daß Maisie sich so hatte hinreißen lassen; und so schlug Mrs. Wix, wiederum sich dagegen zur Wehr setzend, einen äußerst herausfordernden Ton an: ›Frei, frei, frei? Wenn sie so frei ist, wie du, meine Liebe, es bist, dann ist sie allerdings frei genug!‹«

Ich finde die meisten Reaktionen der Kritiker auf Mrs. Wix erschütternd – für Gale ist sie eine »gemütliche, gutartige Frau«, für Edmund Wilson »die lächerliche alte Erzieherin«, und für Andreas ist sie, im Unterschied zu Sir Claude oder Mrs. Beale, ein »ganzer Mensch«; Leavis tadelt Bewley für dessen Bemerkung, auch wenn sie häßlich sei, so sei sie doch achtbar – sie bete Sir Claude lediglich in geschlechtsloser Verzückung an, überdies sei sie nett, freundlich, konfus und förmlich, »und vielleicht – so könnten wir denken – ist es gut so, daß Maisie nach einer Kindheit, die uns James' Komödie verschafft hat, unter einem respektablen Schutz zur Adoleszenz übergeht«.[10] Das ist Unsinn. Mrs. Wix ist eine von James' gehässigsten Charakterzeichnungen. Daß sie bemitleidenswert ist, ändert daran nichts. Zum Teil ist es eine Frage des Tons: »Sie hatte ein kleines Mädchen gehabt, eine Tochter, und dieses kleine Mädchen war plötzlich zu Tode gekommen. Sie hatte nichts weiter auf der ganzen Welt besessen, und ihr tiefer Kummer hatte ihr das Herz gebrochen. Es galt als Klarheit schaffend zwischen ihnen ausgemacht, daß Mrs. Wix' Herz gebrochen war.« »Jeder kannte den ›Gerademacher‹. Jeder kannte das Diadem und den Knopf, die Zacken und Atlasbänder; jeder, obwohl Maisie niemals etwas davon verraten hatte, kannte sogar Clara Mathilde.« Und dort, wo James explizit ist, ist er zwar weniger gehässig, aber nicht weniger verurteilend: »[...] das altmodische Gewissen, die etwas kümmerliche Dezenz, die Maisies schlicht veranlagter Erzieherin nun einmal eigen waren«; »Sie schien, in ihrem neuen Kleide dasitzend, über ihr verlorenes

Zartgefühl zu grübeln, das beinahe eine solch traurige Erinnerung geworden war, wie die an die arme Clara Mathilde.«
Wenn sie Sir Claude von Idas neuem Liebhaber berichtet,
bezeugt dies eine »häßliche Aufrichtigkeit« [»ugly honesty«] –
»ugly« ist syntaktisch mehrdeutig. Ein Beispiel dessen, was
Leavis ihre geschlechtslose Anbetung Sir Claudes nennt, ist
überaus unangenehm. Sir Claude hat soeben die Frage gestellt,
warum sie sich denn so darüber freue, daß er »frei« ist:

> »Mrs. Wix beantwortete diese herausfordernde Frage zunächst nur
> mit einem Schweigen, dann aber mit der außergewöhnlichsten, am
> allerwenigsten zu erwartenden Demonstration. Maisie vermochte
> kaum ihren Augen zu trauen, als die gute Dame, der sie nicht im
> geringsten irgendeine provozierende Haltung zugetraut hätte, tatsäch-
> lich Sir Claude, nachdem sie ihm von unten her mehr eine Grimasse als
> einen Blick zugeworfen hatte, eine gewaltige, hohnvolle, vielsagende,
> unverschämte Ohrfeige versetzte. ›Sie Elender! Sie wissen, warum!‹
> Und dann wandte sie sich ab.«

Mrs. Wix ist die in höchstem Maße besitzergreifende Mutter,
und Maisies Bewußtsein davon wird in ganz außergewöhnli-
chen Metaphern ausgedrückt. Beim ersten Abschied von ihr hat
sie das Gefühl, »so eingebettet in Mrs. Wix' Wesen zu sein, wie
ihr Zahn es in ihrem Kiefer gewesen war«. Mrs. Wix dringt
sogar dann in Maisies Schweigen ein, wenn sie abwesend ist.
»Irgendwo zutiefst in diesem Schweigen waren die dunklen
Brillengläser auf sie gerichtet; irgendwo, und jener unruhigen
Betriebsamkeit ferngerückt, wartete Mrs. Wix, das spürte sie
ganz intensiv.« Clara Mathilde verwandelt sich in Maisies
Schwester, und Maisie nimmt an ihr ebensoviel Anteil wie das
Kind in Wordsworth' *We are seven*. Selbst Sir Claude spielt mit
dem Gedanken, Mrs. Wix könnte seine Mutter sein. »Ich liebe
sie nicht [...]. Sie ist nun mal nicht meine Tochter, alter Knabe!
Sie ist nicht einmal meine Mutter, obgleich es für mich wohl
besser gewesen wäre, sie wäre es gewesen.« Der Ausgang des
Romans läßt sich schon bei ihrer Einführung voraussagen:
»Mrs. Wix übernahm sie und würde, so spürte Maisie am
nächsten Tage, sie niemals mehr freigeben.« Doch obschon
Mrs. Wix besitzergreifend ist[11], so hat sie doch auch das

Verlangen, besessen zu werden. An einer Stelle sagt sie beispielsweise zu Sir Claude:

»›Sie bleiben hier mit Maisie, mit dem Wagen und all dem Amüsement und dem Luxus; dann werde ich zu euch zurückkehren, und wir werden zusammen fortgehen – wir werden zusammen in einem wolkenlosen Glück leben. Nehmen Sie mich, nehmen Sie mich‹.«

Der Schrei einer verzweifelten Jungfrau? Einer Mutter Gottes? »Er [Mr. Wix] hatte im Leben der Frau eine merkwürdig geringe Rolle gespielt, und sie nahm Maisie auch nie mit, wenn sie sein Grab besuchte.« Dieser Sachverhalt prägt eine Reihe von Bildern und Vorstellungen vor, die James gegen Ende des Romans plötzlich evoziert. Die langen Gespräche und die intensivsten Momente, die Mrs. Wix und Maisie erleben, fallen in die Zeit, da sie auf Sir Claude warten, auf einem Platz in Boulogne, der von einer riesigen vergoldeten Madonna beherrscht ist. Das Symbol wird wiederholt, es greift frühere Kennzeichnungen von Mrs. Wix als »Prophetin« und »Hohepriesterin« ihrer »tiefen und engen Leidenschaft« auf, und es deutet auf ihr eigenes Bekenntnis gegenüber Maisie voraus, »es sei wahrscheinlich ein verhängnisvoller Fehler gewesen, daß sie nicht zur Zeit katholisch geworden sei« – eine protzende Religiosität, die wiederum folgerichtig zu ihrem »Sinn für Moral« und ihren romantischen Phantasien paßt.

So wie Sir Claude sich durch »Vortäuschen« entzieht, so gleicht Mrs. Wix ihre Häßlichkeit und Armut durch eine Neigung zu romanhaften Geschichten aus. Sowohl das Vortäuschen als auch die Romanerzählungen üben auf das kleine Kind einen erheblichen Reiz aus: »Sie wußte eine Unmenge von Geschichten, meistens solche aus Romanen, die sie gelesen hatte, [...] sie ließ das Kind wiederum jeden Schritt ihres langen, unbefriedigten Lebens mit ihr gehen und den Eindruck gewinnen, es stelle allen Zauber und alles Grausige in den Schatten.« In einer Hinsicht ist sie tatsächlich eine gute Gefährtin für ein Kind, so wie sie trotz ihres besitzergreifenden Verhaltens in einer Hinsicht eine gute Mutter ist: »in all ihrer Häßlichkeit und all ihrer Armut ist sie ein besonderer und beruhigend verläßlicher

Mensch; verläßlicher als jeder sonst in der Welt«. Natürlich ironisiert James sogar diese Verläßlichkeit: »Mrs. Mix war so verläßlich wie Clara Mathilde, die im Himmel war und dennoch, so sehr, daß es einen in Verwirrung bringen konnte, auch in Kensal Green, wo sie gemeinsam gewesen waren, um ihr kleines, von Unkraut überwuchertes Grab zu besuchen« — kurz, sie ist zu einem dauerhaften Kennzeichen der Landschaft geworden, das gepflegt und anonymisiert wird, so daß Maisie schließlich zu ihr sagt: »Ach, du bist niemand!«
Verläßlich ist Mrs. Wix auch deshalb, weil sie ein fester Bestandteil der Welt ist (ihr Phantasieren negiert dies nicht etwa, sondern bestätigt es). Sie hat sich durch das Leben geschlichen und geduckt und kennt das Spiel. So bringt sie es auch Maisie bei:

»Es gab Stunden, da Mrs. Wix seufzend auf die Gewissensbedenken hinwies, die sie zu überwinden hatte, da sie zu fragen schien, wie sie denn anders einem jungen Geschöpf gegenüber hätte verfahren *können*, das nun einmal, wie die Dinge standen, solch eigentümliche Erfahrungen hinter sich hatte. ›Es ist doch nicht so, daß du bereits über alles im Bilde bist, nicht wahr, Liebes?‹ und ›Ich kann dich nun einmal nicht schlechter machen, als du bereits bist, oder, Liebling?‹«

Ein großer Teil ihres romanhaften Klatsches über den »prinzenhaften« Sir Claude ist ganz eindeutig geiler Tratsch, so unerquicklich, wie es der Klatsch jedes Bewerbers um eine Rolle in diesem Spiel sein muß. (Jeder kann sie durch freundliches Verhalten auf seine Seite ziehen.) Sie weiht Maisie in das ein, was sie »Sinn für Moral« nennt — und der besteht genau darin, ihr Einblick zu verschaffen in die unmoralischsten Details der Beziehungen zwischen Erwachsenen. In einem mit Anspielungen gespickten Abschnitt in der Mitte des 26. Kapitels beschließt Mrs. Wix, kurz nachdem Maisie erkannt hat, daß sie »alles« wissen muß, ihre Aufklärungsarbeit. Die Episode zieht sich über zwei Seiten hin und ist natürlich zu lang, um hier ganz zitiert zu werden, doch sollen wenigstens einige Ausschnitte Mrs. Wix' Verfahrensweise zweifelsfrei klarstellen:

»[...] dabei war sie offensichtlich ratlos, wie man ein so armes Opfer für solche Befleckungen entschädigen könnte; wobei sie darauf pochte, was sie alles getan habe und noch tue, ganz aufgewühlt ihr alles zu erklären versuchend, sie anflehend, um sie zu beruhigen, um ihre Verzeihung zu erlangen und schließlich sogar ihr Mitleid.

›Ich weiß nicht, was ich dir gesagt habe, du mein Einziges: ich weiß nicht, was ich jetzt sage, oder was ich, der Himmel vergebe mir, zu sagen fähig bin, nachdem du meinem Leben eine solche Wendung gegeben hast. Habe ich alles Zartgefühl, allen Sinn für das, was sich schickt, verloren, alles Maß dafür, wie weit man gehen und wie böse man sein darf? [...] Worüber ich heute morgen die Geduld verlor, war, daß du, ohne daß es den Anschein hatte, du verurteiltest es – denn das tatest du nicht, wie du dich entsinnen wirst! –, es dennoch zu *wissen* schienst. Man muß Gott für seine Gnade danken, *daß* das der Fall ist!‹«

Maisie versucht, dieses »Moralgefühl« zu bekräftigen, das mit dem Wissen über das Spiel verträglich sein sollte. Auf Mrs. Wix' Rezept antwortet sie:

»[Mrs. Wix] ›Ist es dir niemals in den Sinn gekommen, auf sie [Mrs. Beale] eifersüchtig zu sein?‹
Darauf wäre sie nie im geringsten gekommen [...]
[Maisie] ›Wenn ich dächte, sie wäre häßlich zu ihm – ich weiß nicht, *was* ich täte!‹
Mrs. Wix sah sie in der ihr eigenen Art kurz von der Seite an; sie bestärkte diese Andeutung sogar durch ein unwirsches Grunzen. ›Ich weiß, was *ich* täte!‹
Maisie spürte bei diesen Worten, daß sie zögerte. ›Nun, ich kann mir nur *eins* vorstellen.‹
Mrs. Wix forderte sie noch unmittelbarer heraus. ›Was denn?‹
Maisie antwortete auf diese Frage, als handle es sich hier um ein lustiges Pfänderspiel. ›Ich würde sie *töten*!‹
Dies wenigstens, so hoffte sie, [...] würde ihren Sinn für Moral verbürgen.«

»Warum sollte ich nicht? *Du* bist deutlich geworden. Mrs. Beale ist deutlich geworden. Jeder von uns nacheinander!‹ Und Maisie brach in das merkwürdigste Gelächter aus, das jemals über ihre jungen Lippen gekommen war.«

Natürlich versucht Maisie ihr Geschick und gibt auf: ihr Wissen ist rein, ihre Freiheit umfassend. »Mrs. Wix sprach nicht nur, als wäre Maisie keine Frau, sondern als würde sie niemals eine werden.« Soweit es die Frauen im Roman betrifft, wird sie niemals eine von ihnen sein.

Kritiker, die aus Mrs. Wix eine moderne Amme Julias oder eine Mrs. Micawber machen, verfehlen die Pointe (auch wenn sie immerhin denen vorzuziehen sind, die sie als »liebenswürdige Alte« verharmlosen). Natürlich ist die Pointe verwirrend. Nicht nur weil James beim Leser Sympathie für Mrs. Wix wecken will, was er tatsächlich tut: »Selbst für das nicht leicht zu rührende Herz eines Kindes lag etwas tief Ergreifendes darin, daß man von solchen Bekundungen der Menschlichkeit so viel hermachte.« Sie liegt auch darin, daß Mrs. Wix sein Gesichtspunkt *ist*. Bis zur Hoffnungslosigkeit spielt sie eine Rolle, die sie selbst zum Objekt macht – »Den ›Gerademacher‹, so erläuterte sie Maisie, hatte sie aufgesetzt um der anderen willen; denn sie glaubte, daß er ihnen helfen könnte, die sonst zweifelhaft bleibende Richtung ihres Blicks zu erkennen«; Klatschtante, Kommentatorin und Übersetzerin, ist sie durchaus ein Fenster zur Welt. Diese Perspektive des »Angesehenwerdens« und des »Sehens-mit« ist eine Parodie auf die Parallelen zwischen ihr und Sir Claude, zwischen ihr und Maisie. Außerdem ist sie ein grundlegendes Merkmal der Kunst von Henry James.

»Die Erklärung der alten Schachtel am Ende von V *erleichtert* es mir, das Kind zum Zeugen dieses Phänomens zu machen – sie liefert den Spiegel, die Platte, auf der es als Abbild sichtbar wird.«[12]

Mrs. Wix trägt eine Brille, um gesehen zu werden, um hindurch zu sehen, und als Bildschirm, auf dem für Maisie und für die Leser die Welt gespiegelt wird. Wenn die eine Perspektive die der Unschuld ist (Maisie) und die andere die der Pornographie (Mrs. Wix) – was bedeutet dies für den Roman?
Maisie vermittelt uns keine unschuldige Ansicht und Mrs. Wix keine verdorbene; so einfach ist nichts. Das arglose Kind mit

den großen Augen kann der literarische Agent des »heimlichen Beobachters« sein. Während die Beziehung zwischen Beale und Mrs. Overmore sich verdichtet, betrachten wir die beiden und Maisie aus der Position eines Passanten, der in ihre Kutsche starrt. Unser Gesichtspunkt ist aber zugleich derjenige Maisies, die die Szene, in die sie selbst verwickelt ist, im Blick des Passanten gespiegelt sieht. Und außerdem gibt es noch das Fenster, das Henry James auf die Szene hin öffnet. Dieses Dreiwegspiegelsystem löst die Sprache vermeintlicher oder vorgetäuschter Unschuld fast völlig auf:

»›Hat Papa dich genauso lieb gehabt, während ich fort war?‹ erkundigte sie sich: denn es war ihr immer aufgefallen, wie stark er in ihrer Gegenwart seine Gunst bekundet hatte [...] Papa, auf dessen Knien sie saß, brach in eines jener für ihn so typischen lauten Gelächter aus [...] ›Nun, du kleiner Esel, wenn du fort bist, was bleibt mir da anderes übrig, als eben sie zu lieben? Unmittelbar darauf entriß Miß Overmore sie ihm, und es kam zu einem lustigen kleinen Handgemenge ihretwegen, dessen Überraschung spiegelnden Widerschein auf dem weißen, sie anstarrenden Gesicht einer alten Dame, die in einem Einspänner vorüberfuhr, Maisie erkennen konnte.«

Andererseits deckt James uns in der Szene, in der Mrs. Wix Maisie endgültig aufklärt, nur ihre hysterischen Empfindungen bei diesem Vorgehen auf. Er sagt uns nicht, was sie ihr sagt; dieses »verdorbene« Wissen wird dem Leser unterstellt. Wenn Maisie lernt, dann müssen wir bekennen, daß wir bereits wissen. Aber was wissen wir eigentlich, oder was gibt es da überhaupt zu wissen? Da James uns Mrs. Wix' grausiges Erschrecken präzise übermittelt, nimmt es jene gewaltigen Ausmaße des Geheimnisvollen an, das James für das Wesen des Lebens hielt und das er unablässig zu bannen trachtete. Zweifellos empfand Lady of Shalott Sir Bedivere als ebenso geheimnisvoll wie anziehend. Wenn wir durch zu viele Fenster und auf zu viele Spiegel blicken, durch ein Fernrohr oder durch korrigierende Brillengläser hindurch, dann ist ein klarer Sinn für das Dunkle unerläßlich. Maisie *lernt*, und *What Maisie Knew* handelt von dieser luziden Wahrnehmung der Dunkelheit. Die Spiegel machen alles komplizierter, aber die Vision der mehrfa-

chen Spiegelungen ist Wissen. Pornographie und Vision existieren nebeneinander. Henry James blickt zuerst als das Kind
Maisie und dann als Mann durch ein dunkles Glas, damit die
Spiegelung »scharf« und »ruhig« wird. Zuviel Licht verdunkelt
den Geist.

Moll Flanders: der Aufstieg der kapitalistischen Frau

Die meisten Leute haben von der Geschichte der Moll Flanders gehört, auch wenn sie den Roman nicht gelesen haben. Nicht ganz so berühmt wie *Robinson Crusoe*, hat *Moll Flanders* gleichwohl einen ähnlichen mythischen Rang. Nach der vermutlich populärsten Vorstellung handelt es sich dabei um eine Geschichte von Diebstahl und Prostitution, von Verbrechen, Strafe und weltlichem Erfolg, um die Darstellung einer fesselnden, unabhängigen und durchtriebenen Frau, die sich am Ende durchsetzt, moralisch und ökonomisch. Tatsächlich handelt *Moll Flanders* ebensosehr von Geldgeschäften wie vom Diebstahl, von der Ehe wie von der Prostitution.

Im Grunde ist der Roman eine lebhafte Dramatisierung von Konflikten und Verwirrungen um Werte während einer der turbulentesten Perioden in der Geschichte Englands – einer Zeit des Aufruhrs, als das moralische und rechtliche Fundament der modernen kapitalistischen Gesellschaft geschaffen wurde. Meine These lautet: Defoes Roman überdauert als eine tiefgründige Studie über die Herstellung sozialer Normen und die Beziehung zwischen Individuum und Gesellschaft.

Moll Flanders erschien 1722, verfaßt von einem Journalisten, einem scharfsinnigen Beobachter der maßgeblichen Ereignisse seiner Epoche. Defoe begann seine journalistische Laufbahn in der Zeit König Wilhelms von Oranien als ein glühender Parteigänger der Whigs (grob gesagt: der damaligen Partei der Veränderung), wurde dann aber ein Tory (grob gesagt: ein Vertreter traditioneller Werte) unter Königin Anne. Als Presbyterianer erzogen und zeitlebens ein überzeugter Dissenter, schrieb er weitläufig über Politik, die Praxis und geistige Bedeutung der Religion. Er gab eine Zeitschrift heraus, *The Review*, in der er über Eheprobleme, Wahlen, Spekulationsgeschäfte, Konkurs, Bestechung, Atheismus, Freidenker, Astrologie, Taschendiebe, Kometen, unanständige Literatur,

Erziehungsfragen, Träume, Geistererscheinungen, Meeresun-
geheuer, Quacksalber, Frauenrechte und über den Journalis-
mus räsonierte.

Defoe war jedoch nicht nur Beobachter, sondern auch Kaufmann und Spekulant; er steckte mitten in den praktischen
Auseinandersetzungen seiner Zeit. Einige seiner Unternehmungen brachten ihm Konkurs und Gefängnis ein, genau die Art
von Erfahrung, die wir in *Moll Flanders* gespiegelt finden.

Seine Hauptfigur Moll erzählt ihre eigene Lebensgeschichte. Im
Vorwort und in der Synopse behauptet Defoe, lediglich den Stil
geglättet und einige Episoden überarbeitet zu haben; im übrigen sei der Roman »nach ihren eigenen Erinnerungen geschrieben«. Es leuchtet ein, daß Moll sich an nichts vor ihrem dritten
Lebensjahr erinnern kann (und auch daran nur vage). Sie weiß
aber, daß sie im Zuchthaus Newgate zur Welt kam; daß ihre
Mutter eines geringfügigen Diebstahls überführt worden war,
sich der Hinrichtung am Galgen zunächst wegen ihrer Schwangerschaft entziehen konnte; später wurde das Todesurteil in
Verbannung und Zwangsarbeit umgewandelt: »So blieb ich –
kaum halbjährig – in schlechten Händen zurück.« Nach einer
kurzen Zeit in der Gesellschaft von Zigeunern verließ sie im
Alter von drei Jahren in Colchester die Gruppe oder wurde von
dieser zurückgelassen. Die Gemeinde übernahm ihren Schutz,
und sie kam in Pflege bei einer Frau, die einmal bessere Tage
gesehen hatte, nun aber ihren Lebensunterhalt damit bestritt,
daß sie Waisen der Gemeinde bei sich aufnahm, bis sie alt
genug waren, um zu arbeiten – im Falle von Moll bis zum Alter
von acht Jahren. Mit acht Jahren bittet Moll darum, bei der
Pflegemutter bleiben zu dürfen. Sie darf bleiben, bis die Frau
stirbt; Moll, fünfzehnjährig, bleibt mittellos zurück. Eine Dame
aus der lokalen Gentry, die sich früher schon für sie interessiert
hatte, nimmt sie in ihrem Haushalt auf. Dort wird Moll zuerst
vom älteren Sohn verführt und erhält dann vom jüngeren einen
Heiratsantrag. Es kommt zu einer Krise, einerseits wegen Molls
zwar heimlicher, jedoch aufrichtiger Bindung an ihren Verfüh-
rer, andererseits weil die Familie es ablehnt, daß einer der
Söhne weit unter seinem gesellschaftlichen Rang heirate. Moll

und der jüngere Sohn, Robin, heiraten schließlich doch und leben mit zwei Kindern einige Jahre, bis zu seinem Tod, zusammen.

Moll, nun eine junge und attraktive Witwe, macht sich auf die Suche nach einem Ehemann, den sie auch bald findet. Ihr neuer Gatte – halb Kaufmann, halb vornehmer Herr – erweist sich als ein Schurke, verbraucht ihr ganzes Geld, muß Konkurs anmelden und flieht, um der Haft zu entgehen, außer Landes, wobei er Moll einzig die wenigen Habseligkeiten zurückläßt, die zu verpfänden er gerade noch Zeit gehabt hatte. Um nicht den Gläubigern in die Hände zu fallen, ändert Moll ihren Namen, mietet ein Zimmer im Münzviertel, das aufgrund eines Hoheitsrechtes als Zufluchtstätte für Leute diente, die wegen finanzieller Verfehlungen verfolgt wurden. Moll kann aber die verlogene Gesellschaft dort nicht ertragen und zieht mit einer Witwe zusammen, die einst in ähnlichen Verhältnissen gelebt hatte wie sie selbst.

Die beiden Frauen helfen sich gegenseitig, neue Ehemänner zu finden, und beide scheinen dabei Erfolg zu haben. Moll übersiedelt mit ihrem dritten Ehemann nach Virginia, wo sie auf seiner Plantage leben. Zu ihrem größten Entsetzen entdeckt sie dort, daß die Schwiegermutter ihre eigene Mutter ist, die nach Verbüßung ihrer Zwangsarbeit in die Siedlergemeinde Virginias eingeheiratet hatte. Nach einer für alle Beteiligten höchst qualvollen Zeit besteht Moll darauf, ihren Gatten/Bruder zu verlassen und nach England zurückzukehren.

Moll, erneut auf der Suche nach einem Ehemann, wird gegen ihre Absicht, aber durchaus ihren sexuellen Neigungen gemäß, die Geliebte eines verheirateten Herrn, den sie in Bath kennenlernt, wo sie nun wohnt. Sie wird von ihm großzügig ausgehalten und bringt ihm einen Sohn zur Welt. Von einer beinahe tödlich verlaufenen Krankheit genesen, bereut er jedoch seinen unmoralischen Lebenswandel und beschließt, sich von ihr zu trennen. Er verspricht, für ihr Kind zu sorgen, und übergibt Moll einen kleinen Geldbetrag. Dieses Geld legt Moll bei einem Bankier an, der unglücklich mit einer untreuen Frau verheiratet ist und Moll die Ehe anbietet, sobald er die Scheidung erhalten

hat. Moll erbittet sich Bedenkzeit und reist unterdessen mit
einer Frau, die sie zufällig kennengelernt hatte, nach Lancashire. Diese Frau hält Moll für vermögend und macht sie mit
einem Mann bekannt, den sie als ihren wohlhabenden Bruder
ausgibt. In der gegenseitigen Überzeugung, der andere sei reich,
heiraten Moll und dieser Mann, Jemmy, um dann alsbald ihren
Fehler zu erkennen. Jemmy ist ein verarmter Herr, der zum
Straßenräuber geworden ist; seine vermeintliche Schwester ist
seine ehemalige Geliebte, ein Bandenmitglied, und sie hatte ihm
versprochen, eine vermögende Frau für ihn zu finden.
Obwohl Moll und Jemmy sich ihre leidenschaftliche Liebe
gestehen, entscheidet Jemmy, daß sie sich angesichts ihrer
schwierigen ökonomischen Lage trennen müssen; er will versu-
chen, in Irland sein Glück zu machen. Er entbindet sie von den
ehelichen Pflichten und erklärt in seinem Abschiedsbrief die
Ehe für aufgelöst.
Wieder nach London zurückgekehrt, wo sie nun ihren inzwischen geschiedenen Bankiersfreund zu heiraten beabsichtigt,
entdeckt Moll, daß sie von Jemmy, ihrem Gatten aus Lancashire, schwanger ist. Sie bringt das Kind im Hause einer Heb-
amme, einer wohlmeinenden Frau, zur Welt, die Molls Vertraute wird und bald unter dem Namen Mother Midnight
bekannt ist, weil ihr Beruf nicht eindeutig zu bestimmen ist.
Mother Midnight hilft Moll, ihr Kind einer Bäuerin in die
Obhut zu geben, um für die Ehe mit dem Bankier frei zu sein
und jeden möglichen Verdacht über eine bereits bestehende
eheliche Bindung auszuräumen. An ihrem Hochzeitstag sieht
Moll, ohne daß die beiden Männer es bemerken, Jemmy, der
nicht nach Irland gegangen ist, sondern nach einem Straßen-
raub verfolgt wird.
Moll und der Bankier leben ruhig und zufrieden fünf Jahre lang
miteinander, bis er wegen einer Bürgschaft, die er geleistet hat,
einen schweren Vermögensverlust erleidet und aus Verzweiflung darüber stirbt. Moll bleibt mittellos zurück.
In einer trostloseren Lage als jemals zuvor, beginnt sie zu
stehlen, um zu überleben. Allmählich erwirbt sie darin eine
gewisse Fertigkeit, sucht aber nach Möglichkeiten, die gestoh-

lenen Dinge loszuwerden. Sie findet heraus, daß ihre alte
Vertraute, Mother Midnight, Pfandleiherin geworden ist. Sie
zieht zu ihr, in der Absicht, ihr Leben in ehrbarer Weise, mit
Näharbeiten zu verdienen. Mother Midnight ist jedoch nicht
nur Pfandleiherin, sondern auch Hehlerin und verleitet Moll
dazu, erneut das Stehlen aufzunehmen. So wird sie Mitglied
einer Bruder- oder Schwesternschaft von Dieben, zieht es aber
vor, allein zu arbeiten. In dieser Zeit verdient Moll auch Geld
damit, daß sie einen betrunkenen Herrn verführt, der, als er
wieder nüchtern geworden ist, die sexuelle Beziehung zu ihr
fortzusetzen wünscht. Auch im Glücksspiel ist sie erfolgreich.
Moll, inzwischen eine berühmte Diebin, wechselt ihren Ar-
beitsplatz der Jahreszeit entsprechend — wenn der Adel die
Stadt verlassen hat, zieht auch sie von London weg. Schließlich
wird sie ertappt, als sie bei einem Seidenhändler Brokatseide
stiehlt, und nach Newgate eingeliefert — das alptraumhafte
Schicksal, das sie verfolgte, erfüllt sich. Sie endet dort, wo sie
angefangen hatte.

In seiner lebendigen Schilderung der Verhältnisse in Newgate
verschmilzt Defoe, der Autor, mit Moll, der Erzählerin. Defoes
beredte allgemeine Überlegungen sind vom Abscheu und vom
Schrecken seiner Hauptfigur Moll Flanders nicht mehr zu
unterscheiden:

»Wie das Wasser in den Höhlen der Berge alles, worauf es tropft, zu
Stein macht, so verhärtete mich der stete Umgang mit den Höllenhun-
den hier in diesem Gefängnis genauso, wie es bei allen anderen der Fall
war. Ich wurde zu Stein, erst stumpf und unempfindlich, dann roh und
gedankenlos und zuletzt rasend. Ich gewöhnte mich so an diesen Ort,
als hätte ich immer dort gelebt.«

Defoe ist hier so unlösbar mit Moll verbunden (oder sie mit
ihm), daß sein Gedächtnis versagt — er vergißt, daß Moll ja in
Newgate geboren wurde.

Zu ihrem Erstaunen trifft sie in Newgate auf Jemmy. Er lebt
dort in einem besseren Quartier als die Unterschichtverbrecher,
und Moll gibt sich ihm erst nach einigen Ränken zu erkennen.
Aus Sorge über seine Lage beginnt sie über ihr eigenes Leben
nachzudenken; sie spürt erste Gewissensbisse und sogar einen

Hauch von Reue. In dieser neuen, bußfertigen Gemütsverfassung gelingt es Moll – obwohl ihnen beiden der Tod droht –, ihr eigenes Strafurteil und dasjenige Jemmys in Verbannung umzuwandeln. Mit dem Geld und dem Besitz, die sie der Obhut von Mother Midnight anvertraut hatte, kann sich Moll sofort nach der Ankunft in Virginia freikaufen.

In den Kolonien angelangt und in der Hoffnung auf ein von ihrer Mutter hinterlassenes Erbe beginnt Moll, vorsichtig Erkundigungen über ihren früheren Gatten/Bruder einzuziehen. Dabei gelingt es ihr, eine liebevolle Begegnung mit ihrem Sohn aus dieser Ehe herbeizuführen. Der Sohn verwaltet das Eigentum, das seine Großmutter der Mutter hinterlassen hat, und er sorgt dafür, daß seine Mutter nun die jährlichen Einkünfte erhält. Moll und Jemmy gründen eine kleine Plantage flußabwärts in Carolina, und dank Molls harter Arbeit und den Erträgen, die ihr Sohn schickt, werden die beiden nach und nach reich. Im Alter, nachdem die Strafe verbüßt ist, kehren sie nach England heim, wo sie, wohlhabend, den Rest ihres Lebens in Freiheit verbringen. So enden »Glück und Unglück der berühmten Moll Flanders«.

Die ersten Jahrzehnte nach dem Ende der Regierung von König Jakob (1688) waren in mancher Hinsicht die turbulenteste Periode in der englischen Geschichte, die Zeit der grenzüberschreitenden bürgerlichen Revolution, des ungehemmten Individualismus und Kapitalismus, des Übergangs von der auf Religion gegründeten Ethik des Feudalismus zur weltlichen Ethik des Kapitalismus, der Abschaffung von Traditionsschranken und der zügellosen Einhegungsbewegung. Recht und Unrecht mußten nun ausgehandelt werden. Das göttliche Recht des Königs wurde zum göttlichen Recht der Vorsehung. Das Eigentum wurde zum König. Das Jahr 1688 setzte die politische Revolution von 1649 fort, aber auch die Macht der neuen sozialen Gruppierungen, die sie bewirkt hatten. Wie der Fehlschlag des jakobitischen Aufstandes beweist, gab es nach 1688 keine gesellschaftliche Rückwärtsbewegung mehr. Die rechtlichen und moralischen Rahmenbedingungen der vergangenen sechshundert Jahre waren allerdings nicht so leicht zu ändern. Die alten Werte mußten ja nicht nur gestürzt, sondern auch ersetzt werden. Die Grundregeln des Alltagslebens, die Bezugspunkte und Begriffe des Common sense mußten in einem sehr realen Sinne neu festgelegt werden. Deshalb ist dieser Zeitabschnitt einer der fundamentalen Verwirrung und Unsicherheit und einer ungewöhnlichen gesellschaftlichen, wirtschaftlichen und moralischen Mobilität, wie sie England seither nicht mehr erlebt hat: eine Zeit großer Ungewißheit, da die verschiedenen Moral- und Rechtskodizes mit ihrem Anspruch auf allgemeine Geltung in Widerstreit gerieten; eine Zeit, in der die Werte, die wir heute für selbstverständlich halten, in hohem Maße eine Sache der Willkür waren.

Dies alles wird in Defoes Roman höchst deutlich, in dem, wie häufig betont wurde, das Nebeneinander widersprüchlicher moralischer Vorstellungen eines der Hauptthemen ist. Moll ist gleichzeitig Heldin und Schurkin, anständig und unredlich, Geschäftsfrau und Diebin, Ehefrau und Hure.

»Moll spricht so, als ob sie nicht in das allgemeine Los der Verbrecher verwickelt wäre. Sie hält sich selbst gar nicht für eine Kriminelle. Als sie erfährt, was die anderen Verbrecher in Newgate über sie denken, ist sie moralisch empört. Wie Sara bei Joyce Cary [Sara Monday in: Joyce Cary, *Herself Surprised*, 1941] erhascht sie manchmal ihren Anblick in einem Spiegel und sieht dann voller Überraschung sich selbst. Eigentlich hält sie sich für eine vornehme Frau [gentlewoman]. Die dem Buch zugrundeliegende Spannung, die *Moll Flanders* die Lebenskraft des Kunstwerks verleiht, läßt sich als ein Widerspruch formulieren, der zugleich einfach und kompliziert ist. Moll ist unmoralisch, oberflächlich, heuchlerisch, herzlos, eine bösartige Frau; dennoch ist Moll wunderbar. Defoe hätte seinem Buch den Untertitel ›Eine makellose Frau‹ geben können (obwohl er daran natürlich nicht einmal im Traum gedacht hat).

Molls Größe – ihre Ausdauer, ihr Mut, ihre Freigiebigkeit – ist von ihrer Schlechtigkeit nicht zu trennen. Das Anständige und das Verdorbene sind keine abgrenzbaren Eigenschaften, die sich addieren und gegenseitig aufrechnen lassen. Ihre Beziehung ist weitaus interessanter.«[1]

Ähnlich wie Arnold Kettle haben auch andere wohlwollende
Kritiker die Größe von *Moll Flanders* mit Defoes Fähigkeit
erklärt, widersprüchliche soziale und psychische Strebungen
darzustellen, die eine Einheit bilden, sofern man sie als Teile
einer Tiefenstruktur wahrnimmt. Das mag stimmen und ist
gleichwohl in einem gewissen Sinn irreführend. Wie ich schon
angedeutet habe, ist es ein Kennzeichen des frühen 18. Jahrhunderts in England und von Defoes Roman, daß sich zwischen Kriminalität und Bürgerlichkeit, Moral und Verderbtheit
usw. noch keine klaren Grenzen ziehen lassen. Es gab damals
sowohl in der Moral als auch in der Justiz einen erheblichen
Bedeutungswandel von Gut und Böse, von Recht und Unrecht.
Anders als früher wurden immer weniger Menschen wegen
ihrer religiösen und politischen Ansichten verfolgt; die hohe
Quote der Todesstrafen bezog sich vornehmlich auf Eigen-
tumsdelikte: »Das Eigentum und der privilegierte Status der
Besitzenden nahmen auf den Waagschalen der Justiz immer
größeres Gewicht an, bis die Justiz selbst nur noch als Bollwerk
und Verteidigung des Eigentums und des damit verbundenen
Status angesehen wurde«, schreibt dazu der Historiker E. P.
Thompson.[2] Im Kampf um das Eigentum und um die Beute der
Macht hat die von Defoe beschriebene Gesellschaft sich noch
keinem festen Regelkodex untergeordnet. Im Rückblick erkennen wir darin eine vertraute Phase des Handelskapitalismus, in
deren Verlauf das Justizsystem – die Grundlage unseres heutigen, modifizierten Rechtswesens – seine Etablierung durchsetzt. Kritischen Zeitgenossen muß diese Phase als eine des
Aufruhrs vorgekommen sein. Vielleicht entsprachen die Ausge-
glichenheit und Abgeklärtheit der klassischen Prosa und Lyrik,
das Streben nach Ordnung – wie im Wörterbuch von Dr.
Johnson – und die Ruhe des klassischen Zeitalters, so wie es
uns heute erscheint, weit mehr den Hoffnungen als der Da-
seinswirklichkeit von Menschen, die sich im übrigen wurzellos
und ungesichert fühlten. Defoe schildert Moll als eine Frau von
überschwenglicher Leidenschaft, die fest entschlossen ist, die
Zukunft zu gewinnen: Moll ist der Typus des aufkommenden
Kleinkapitalisten, eine Pilgerin auf der Reise zu dem, was sie,

ein aufgewecktes Kind und eine klarsichtige Erwachsene, durchaus als die kapitalistische Bestimmung der vornehmen Frau auffaßt: entweder Gattin eines wohlhabenden Geschäftsmannes oder eigenständige Karrierefrau zu sein. Es gibt im Roman jedoch genügend Belege dafür, daß Defoe die Unbeständigkeit der Zeit genauso stark empfand wie ihren Zukunftseifer: Die Gesellschaft stand ihren eigenen Anfängen noch nahe genug, um ihre Wurzellosigkeit ebenso zu spüren wie ihre grobschlächtige Entschlossenheit. Im, inzwischen vergessenen, Idiom von *Moll Flanders* zeichnet Defoe sie als eine vaterlose Gesellschaft: ohne traditionellen Gott, ohne traditionelles Recht. Moll, die neue Frau des Kapitalismus, hat eine Mutter, und sie ist sehr geschickt, wenn es darum geht, Ersatzmütter zu finden. Daß sie einen Vater hat, wird niemals erwähnt. Defoe, der ganz so schreibt, als ob er selbst Moll wäre, leugnet seinerseits die »Vaterschaft« (die Autorschaft) an seinem Roman.

Immer wieder haben sich Kritiker über die angeblich ungenaue moralische Argumentation in *Moll Flanders* geäußert. Es stimmt, daß manche Bemerkungen Defoes sich wie eines jener Plädoyers lesen, die uns heute durch Massenjournalismus und die Pornographie suspekt geworden sind:

»So wurde denn alle erdenkliche Sorgfalt darauf verwendet, bei der Neufassung der Lebensgeschichte keinen unzüchtigen Ideen, keinen unanständigen Gedanken Raum zu geben, jedenfalls nicht dem schlimmsten Teil der Ausdrücke, die sie gebrauchte. Aus diesem Grunde wurde ein gewisser Abschnitt ihres Lasterlebens, der sich nicht wiedergeben läßt, ohne den Anstand zu verletzen, weggelassen. Eine Reihe anderer Abschnitte wurde stark gekürzt. Was bleibt, wird hoffentlich auch beim tugendhaftesten Leser und beim sittenstrengsten Zuhörer keinen Anstoß erregen. Da aber auch die unmoralischste Geschichte moralischen Nutzen zu stiften vermag, ist zu hoffen, daß die Moral den sittlichen Ernst auch da erhält, wo der Ablauf der Geschichte ihn ins Wanken bringt. Um den Verlauf eines sündhaft verbrachten, aber bußfertig beendeten Lebens wiederzugeben, ist es nötig, die schlimmen Abschnitte vollkommen wahrheitsgetreu zu erzählen, so daß sich die Phase der Buße glanzvoll abhebt. Sie tritt dann am besten hervor, wenn sie mit gleichem Feuer und gleicher Wahrheitsliebe erzählt wird.«

Defoe irrt, wenn er Molls Reue für ebenso bedeutsam erachtet
wie ihre Vergehen. Allerdings ist sein Roman ganz anders als
Clelands anzügliche *Fanny Hill*, die wahrscheinlich auf ähnlichen, der Wirklichkeit entnommenen Lebensgeschichten beruht. Wie mir scheint, besteht eine Kluft nicht so sehr zwischen
Defoes vorgeblicher Moralität und seiner verdeckten Neigung
zur Unmoral, als vielmehr zwischen Verbrechen, Strafe und
Reue in seiner Erzählung einerseits und dem allgemeinen mora-
lischen Wertesystem, auf das er sich berufen muß, andererseits.
Nicht das gerechte Ende der Erzählung verhindert, daß *Moll
Flanders* zu einem pornographischen Monument der Boshaftig-
keit wird, sondern vielmehr die Tatsache, daß Moll, obwohl
Diebin und Hure, ein »guter Mensch« ist und daß sie als
Ehegattin und Geldspekulantin gleichermaßen gut und böse ist.
Es geht um die Frage, wie ähnlich sich die Verbrechen und die
Gesetze gegen sie sind, in welchem Grade die »feine Gesell-
schaft« und ihr Bodensatz einander gleichen.
Das Argument wird klarer, wenn wir eine konkrete Frage
stellen: Wer waren denn zur Zeit Defoes die Verbrecher? Um
sie zu beantworten, möchte ich nochmals aus den anregenden
Interpretationen von E. P. Thompson zitieren. Er untersucht
bestimmte gesellschaftliche und politische Entwicklungen in
England zur Zeit des Hauses Hannover und meldet einige
wichtige Vorbehalte an:

»[...] da heutzutage sich viele Leute daranmachen, die Geschichte der
Kriminalität zu schreiben [...], soll diese Gelegenheit genutzt werden,
um einen Einwand gegen die Kategorien ›Bande‹ [gang] und ›kriminelle Subkultur‹ zu erheben. Hier verbindet sich ein Vorurteil des 18.
Jahrhunderts mit dem anachronistischen Gebrauch der (unangemesse-
nen) Terminologie einer gewissen Kriminologie des 20. Jahrhunderts.
So beschreibt z. B. Rogers [eine Hinrichtung durch Erhängen] als
›ungewöhnlich vollständiges Bild der kriminellen Subkultur des geor-
gianischen England‹. Bedauerlich an dieser Darstellung ist, ebenso wie
an vielen anderen, daß sie nichts dergleichen sind; es sind ganz einfach
Berichte über die gewöhnliche, alltägliche Kultur des plebejischen
England – Aufzeichnungen über das Leben unauffälliger Menschen,
die sich von ihren Nachbarn höchstens dadurch unterscheiden, daß sie
durch einen unglücklichen Zufall oder durch noch unglücklichere

Urteile in die Mühlen der Justiz gerieten [...]. Wenn dies eine ›kriminelle Subkultur‹ sein soll, dann fällt das gesamte plebejische England unter diese Kategorie.«[3]

Was die heutigen Kriminologen »Subkultur« nennen, bezeichnete die Obrigkeit des 18. Jahrhunderts als »Banden«. Wie Thompson ferner anmerkt, gab es zwar tatsächlich einige Banden, aber die pauschale Verwendung dieses Begriffs in diesem Zusammenhang ist irreführend.

Ebenso pauschal werden Defoes *Moll Flanders* und *Roxana* zu Romanen über die kriminelle Subkultur erklärt. Wie sollen wir nun aber Moll im Lichte von Thompsons Kritik deuten? War sie eine Verbrecherin, oder geriet sie nur durch Zufall in die Mühlen eines gespenstisch repressiven Justizsystems, gemeinsam mit vielen anderen unglücklichen Leuten des plebejischen England?

Im 17. Jahrhundert wurden Menschen häufig wegen religiöser oder politischer Meinungen verurteilt. Wie wir gesehen haben, änderte sich die Situation zu Beginn des 18. Jahrhunderts. Ich vermute, daß die Verwirrung über die Frage von Molls Kriminalität ziemlich genau der Verwirrung entspricht, in der die damalige englische Gesellschaft steckte – eine chaotische Gesellschaft, in der die Strafe oft eklatant brutaler als das Vergehen war. Unsere Auflösung der Frage mag ein Hinweis darauf sein, weshalb *Moll Flanders* eine zeitgenössische Dokumentarfiktion und zugleich ein Roman mit einer umfassenden allgemeinen Botschaft sei.

Es gibt Belege dafür, daß Defoe sein Porträt der Moll Flanders auf eine reale Person oder mehrere Personen stützte, die er selbst gekannt oder von denen er Nachrichten aus erster Hand hatte. Wer dieses Vorbild war, bildet seit der Veröffentlichung des Romans den Gegenstand von Spekulationen (ausgelöst durch Defoes Erzählstil). In jüngerer Zeit hat Gerald Howson dazu plausible Vermutungen angestellt.[4] Defoe war persönlich und durch seine journalistische Arbeit mit dem Gefängnis von Newgate und seinen Insassen vertraut. 1721 hatte er dort regelmäßig einen Freund besucht, und diese Besuche hätten ihm ausreichend Gelegenheit geboten, mit einer der dort inhaftierten Frauen zu sprechen: Moll King. Moll King war einer der Decknamen von Mary Godson, einer bekannten Diebin. Nachdem sie Defoe mit ihrer Lebensgeschichte bekannt gemacht hatte, konnte Moll King ihm sehr wohl die Abenteuer ihrer Freundin »Calico Sara« erzählt haben, einer Diebin und Hure mit einer äußerst bunten Biographie. Das Wort »Calico« [»Kattun«] bedeutet geschmuggelte Seide und hat Defoe vielleicht auf den Namen »Flanders« gebracht – »Flanders« bedeutet flämische Spitzen, die gewöhnlich ebenfalls Schmuggelware gewesen sind. Howson zufolge ist es »wahrscheinlich, daß Defoe die zum Tode verurteilte Moll King als geeignete Figur eines Pamphlets über Kriminalität aufsuchte [...]. Nach ihrer Begnadigung erwuchs aus dem Pamphlet der Roman, in England der erste seiner Art.«[5]

Irgendwann arbeiteten, so steht zu vermuten, sowohl Moll King als auch Kattun-Sara für den Bandenführer Jonathan Wild und wurden schließlich von diesem belastet. Jonathan Wild war freilich kein Repräsentant des plebejischen England, sondern ein Berufsverbrecher und die Leitfigur einer offenkundigen Subkultur. Aber auch hier, wo es um die Definition einer echten Bande geht, sollten wir Thompsons Warnungen beachten:

»Die Kategorien ›Bande‹ [›gang‹] und ›Subkultur‹ [›subculture‹] ließen sich vielleicht dann wieder in ihr altes Recht einsetzen, wenn sie mit größerer Vorsicht auf bestimmte Aktivitäten in London, in den großen Häfen und auf den größeren Messen angewandt werden, wo bestimmte kriminelle Vorgehensweisen professionalisiert und institutionalisiert wurden. Wir untersuchen hier jedoch weniger die ›Subkultur‹ (die typischen Haltungen und Fertigkeiten, die in Familien und in den Gefängnissen weitergegeben wurden, und das einschlägige Gruppenvokabular), als die dieser Subkultur zugrundeliegende Infrastruktur, d. h. im engeren Sinne die Hehler, Bordelle und Zuhälter, die Auftraggeber der Taschendiebe, die Polizei oder Dieb-Fänger, die in einträglicher Symbiose mit diesen Auftraggebern lebten, die ›Zufluchts-Häuser‹, usw.«[6]

Moll King hat vielleicht für Jonathan Wild gearbeitet und ist dadurch Bandenangehörige geworden. Sollte Defoe sie zum

Vorbild genommen haben, so nicht, um das Verbrechen zu dokumentieren, sondern den Alltag. Die fiktive Moll Flanders ist – ebenso wie Moll King – eine professionelle Diebin, die gelegentlich mit anderen Dieben zusammenarbeitet (obwohl sie dies nicht gerne tut). Dennoch legt Defoe keinerlei Gewicht auf die professionelle Ausübung ihres Gewerbes (außer daß er sie ihre Könnerschaft rühmen läßt). Moll stiehlt und prostituiert sich aus einem einzigen Grund: sie ist arm. Sie fleht geradezu, von der Armut verschont zu bleiben, um nicht stehlen zu müssen; die Aussicht, Hungers zu sterben, verhärtet ihr Herz: »Ich sehnte mich nach gesicherten Lebensverhältnissen; wäre ich zufällig einem redlichen guten Manne begegnet, der mich zur Ehe begehrte, so wäre ich ihm die treueste Frau gewesen, die Tugend in eigener Person. Daß es nicht immer so war, hatte seine Ursache nicht im Hang zum Bösen, sondern in der bittersten Not.«

Wenn wir annehmen, daß Defoe, wie es den Anschein hat, seine Beispiele von Frauen nahm, die für Jonathan Wild arbeiteten, dann hätte er seine Geschichte unschwer zum Aufriß einer wirklichen kriminellen Subkultur entfalten können, was er jedoch nicht tat. Wie Thompsons Studie beweist, ist es einigermaßen schwierig, zwischen einer Verbrecherschicht und der plebejischen Realität Englands eine Grenze zu ziehen. Moll Flanders ist sowohl Kriminelle wie plebejische Heldin; diese Verbindung ist minder plausibel, als die Unterscheidung zwischen beiden unplausibel ist.

Es ist also nicht so, daß Defoe ungewöhnlich hellsichtig wäre und durch die oberflächlichen Unterschiede hindurch die Ähnlichkeit zwischen dem erkennen könnte, was Arnold Kettle mit einer Shakespeareschen Wendung als »fair and foul« [redlich und unredlich; gut und böse] bezeichnete, zwischen Gerechtigkeit und Ungerechtigkeit; vielmehr ist es so, daß die Epoche, in der er lebt, selbst noch darum kämpft, sich vom Unterschied zu überzeugen. Defoe schreibt von einer Zeit, in der Moll als Ehefrau und Moll als Hure, Moll als Kleinkapitalistin und Moll als Diebin in höchst stimmiger Weise ein und dieselbe Person sind: Moll ist überzeugend eine relativ gute Frau, die

aus Not in relativ »böse« oder »schlechte« Handlungen verwickelt wird. Wäre sie in bessere gesellschaftliche Verhältnisse
hineingeboren worden, hätte sie mit gleicher Wahrscheinlichkeit eine bösartige oder schlechte Frau werden können, die in
»gute« Handlungen verwickelt worden wäre. In einem Jahrzehnt, das den Diebstahl eines Taschentuchs oder eines Schöß-
lings mit der Todesstrafe bedrohte, sind ›gut‹ und ›schlecht‹,
›redlich‹ und ›unredlich‹ keine Widersprüche, sondern Bettge-
nossen, deren Nachbarschaft zu übersehen freilich erst den
Historikern gelungen ist.

Es gibt ein weiteres Thema des Romans, das diese Nachbarschaft verdeutlicht, wie sie sich in Molls Leben auswirkte: Was
bedeutete es, eine »vornehme Frau« [gentle-woman] zu sein?
Als achtjähriges Mädchen sagt Moll zu ihrer Pflegemutter, daß
sie nicht zu fremden Leuten in Stellung gehen möchte. Mehrere
wohlhabende Besucher sind anwesend, als Moll darauf beharrt, es in ihrem Leben zu einer »feinen Dame« bringen zu
wollen. Um sie zu ärgern, nennt man sie »vornehmes Dämchen«:

»Zuletzt stellte sich noch heraus, daß meine gute, alte Pflegemutter
sowie die Frau Bürgermeisterin und alle andern mich gänzlich mißverstanden hatten, daß der Ausdruck ›feine Dame‹ [gentlewoman] für sie
etwas ganz anderes bedeutete als für mich. Ich verstand darunter
jemanden, der durch Heimarbeit seinen eignen Unterhalt verdiente
und nicht bei fremden Leuten in Stellung ging, für die andern aber war
es jemand, der ein Leben in Glanz und Reichtum führte.

Als die Frau Bürgermeisterin schon wieder fort war, kamen ihre zwei
Töchter herein und wollten auch das ›Dämchen‹ sehn. Sie unterhielten
sich lange mit mir und hatten ihren Spaß an meinen kindlichen
Antworten. Um mich zu necken, fragten sie mich, ob ich denn
unbedingt eine Dame werden wolle; natürlich erwiderte ich sofort ja.
Als sie mich aber zuletzt fragten, was ich mir denn unter einer feinen
Dame vorstellte, kam ich arg in Verlegenheit. Ich überlegte lange und
sagte schließlich: ›Eine feine Dame braucht keine Stellung bei fremden
Leuten anzunehmen und Hausarbeit für sie zu machen.‹ Meine Antwort ergötzte die beiden sehr; mein kindliches Geplauder machte
anscheinend auch ihnen so viel Spaß, daß sie mir beim Abschied
ebenfalls Geld schenkten.

Das Geld gab ich sogleich meiner Pflegemutter und versprach ihr

nochmals, auch späterhin auf Heller und Pfennig alles an sie abzulie-
fern, was ich als ›Dame‹ verdiente, genau wie jetzt. Aus diesen und
ähnlichen Reden merkte sie endlich, daß eine ›Dame‹ in meiner
Vorstellung nichts anderes war als eine Frau, die sich durch selbstän-
dige Arbeit ihr Brot verdiente. Und als sie mich fragte, ob ich es so
gemeint hätte, sagte ich natürlich ja. ›Sie kennen doch auch Frau ...‹,
fuhr ich fort und nannte ihr eine einfache Frau, die Spitzen ausbesserte
und Spitzenhauben wusch, ›die ist eine richtige feine Dame, drum wird
sie auch von allen Madam genannt.‹

›Du armes Kind‹, sagte meine Pflegemutter, ›so eine feine Dame wird
man nur zu leicht. Hüte dich davor, daß es dir nicht einmal so geht wie
ihr; sie hat zwei uneheliche Kinder und einen ganz üblen Ruf.‹«

In Molls turbulenter Gesellschaft ist eine Dame entweder eine
Angehörige des wohlhabenden Kleinadels oder eine Hure – die
Extreme der gesellschaftlichen Skala berühren sich und werden
(heute noch) durch den Titel »Madam« veranschaulicht.

Um 1850 gelten die Delikte, die Moll begeht, für ewig sündhaft, und ihre Reue erscheint nunmehr als ein Zustand der
Gnade, in den ein gefüllter Bauch versetzt. Moll stiehlt, weil sie
arm ist, und sie führt ein anständiges Leben, weil sie wohlhabend ist. Ihre Vergehen gegen das Eigentum sind gesellschaftlich noch nicht so verinnerlicht, daß sie bereits Bestandteil
unbewußter kollektiver Vorstellungen geworden sind und als
gleichrangig mit religiösen Sünden erscheinen.

Vielleicht läßt sich dieser Sachverhalt klarer fassen, wenn wir
die Fälle im Roman betrachten, wo Defoe durch Moll tatsächlich jene Abscheu vermittelt, von der er uns glauben machen
will, daß er sie bei allen Vergehen Molls empfinde. Meines
Erachtens handelt es sich bei diesen Fällen um den Inzest und
den Mord. Die Bedeutung von Molls tatsächlicher inzestuöser
Ehe läßt sich bereits an ihrer Reaktion auf den Heiratsantrag
von Robin, dem jüngeren Bruder ihres ersten Liebhabers, ablesen. Die Aussicht auf die von ihr als höchst unnatürlich angese-
hene Verbindung macht sie sterbenskrank, und selbst nachdem
sie genesen ist, der Verbindung zugestimmt hat und einige
Jahre verheiratet ist, denkt sie darüber immer noch so: »Nie lag
ich in Robins Armen, ohne mit Sehnsucht an den Bruder und
an mein verlorenes Glück zu denken. Obgleich dieser Bruder

nach der Heirat nie die leiseste Annäherung versuchte, sondern
sich ganz so betrug, wie es einem Schwager zukam, war es mir
dennoch völlig unmöglich, meiner Liebe ganz Herr zu werden.
Ich beging in Gedanken täglich Ehebruch, und das war mindestens ebenso schlimm als wenn ich es wirklich getan hätte.« Als
sie in Virginia entdeckt, daß sie unwissentlich den eigenen
Bruder geheiratet hat (in Wirklichkeit ist er ein Halbbruder), ist
ihre Abscheu überwältigend. Nach exzessiven Wutausbrüchen
verfällt ihr Bruder/Gatte in einen Zustand vorzeitiger seniler
Demenz – Defoes Metapher für den widernatürlichen Ehestand
des Mannes. Doch im Gegensatz zu ihrem Ehemann ist Moll
sogar der Gedanke zuwider, die Angelegenheit verborgen zu
halten:

»Ich war die unglücklichste Frau der Welt. Ach, hätte ich doch diese
Geschichte nie gehört! Dann wäre alles gut gewesen. Dann hätte ich
nicht geahnt, daß meine Ehe ein Verbrechen war. [...] Ich hegte sogar
Befürchtungen, daß ich es eines Tages im Schlaf ausplaudern würde
und mein Gatte das Schreckliche auf diese Weise erfuhr. Wenn er es
wußte, war er für mich verloren; er wäre viel zu rechtschaffen
gewesen, um eine verbrecherische Ehe fortzusetzen. [...] Da das
Entsetzliche nun nicht mehr wegzuleugnen war, lebte ich also – nach
außen hin eine ehrenhafte, anständige Frau – in Unzucht und offener
Blutschande. Der Gedanke an das Verbrechen, das ich damit beging,
rührte mich wenig, doch die Sache als solche erschien mir so widerna-
türlich, daß mich Abscheu gegen meinen Mann erfüllte.«

»Ich war meinem Gatten völlig entfremdet; als Ehemann haßte ich ihn
tödlich und brachte es nicht fertig, den Widerwillen, den ich empfand,
zu überwinden. Dazu kam das Bewußtsein, in einer ungesetzlichen,
blutschänderischen Ehe zu leben, so daß mir das Zusammensein mit
ihm zur Qual wurde. Meine Abneigung hatte bald einen solchen Grad
erreicht, daß ich wahrhaftig lieber einen Hund umarmt als seine
Zärtlichkeiten ertragen hätte. Der Gedanke, in einem Bett mit ihm
liegen zu müssen, widerte mich an.«

Ebenso verhält es sich mit dem Mord. Trotz der Gewalt in ihrer
Umwelt und obwohl sie es bisweilen zum Äußersten treiben
muß, um ihr Überleben zu gewährleisten, sind weder Moll
noch ihr Straßenräuber-Gatte Jemmy – soweit uns bekannt

ist — jemals in einen Mord verwickelt. In der Tat ist beispielsweise die Abtreibung für sie so schockierend, wie es das Stehlen
niemals ist: »Schließlich wurde ich auch noch krank, und die
trübselige Stimmung, in der ich mich befand, verschlimmerte
das Übel. Obwohl es nur ein Fieber war, mußte ich eine
Frühgeburt befürchten. Ich dürfte eigentlich nicht sagen ›befürchten‹; denn ich wäre wirklich froh gewesen, wenn es so
gekommen wäre. Dennoch kam es mir nie in den Sinn, dies
absichtlich herbeizuführen, der bloße Gedanke erfüllte mich
mit Abscheu.«

In einer Gesellschaft, die den Wert einer Person geringer ach-
tete als einen Teelöffel, erlangte das Leben des ungeborenen
Foetus eine denkwürdige Bedeutung. Eine Frau wie Molls
Mutter zum Beispiel konnte dem Galgen entgehen, indem sie
ihre Schwangerschaft geltend machte (vermutlich wurden solche Frauen oft von Männern geschwängert, die daraus einen
Beruf machten). In einer Gesellschaft, in der viele der Mächti-
gen eine wachsende Arbeiterbevölkerung wünschten, scheint
die einzige natürliche Beziehung, die unantastbar war, diejenige
zwischen einer Mutter und ihrem ungeborenen oder neugebo-
renen Kind gewesen zu sein. Moll kann ihr Kind bald zur
Adoption freigeben; eine Frau, die wegen ihrer Schwangerschaft nicht gehängt wurde, konnte hingerichtet werden, sobald das Kind sechs Monate alt war.

In sexueller Hinsicht war diese Gesellschaft offensichtlich lax
und schätzte das menschliche Leben nicht hoch ein. Unter
solchen Bedingungen, bevor die neuen Moralkodizes zum
Schutze des Eigentums so weit befestigt waren, daß sie als
natürlich erschienen, mußten Denker wie Defoe, wenn sie auf
gesichertem Grund argumentieren wollten, bewußt oder unbewußt auf diejenigen gesellschaftlichen Verbrechen zurückgrei-
fen, die stets als Sünden wider die Natur verstanden wurden:
eine bestimmte Art von Mord und der Inzest. Thompson
schreibt: »Das politische Leben in England um 1720 hatte
etwas vom Krankheitscharakter einer ›Bananenrepublik‹«, und
so war es tatsächlich. Doch selbst in diesem Zustand überhand-
nehmender Korruption mußten einige Handlungen noch als

Exzesse wirken. Daß einzig die Abtreibung als widernatürlicher
Mord galt, ist nicht nur ein Beweis für den gesellschaftlichen
Charakter des Verbrechens, sondern vielleicht auch ein Grad-
messer menschlicher Verzweiflung, wenn man die Lynchmorde
des Mobs und die Hinrichtungen in Newgate betrachtet.

Moll ist also eine Verbrecherin und eine plebejische Heldin –
was fast dasselbe ist. Am Ende ist sie eine wohlhabende Frau,
die es aus eigenen Kräften zu etwas gebracht hat. Arnold Kettle
nennt dies den Sprung in die gesellschaftliche Angepaßtheit.
Das mag zwar zutreffen, ist aber weder Defoes Botschaft noch
der Eindruck, den der Roman bei uns hinterläßt. Moll ist eine
Heldin, weil sie den Mut hat, erfolgreich zu sein, zu wissen,
was sie will, und das Notwendige dafür zu tun. Im Zusammenhang ihres Zeitalters muß Erfolg für jede Frau bedeutet haben,
bürgerlich und reich zu werden. Der Kapitalismus hatte sich
in England auf eine Konstellation hin entwickelt, in der es
eine städtische Mittelschicht und eine wachsende städtische
Plebejerschicht gab – noch hatte sich eine industrielle Arbeiterklasse mit entsprechendem Klassenbewußtsein nicht her-
ausgebildet. Jeder, der bei Verstand war und kein Plebejer
bleiben wollte – was leicht bedeuten konnte, als Verbrecher
gehängt zu werden –, strebte danach, ein Bürgerlicher zu
werden. Dieses Streben ist selbst für unseren Gesellschaftstypus noch zentral (was für die damit verbundene Mobilität
nicht mehr gilt), und deshalb affiziert Moll nach wie vor
unsere Wünsche und Empfindungen. Die kulturelle Fiktion,
die sie verkörpert, schwelt fort.

Damit kommen wir vielleicht der Frage näher, warum *Moll
Flanders* ein zeitgenössisches realistisches Dokument ist und
zugleich einen zeitlosen Reiz ausübt. Rousseau erblickte in
Defoes Gestalten die Grundmuster der Humanität. Coleridge
faßte die Empfindungen vieler romantischer Schriftsteller zusammen, als er sagte: »Wer mich meine *besondere* Klasse,
meinen Charakter und meine Umstände vergessen läßt, erhebt
mich zum allgemeinen Menschen. Genau dies ist Defoes Größe.
Wer ihn liest, wird zum Menschen.«[7] Und Virginia Woolf
rühmte die weibliche »Personalität« der Moll Flanders; Defoe

habe den Leser sehen gelehrt. Insofern Moll Flanders in ihrem Mut und mit ihrer Entschlossenheit den Vorsatz bekräftigt, für sich selbst das Beste zu erreichen, der seit dreihundert Jahren zum Kernbestand der Ideologie unserer Gesellschaft gehört, erscheint sie auch uns als Paradigma. Moll ist die Inkarnation der kapitalistischen Frau zu einem Zeitpunkt, da die ideologische Spannung zwischen dem Bewußtsein, daß alles neu zu machen sei, und der Anstrengung, alles auf Dauer zu stellen, den Alltag bestimmte. Die Einschätzungen der Ehe und der Prostitution sind Beispiele dafür.

Prostitution und Diebstahl sind Aktivitäten, die man in der neuen Gesellschaft betreibt, wenn man entweder nicht vorteilhaft heiraten kann oder wenn man kein Kapital zur Verfügung hat. Ehefrau und Hure, Diebin und Kapitalistin sind nur verschiedene Ausdrücke eines einheitlichen individuellen und kollektiven Begehrens. Für Defoes Gesellschaft ist gerade der bruchlose Übergang vom einen zum andern Handlungsmuster kennzeichnend. Prostitution und Diebstahl verhalten sich zu Ehe und Geldanlage notwendig proportional. Moll teilt den Raub und die Geldgeschäfte mit den Männern ihrer Gesellschaft. Das Bedürfnis, aus ökonomischen Gründen zu heiraten oder sich zu prostituieren, ist die Übersetzung dieses Sachverhalts in die Sprache der weiblichen Existenz. In der Schilderung der neuen Formen vertraglicher Eheschließung stimmt Defoe mit anderen Autoren seiner Epoche überein. Für beide Geschlechter ist die Ehe hauptsächlich eine ökonomische Institution, und Moll ist deshalb eine Heldin, weil sie im Unterschied zur Mehrheit ihres Geschlechts den Männern bei dem Handel nicht den Vortritt läßt:

»Ich stand jetzt anders da als früher, ich hatte Geld in der Tasche und brauchte niemandem gute Worte zu geben. Einmal war ich auf den Betrug, den man Liebe nennt, hereingefallen, aber diese Zeiten waren vorbei; ich war entschlossen, mich zu verheiraten und zwar, mich gut zu verheiraten oder gar nicht.«

Defoe vertrat die Ansicht, die Frauen sollten eine Ausbildung erhalten und die Möglichkeit haben, Geschäfte zu tätigen wie

die Männer. In dieser Hinsicht war er ein Befürworter der
Ansprüche auf sexuelle Gleichheit, die seit der Mitte des 17.
Jahrhunderts erhoben worden waren. Er registrierte aber auch
aufmerksam, daß für die Frauen die Ehe eine Durchgangs-
station war auf dem Weg zu wirtschaftlicher Sicherheit. Moll
ist die Agentin von Defoes eigentümlichem Feminismus: seiner
Vorstellung, daß jeder Mensch, der seine Energie zu gebrauchen versteht, Anrecht auf Gewinn hat, wenn er nur dafür
kämpft. Deshalb hält ein Kritiker wie Ian Watt Moll für
»männlich«.[8] Sie ist, in der Tat, eine Frau, die in ihren ökonomischen Ambitionen und damit in ihrem Unabhängigkeitsstre-
ben dem Manne gleichkommt. Defoes Realismus schließt freilich ein, daß Moll sehr wohl weiß, daß sie eine Frau ist, und
daß – selbst dann, wenn ihr Leben diesen Umstand nicht
umfassend verdeutlicht – für eine strebsame Frau die Haupt-
straße zum Erfolg die Ehe mit der damit verbundenen wirtschaftlichen Solvenz ist:

»Ich hatte leider gar keine Bekannten, das war schlimm für mich,
denn dadurch fehlte es mir an einem Berater, den ich in meine
Vermögensverhältnisse einweihen konnte. Die Erfahrung hatte mich
gelehrt, wie schlimm es für eine Frau ist, wenn sie keine Freunde
hat, fast ebenso schlimm wie Armut und bitterste Not. Ich sage
absichtlich für eine Frau, denn Männer wissen sich meist selbst zu
helfen und können auf Ratschläge von andern verzichten. Sie verstehen es besser als Frauen, Schwierigkeiten zu überwinden und Ge-
schäftliches zu erledigen.«

Eine der revolutionären Ideologien, die den Puritanismus be-
gleiteten, besagt, im Angesicht Gottes seien alle Menschen
gleich, und dazu gehöre die Gleichheit von Mann und Frau.
Moll Flanders repräsentiert nicht nur diese Vorstellung, sondern auch die Tatsache, daß die gesellschaftliche Wirklichkeit
davon stets stark abwich. Zwar waren alle Menschen gleich,
einige jedoch waren gleicher als andere.[9] Die Männer waren
sicherlich gleicher als die Frauen: »Er allein für den Markt, sie
für den Markt durch ihn.« Moll ist eine kapitalistische Frau im
heroischen Augenblick.
Molls Ehemann aus Lancashire, Jemmy, war zu vornehm, um

seine Hände mit Alltagsarbeit zu beschmutzen; er zog es vor, seine Zeit mit der Jagd in den amerikanischen Wäldern zu verbringen: »Der Fall war klar: er war als vornehmer Mann [gentleman] erzogen worden und hatte nicht arbeiten gelernt. Wenn wir erst einmal Fuß gefaßt hatten, würde er lieber mit der Flinte in den Wäldern herumstreifen, was sie dort Jagd nennen und *was die gewöhnliche Arbeit der Indianer ist*, die sie als Diener leisten; ich meine, er würde dies viel lieber tun, als den natürlichen Geschäften auf seiner Plantage nachzugehen.« Ebenso wie bei der »Madam«, die zugleich Dame und Hure ist, liegt die Ironie hier darin, daß Jemmys Gewohnheiten als vornehmer Mann gleichzeitig die der untersten Gesellschaftsgruppe – der amerikanischen Indianer – sind. Oben und Unten berühren sich in einer Gesellschaft, die noch immer den Weg sucht, ihre »mittlere« Gruppe als oberste erscheinen zu lassen. In der Zwischenzeit ahmt der neue herrschende Mann in höchst unangemessener Weise den alten nach. Defoe hätte seinem Zeitgenossen, dem Schriftsteller Sir Richard Steele, sicherlich zugestimmt: »Wir Kaufleute sind eine Art von Gentry, die eben erst in diesem Jahrhundert in dieser Welt Fuß gefaßt haben.«[10] Die Wirklichkeit des neuen herrschenden Mittelschicht-Mannes kommt am besten zum Ausdruck in den Überlegungen, die Moll über den Vater ihres ersten Liebhabers und ersten Ehemannes anstellt. Er überläßt die Familienangelegenheiten seiner Ehefrau, weil er zu beschäftigt ist: »Auf einen Einspruch des Vaters war nicht zu rechnen. Er war Geschäftsmann mit Leib und Seele, stand mitten im öffentlichen Leben und kam selten nach Hause. Seine kaufmännischen Interessen nahmen ihn so in Anspruch, daß er es seiner Frau überließ, derartige Familienangelegenheiten zu regeln.« Um den Status der alten Oberschicht antreten zu können, mußte die neue Bourgeoisie zwar aus lauter vornehmen Männern bestehen, aber deren geschäftliche Unternehmungen und die harte Arbeit standen in einem eklatanten Gegensatz zum überkommenen Bild des feudalen Edelmanns. Einen »eigenen vornehmen Mann« hatte die Mittelschicht noch nicht hervorgebracht, und wie schwierig der Übergang war, dafür legt Defoe Zeugnis ab.

Wie kann man die Vorstellungswelt der herrschenden Schicht
(oder jeder anderen Schicht) bewahren (bzw. umwandeln),
wenn man die gesellschaftliche Grundlage verändert, auf der
sie beruht? Die neue Definition des vornehmen Mannes darf
nicht als neue erscheinen. Defoe selbst ist jedoch dem revolutionären Augenblick zu nahe, als daß er den Übergang hätte
vollenden können – sein neuer »vornehmer Mann-Kauf-
mann« [gentleman-tradesman] kann noch keinen allgemeinen
Status beanspruchen. Defoe glaubt nicht, wie später das
neunzehnte Jahrhundert, daß die vornehmen Männer über
Zeit und Raum hin dieselben bleiben. Den neuen vornehmen
Herrn-Kaufmann, der die herrschende Gesellschaftsschicht
auf der kapitalistischen Stufe seiner Zeit repräsentieren sollte,
nennt Defoe »ein amphibisches Geschöpf, ein Wasserlandwe-
sen«. Das heißt, er stellt sich der Tatsache, daß die geschichtlichen Bedingungen seiner Zeit besondere sind, und bemüht
sich, sie auf eine stichhaltige Weise zu illuminieren. Er
kämpft nicht um Universalität, wie zum Beispiel Swift, sondern stellt seine Geschichte ins vergangene Jahrhundert, womit er implizit vorgibt, seine eigene, unruhige Zeit zugleich
gebannt und hinter sich gelassen zu haben. Es ist nun freilich
gerade ein Beweis für Defoes Fähigkeiten, daß ihm dieses
Unternehmen der »Distanzierung« nur halb gelingt. Der
1722 veröffentlichte Roman *Moll Flanders* ist ein historischer
Roman; er schließt mit den Worten: »Geschrieben im Jahr
1683.« Obwohl diese Datierung vermutlich ein Teil jener
Maskierung sein sollte, mit der er die Identität seiner Figuren
und der Ereignisse zu verbergen trachtete, ist sie höchst be-
redt und aufschlußreich. Wenn wir sie der Schilderung der
Hauptfigur angleichen, gewinnt sie eine neue Bedeutung. Sie
verweist auf die Idee der Entwicklung.
Der Pilger in Bunyans *The Pilgrim's Progress* legt die Reise
seines Lebens als erwachsener Mann zurück. Defoe begründet
mit *Moll Flanders* eine neue Tradition, die zu einem Kennzeichen des englischen Romans werden sollte. Die Geschichte
Molls beginnt in ihrer Kindheit. Der Roman ist das Protokoll
ihrer Entwicklung. Was mit Moll als reifer Frau geschieht, wer

sie als Frau überhaupt ist, das hängt von den Bedingungen ihrer Geburt, ihrer (frühen) Kindheit und ihrer Adoleszenz ab. Das Kind ist die Mutter für die Frau. So wie für den Begriff der Sozialgeschichte ist auch für den Begriff der individuellen Lebensgeschichte der Evolutionsgedanke eine *conditio sine qua non*. Defoes geschichtliche Vorstellung von Zeit und Person ist sowohl vorwärts als auch rückwärts orientiert. Darin stimmt sie mit der Vorstellung überein, die für die Ideologie des Kapitalismus zentral ist: Der Kapitalismus entspringt nicht einem Gesellschaftstypus, der, wie viele andere, seine Existenzbedingung in der Stabilität findet; er findet sie in der Expansion und im Wachstum.

Defoes Realismus ist dem gesellschaftlichen Realismus vergleichbar, der in Rußland um 1920 entstand. Robinson Crusoe und Moll Flanders sind für den bürgerlichen Kapitalismus das, was die Arbeiterbildnisse für die unmittelbar nachrevolutionäre Sowjetunion waren: Ankündigungen eines historisch spezifischen Anspruchs auf Allgemeinheit, eines Lebensentwurfs, kurz, eines neuen heroischen Mythos.

Anmerkungen

Sturmhöhe: Romantik und Rationalität

1 [Zitiert wird nach der deutschen Neuübersetzung: Emily Brontë, *Sturmhöhe*. Aus dem Englischen übersetzt mit einem Nachwort von Ingrid Rein, Stuttgart 1986. Die am leichtesten zugängliche englische Textausgabe ist Emily Brontë, *Wuthering Heights*. Edited by David Daiches, Harmondsworth 1985 (Penguin Classics) (nach dem Text der Erstausgabe von 1847). Leser, die mit dem Romanpersonal nicht vertraut sind, können sich an der »Ahnentafel« auf der Seite 155 orientieren.
Für eine allgemeine Einführung in Leben und Werk der Geschwister Brontë vgl. Robert de Traz, *La famille Brontë*, Paris 1939, ²1983; deutsch: *Die Familie Brontë*, München 1984 (mit einem Beitrag von Mario Praz über William Wylers Verfilmung des Romans von 1939), besonders S. 142-153: *Emily Brontë*, S. 153-166: *Wuthering Heights. A.d.Ü.*]
2 »Three Gods within this little frame
. Are warring night and day

Heaven could not hold them all, and yet
They are held in me
And must be mine till I forget
My present entity.«
Aus: *The Complete Poems of Emily Brontë*, edited by C. W. Hatfield (1941), No. A 27, S. 220.

Richard Feverel: eine Erziehung des Gefühls

1 [Zitiert wird nach George Meredith, *Richard Feverel. Eine Geschichte von Vater und Sohn*. Aus dem Englischen übertragen von Richard Kraushaar, Zürich 1961; Juliet Mitchell benutzte den Nachdruck der Erstausgabe (1859): *The Ordeal of Richard Feverel. A History of Father and Son*, New York 1950 (Modern Library). Kraushaar schreibt zur deutschen Übersetzung: »Der Roman liegt in mehreren Fassungen vor, da Meredith ihn mehrfach überarbeitete und kürzte, zuletzt 1896 für die Gesamtausgabe seiner Werke. Es ist bekannt, wie großzügig er dabei ganze Kapitel strich, spätere Anspielungen auf darin Enthaltenes aber stehen ließ, so daß sie unverständlich wurden. Ich habe mich in der vorliegenden Übersetzung im ganzen an die erste Ausgabe gehalten und nur sehr behutsam ein paar unklare Bemerkungen und Wucherungen beseitigt, mich aber nicht entschließen können, mit Meredith selber das großartige Porträt der Frau

Ahnentafel der Familien Earnshaw und Linton

Mr. Earnshaw	∞	Mrs. Earnshaw		Mr. Linton	∞	Mrs. Linton
† Okt. 1777		† Frühjahr 1773		† Herbst 1780		† Herbst 1780

Hindley ∞ Frances   Catherine ∞ Edgar   Heathcliff ∞ Isabella
1777   April   Jan.
                                 1783   1784

* Sommer │   * Sommer * 1762   * 1764 (?) │ * Ende
1757   │ * ?   1765   │ 1765
† Sept. │ † Ende   † 20. März † Sept.   † Mai 1802 │ † Juni
1784   │ 1778   1784   1801   │ 1797

Hareton   ∞   Catherine   ∞   Linton
          1. Jan. 1803   Aug. 1801
* Juni   * 20. März   * Sept.
1778   1784   1784
                                                       † Okt.
                                                        1801

(Quelle: Sanger, C. P., *The Structure of ›Wuthering Heights‹*, London 1926.) Abgedruckt in: *Sturmhöhe*, S. 437; Penguin-Ausgabe S. 16.

Grandison fallen zu lassen, die mit ihren acht Töchtern ein humoristisches Gegenbild zu Sir Austin darstellt.« Der Romananfang ist allerdings erheblich gekürzt. Zum zentralen Begriff »ordeal«, der im Titel von Kraushaars Übersetzung fehlt und im Text durchgängig mit »Prüfung« übersetzt ist, siehe die Anmerkung 4a. *A.d.Ü.*]
Meredith nahm für die Ausgabe von 1878 zahlreiche Kürzungen und einige wenige Ergänzungen vor. In der Hauptsache reduzierte er die ersten fünf Kapitel auf zwei und ließ Einzelheiten der Erziehung von Frau Grandisons Töchtern weg. Damit schwächte er die Bedeutung der Erziehung, des »Systems« und der »Ordalien« im Roman ab. Da mich aber genau diese Aspekte interessieren, habe ich die Ausgabe von 1859 benutzt, die 1950 in New York von der Modern Library nachgedruckt wurde. Die Kritik versuchte in ihrer Reaktion um 1859, den Sinn des Romans durch eine ausschließliche Konzentration auf das »System« zu entwirren; zweifellos als Antwort auf diese Kritik hat Meredith in der zweiten Auflage die Rolle des Systems abgeschwächt. Diese zweite Fassung wird zwar als in sich stimmiger empfunden, aber auch als elliptischer und schwerer verständlich.
2 Der Kritiker der *Times* schrieb, dies sei »eine Katastrophe, die aller dichterischen Gerechtigkeit Hohn spricht -- das ist weder die alte noch die wahre Verfahrensweise«. Diese Ansicht wird von späteren Kritikern wiederholt, z. B. J. Moffatt, *George Meredith: A Primer to his Novels* (1909).
3 So nennt z. B. J. W. Beach, *The Comic Spirit of George Meredith* (1911), den Roman eine *comédie manquée*, bei der die Idee des Komischen dunkel bleibe und das Interesse am Tragischen überhandnehme, wodurch er im Vergleich zu einer Komödie »veredelt« werde.

4 Joyce brachte für Meredith die Aufbauarbeit zu einer innerliterarischen
»Konversation« dadurch zum Abschluß, daß er den vorstehenden Aphoris-
mus im *Ulysses* zitierte: in der Ausgabe der Penguin Classics, Harmondsworth 1968, auf Seite 199. [In der deutschen Übersetzung von Hans
Wollschläger, Frankfurt a. M. ²1979, findet er sich auf S. 279. Der Aphoris-
mus lautet in der Originalversion: »Sentimentalists are they who seek to
enjoy Reality without incurring the Immense Debtorship for a thing done.«
Übersetzung Kraushaar: »Gefühlsmenschen wollen genießen, ohne die
ungeheure Verantwortung für das, was sie tun, auf sich zu nehmen.«
Übersetzung Wollschläger: »Ein Sentimentaler ist der, welcher genießen
will, ohne die ungeheure Schuldnerschaft für etwas Getanes auf sich zu
nehmen.« (Und in der Übersetzung von Georg Goyert: »Der Sentimentale
ist der, der genießen möchte, ohne die ungeheure Schuldnerschaft für etwas
Getanes auf sich zu nehmen.« dtv-Ausgabe 1966, Bd. 1. *A.d.Ü.*]

4a [Von den drei im *Kindler Literatur Lexikon* verzeichneten Übersetzungen
des Romans gibt nur eine den Titel vollständig wieder: die von Paul Greve,
erschienen 1904 in Minden: *Richard Feverels Prüfung. Die Geschichte
eines Vaters und eines Sohnes.* Kraushaar übersetzt »ordeal« durchgängig
mit »Prüfung«. Da der Bedeutungs- und Funktionswandel des »Ordeal« ein
zentrales Thema des Romans ist – wie Juliet Mitchell betont –, werden hier
einige Informationen zur Bedeutung und Geschichte des Wortes angeführt:
»Prüfung« im Sinne von »Schicksalsprüfung« ist nur ein Aspekt (Ver-
gleichsbeispiel: »das Erdenleben ist die Zeit der Prüfung«, Theodor Körner,
in: J. u. W. Grimm, *Deutsches Wörterbuch*, Art. ›Prüfung‹); die Mischung
von Rationalität (Urteil) und Irrationalität (Verhängnis), wie sie im Roman
vorkommt, geht auf die juristisch-theologische Bedeutung von *Ordeal* als
Gottesurteil oder Gottesgericht zurück:
»*Gottesurteil, Gottesgericht,* angelsächs. *Ordal,* Urteil über Schuld oder
Unschuld einer Person durch ein auf Gott zurückgeführtes äußeres Zeichen.
Das G. wurde als prozessuales Beweismittel benutzt, wenn der Beweis
durch Zeugen versagte. Im german. Recht unterschied man: 1) die Ent-
scheidung durch das Los *(Losordal)*; 2) die *Feuerprobe*, bei der der
Beschuldigte einen Gegenstand aus siedendem Wasser herausholen (Kessel-
fang) oder ein glühendes Eisen mit bloßer Hand tragen mußte (Eisenprobe).
Blieb er unverletzt, so war der Beweis seiner Unschuld erbracht; 3) die
Wasserprobe, bei der der gefesselte Angeklagte in fließendes Wasser gelassen wurde und durch Untersinken seine Unschuld bewies; schwamm er
aber auf dem Wasser, so galt er für schuldig (später als *Hexenprobe*
üblich); 4) der *Probebissen*, der angeblich einem Schuldigen im Halse
steckenblieb, in christlicher Umbildung die *Abendmahlsprobe*, wobei der
Genuß des Abendmahls für den Schuldigen Krankheit oder Tod zur Folge
haben sollte; 5) der Zweikampf *(Kampfordal)*; 6) die Kreuzprobe, wobei
von mehreren Streitenden der verloren hatte, der, vor ein Kreuz gestellt, den
ausgestreckten Arm zuerst sinken ließ; 7) das *Bahrgericht (Bahrrecht,
Blutprobe, Bahrprobe)*, das auf dem Glauben beruhte, daß die Wunde eines
Ermordeten von neuem blute, wenn der Mörder an seine Bahre geführt
werde.« (Brockhaus 1967)

Über den Zusammenhang »ordeal« – »Urteil«:
»*Urteil* ist von Oberdeutschland aus nordwärts gewandert. [...] Auch die Angelsachsen haben *Urteil* als *ordal* übernommen und dies erscheint auch altfranzösisch als *ordalie*, neulat. *ordalium*, woraus wir *Ordal* (Mehrzahl *Ordalien*) um 1700 (zunächst in der Form *Ordel*) für ›Gottesgericht‹ übernommen haben.« *(Trübners Deutsches Wörterbuch*, Art. ›Urteil‹)
Um den Anspielungscharakter von »ordeal« zu wahren, wurde im vorliegenden Text meist die Pluralbildung »Ordalien« benutzt, auch an den zitierten Stellen, wo in der Übersetzung das Wort »Prüfung« steht. A.d.Ü.]

5 Sir Austins großes Interesse an »reinem« Blut und seine Besuche bei Ärzten, bei denen er die körperliche Verfassung der Familien von Richards künftiger Braut in Erfahrung bringen will, weisen mit hoher Wahrscheinlichkeit darauf hin, daß die Apfelkrankheit eine Geschlechtskrankheit [VD = Venereal Disease, Abkürzung und Euphemismus für ›Geschlechtskrankheit‹] ist: »Thompson [Sir Austins Anwalt] und Dr. Bairam [Sir Austins Arzt] hatten kein Hehl daraus gemacht, wie schlimm es in einigen Familien aussah. Du lieber Himmel, welch eine Dekadenz. Bevor er [Sir Austin] seinen Feldzug [die Brautsuche] begann, besuchte er zwei alte Bekannte, Lord Heddon und seinen entfernten Verwandten, Darley Absworthy. Beide waren Parlamentsmitglieder, tüchtige Männer, wenn auch von der Gicht geplagt; beide hatten sich in ihrer Jugend recht ausgetobt und plädierten nun eifrig für diese Lebensweise, bei der sie es, wie sie meinten, weit genug gebracht hätten. Einer von ihnen hatte einen schwachsinnigen Sohn, der andere schwindsüchtige Töchter. [...] Beide sprachen von der Heirat ihrer Sprößlinge als von etwas ganz Natürlichem. Wenn ich nicht feige wäre, gestand sich Sir Austin, würde ich hingehen und das Aufgebot verbieten! Diese allgemeine Unkenntnis über die unvermeidlichen Folgen des Lasters ist schrecklich.« (S. 219-222)
Der Hinweis auf VD war damals in der pornographischen Literatur weit verbreitet (vgl. Steven Marcus, *The Other Victorians*, 1969, S. 238).
Sollte es Meredith' Absicht gewesen sein, einen erkennbaren Hinweis auf Geschlechtskrankheiten zu geben, dann würde dies den Roman noch außergewöhnlicher machen: für eine Zeit, in der es eine ziemlich starre Trennung zwischen »hoher« und »niederer« Literatur gab – eine Trennung, bei der ja gerade die Behandlung der Sexualität ein Hauptkriterium war.
[In der deutschen Übersetzung von 1961 fehlen die Stellen über die Apfel-Krankheit. A.d.Ü.)

6 Solche Stellen – die er merkwürdigerweise wegläßt – rechtfertigen die Behauptung von J. Lindsay (*George Meredith: His Life and his Work*, 1961), Meredith habe in seinen Roman eine politisch radikale Botschaft eingebaut. Auch wenn ein großer Teil seiner Analyse stichhaltig ist, kann ich mich seiner politischen Definition des »Egoismus« nicht anschließen.

7 Dies wird in einer höchst auffälligen Passage vermittelt, wo sie zum Frühstück neun Eier verzehren (S. 541). Der Platz, den das Essen in diesem Roman einnimmt – dessen eines Hauptthema die Anstrengungen

einer Oberschichtfamilie zur Sublimierung der Sexualität sind –, ist außerordentlich. Die Bedeutung des Essens kommt sowohl direkt als auch
indirekt zum Ausdruck. Ein Beispiel: »So, without a suspicion of folly in
his acts, or fear of results, Richard strolled into Kensington Gardens,
breakfasting on the foreshadowing of his great joy, now with a vision of
his bride, now of the new life opening to him.« (S. 332) [Übersetzung
Kraushaar: »Ohne es zu ahnen, wie töricht er handelte und was daraus
folgen konnte, schlenderte Richard in den Kensington-Park hinüber, *im
Vorgefühl* seines nahen Glücks sah er das Bild seiner Braut und das neu
beginnende Leben vor sich.« (S. 438) Der Bearbeitung ist die Eß-Meta-
pher zum Opfer gefallen: Das Vorgefühl seines nahen Glücks diente
Richard *als Frühstück*. (A.d.Ü.]

7a [to mount: besteigen. *A.d.Ü.*]

 8 John Henry Smith verfolgt in *Hiding the Skeleton* (1966) die komplizierte
   Verflechtung von Blut, Herz und Geist bei Meredith.

 9 Dieser Schluß wurde schon früher durch eine Zypresse angedeutet – ein
   weiteres schicksalhaftes Vorzeichen: der vierzehnjährige Richard sieht, wie
   eine Zypresse auf ihn zeigt, so wie sie auf seinen Vorfahren, Sir Pylcher,
   gezeigt hatte, bevor dieser in einem Duell starb. [Die Stelle fehlt in der
   deutschen Ausgabe. *A.d.Ü.*]

10 Zwischen der Lebensgeschichte von Richards Mutter und der seiner Braut
   besteht eine beunruhigende Ähnlichkeit: Lucy ist die verwaiste Tochter
   eines Marineoffiziers.

11 »Der Sturz des Misanthropen zieht den Sturz von Jean-Jacques nach sich.«
   Bei E. M. Mackay, *Meredith et la France*, Paris 1937, gibt es ein ausgezeich-
   netes Kapitel über Meredith und Molière. Leider macht sie von seinen
   Bemerkungen über Rousseau keinen weiteren Gebrauch.

12 Laut W. H. Hudson, in: *Rousseau and Naturalism in Life and Thought*,
   Edinburgh 1903.

13 Auch wenn ich persönlich von dieser Assoziation überzeugt bin, zögere ich
   doch, eine Parallele zu behaupten, nicht weil direkte Belege fehlen, sondern
   weil ich im Deutschen, Französischen und Englischen nur einen einzigen
   Kritiker gefunden habe, der einen expliziten Zusammenhang herstellt. Es
   kann natürlich sein, daß ich einiges übersehen habe. – Der Kritiker ist
   Sencourt. Er schreibt: »Richard Feverel war ein neuer Emile. Im Unter-
   schied zu Emile sollte er allerdings die Vorzüge der naturgemäßen Erzie-
   hung dadurch beweisen, daß er die Tragödie einer Erziehung gemäß einem
   System demonstrierte.« (R. Sencourt, *The Life of George Meredith*, 1929,
   S. 63). Das ist auch schon alles. Zu unterstellen, Meredith habe von
   Rousseau Gebrauch gemacht, heißt nicht zu bestreiten, daß er sich – zum
   Beispiel – auch auf die Theorien von Spencer und Mazzini bezog; ganz im
   Gegenteil.

14 James McCarthy in: *Westminster Review*, July 1864, S. 31–32, in der Reihe
   »Novels with a Purpose«.

Maisie: Bildnis des Künstlers als junges Mädchen

[Zitiert wird nach Henry James, *Maisie.* Übersetzt von Hans Hennecke (1955), Frankfurt a. M., Berlin, Wien 1982. Juliet Mitchell benutzte die folgende Ausgabe: Henry James, *What Maisie Knew* (1897), Harmondsworth: 1969: Penguin Modern Classics. *A.d.Ü.*]

 1 F. O. Mathiessen und K. B. Murdock (Hrsg.), *The Notebooks of Henry James,* New York 1947. [Deutsch: *Tagebuch eines Schriftstellers.* Übersetzt von A. Claes. Köln 1965, S. 328.]

 2 Ebd., S. 357.

 3 Henry James, *The Art of the Novel,* hrsg. v. R. P. Blackmur, New York 1934 (Herv. J. M.) [In der deutschsprachigen Auswahl – Henry James, *Die Kunst des Romans. Ausgewählte Essays zur Literatur.* Übersetzt von Helga Eberhardt, Auswahl von Jochim Krehayn, Nachwort und Anmerkungen von Brigitte Leuschner, Hanau/Main 1984 – ist die Stelle nicht enthalten. *A.d.Ü.*]

 4 R. D. Laing, »Family and Interpersonal Structures«, in: P. Lomas, Hrsg., *The Predicament of the Family,* 1967, S. 122.

 5 *Harmsworth Encyclopedia,* Bd. I, S. 730.

 6 Maisies Reaktionen bestätigen ihren Wunsch, allein gelassen zu werden. Mrs. Beale berichtet Maisie, daß Ida ihre Tochter aufgibt und daß Sir Claude »›die ganze Mühsal und Last deiner Betreuung [übernimmt] und ihr niemals mehr über dich berichten [wird]. Es ist ein regelrechter unterzeichneter Vertrag.‹ ›Nun, das ist ja reizend von ihr‹, rief Maisie.« (S. 238)

 7 Maisie sah auch »Wahnsinn und Verlassenheit, Verderben, Dunkelheit und Tod« ihrer abreisenden Mutter kommen. (S. 178)

 8 D. Winnicott, »Mirror-Role of Mother and Family«, in: Lomas, Hrsg. (Anm. 4), S. 298.

 9 Preface to *What Maisie Knew* [In der deutschen Ausgabe: Nachwort, a.a.O. S. 290 f.]

10 F. R. Leavis, »*What Maisie Knew,* A Disagreement«, in: M. Bewley, *The Complex Fate,* 1952, S. 131.

11 Diese Vereinnahmungstechnik wird an vielen Stellen deutlich, wo Maisie und Mrs. Wix zu einem Körper werden: »Wenn sie sich auch noch so klein machten [zusammen], so konnten sie es doch nicht, spürte Maisie, verhindern, daß das, was Mrs. Mix von diesem vornehmen jungen Mann erwartete, eine harte Belastung für ihn [Sir Claude] war.« (S. 85)

12 Henry James, *Tagebuch eines Schriftstellers,* a.a.O., S. 333 (Anm. 1).

Moll Flanders: der Aufstieg der kapitalistischen Frau

[Juliet Mitchells Text ist die Einleitung zu der von ihr edierten Ausgabe von *Moll Flanders* in der Taschenbuchreihe Penguin Classics: Daniel Defoe, *The Fortunes and Misfortunes of the Famous Moll Flanders.* Edited with an

Introduction by Juliet Mitchell, Harmondsworth 1978; reprinted in Penguin Classics 1985, S. 5–25. Diese Ausgabe bringt den Text der Erstausgabe, die im Januar 1722 veröffentlicht wurde. Zitiert wird nach der in Reclams Universal-Bibliothek erschienenen deutschen Übersetzung: Daniel Defoe, *Glück und Unglück der berühmten Moll Flanders*. Aus dem Englischen übersetzt von Martha Erler (Leipzig ¹1954). Nachwort von Walter Pache, Stuttgart 1979. *A.d.Ü.*]

1 Arnold Kettle, »Moll Flanders«, in: ders., *Of Books and Humankind*, hrsg. v. John Butt, 1964.

2 E. P. Thompson, *Whigs and Hunters*, 1975, S. 197.

3 Thompson, a.a.O., S. 194.

4 Gerald Howson, *Thief-taker General: The Rise and Fall of Jonathan Wild*, 1970.

5 Gerald Howson, »Who Was Moll Flanders?«, in: *The Times Literary Supplement*, 18. Januar 1968.

6 Thompson, a.a.O., S. 195.

7 Zitiert in: Pat Rogers (Hrsg.), *Defoe*, 1972.

8 Ian Watt, *The Rise of the Novel*, 1957. [Deutsch: *Der bürgerliche Roman. Aufstieg einer Gattung. Defoe – Richardson – Fielding*. Aus dem Englischen von Kurt Wölfel, Frankfurt a.M. 1974. 4. Kapitel: Defoes Romanform: »Moll Flanders«, S. 106-156. *A.d.Ü.*]

9 Christopher Hill, »Clarissa Harlowe and her Times«, in: ders., *Essays in Criticism*, Band V, 1955, S. 333. Siehe auch: Christopher Hill, *The Century of Revolution*, 1961.

10 Zitiert in: James Sutherland, *Daniel Defoe: A Critical Study*, 1971.

Dritter Teil
Psychoanalyse. Die Entwicklung des Kindes und die Frage der Weiblichkeit

Freud und Lacan. Psychoanalytische Theorien des Geschlechtsunterschieds

> »Ich wende mich gegen sie alle (Jones, Horney, Rado, usw.) insofern, als sie nicht klarer und sauberer zwischen dem Psychischen und dem Biologischen unterscheiden, zwischen beidem eine eindeutige Parallele festlegen wollen und, von dieser Absicht motiviert, gedankenlos psychische Tatsachen konstruieren, die unbeweisbar sind, wobei sie vieles von dem, was ohne Zweifel primär ist, als reaktiv oder regressiv darstellen müssen. Natürlich müssen diese Vorwürfe dunkel bleiben. Ich möchte zudem nur noch betonen, daß wir die Psychoanalyse von der Biologie getrennt halten müssen, genau so, wie wir sie von der Anatomie und Physiologie getrennt gehalten haben.«
>
> (Freud, Brief an Carl Müller-Braunschweig, 1935)

Jacques Lacan hat sich vorgenommen, das Projekt Sigmund Freuds neu zu entdecken und neu zu formulieren. Die psychoanalytische Theorie ist heute ein vielräumiges Laboratorium. In Freuds Werken gibt es Ungereimtheiten und Widersprüche. Spätere Analytiker haben einzelne seiner Einsichten aufgegriffen und weiterentwickelt, andere verworfen, wobei sie ein bestimmtes Thema als Sprungbrett für eine neue Theorie benutzten. Lacan konzipierte sein Vorhaben anders: Trotz Widersprüchen und Sackgassen sei Freuds Entwurf kohärent, dessen Gedankengänge es lediglich in einen zusammenhaltenden Rahmen einzubinden gelte, den sie zwar anvisierten, den Freud aber aus geschichtlichen Gründen nicht selbst habe herstellen können. Die Entwicklung der wissenschaftlichen Linguistik liefere nun diesen Rahmen.

Fraglos haben wir aus der Geschichte der Psychoanalyse in diesem Jahrhundert ein umfassenderes Therapieverständnis und eine Vielzahl fruchtbarer Ideen gezogen. Es ist jedoch versäumt worden, eine zentrale, organisierende Theorie auszubilden. Die Behauptung, Freuds Werk enthalte Widersprüche, besagt nicht, daß es heterogen und daß deshalb jedermann befugt sei, Teile davon herauszugreifen und nach Belieben zu modifizieren. Lacan hat einem solchen Verfahren energisch widersprochen – er ging von Anfang an auf Freuds Grundbegriffe zurück.

Es besteht bei den Psychoanalytikern immerhin Übereinstimmung hinsichtlich der Gegenstände, an denen sie arbeiten: Die Psychoanalyse befaßt sich mit der menschlichen Sexualität und mit dem Unbewußten.

Der psychoanalytische Begriff der Sexualität steht quer zu allen populären Auffassungen. Er meint nicht Genitalität, ebensowenig einen biologischen Trieb, sondern ein System bewußter und unbewußter Phantasien, ein Ensemble von Erregungen und Strebungen, die, über die Befriedigung des elementaren physiologischen Bedürfnisses hinaus, Lust bereiten: Psychosexualität. Diese hat mannigfache Quellen, sucht auf vielerlei Wegen nach Befriedigung und setzt für ihr Ziel, die Lustgewinnung, die verschiedenartigsten Objekte ein. Nur ganz allmählich – und auch dann niemals vollständig – geht sie von der Verfassung eines Triebes mit vielen Komponenten – eine einzige »Libido«, ausgedrückt durch verschiedene Phänomene – zu dem über, was normalerweise unter Sexualität verstanden wird: ein scheinbar einheitlicher Instinkt, in dem die Genitalität überwiegt.

Für die Psychoanalytiker geht die Entwicklung des menschlichen Subjekts mit der seines Unbewußten und seiner Sexualität Hand in Hand. Sie sind miteinander verwoben. Dem biologischen Geschlecht, mit dem eine Person geboren wird, fügt die Gesellschaft – die Umwelt, Eltern, Erziehung, Medien – nicht ein gesellschaftlich definiertes Geschlecht, männlich oder weiblich, hinzu; vielmehr wird eine Person durch ihre Sexualität geformt. Die Art und Weise, wie Psychosexualität und Unbewußtes miteinander verbunden sind, ist freilich komplex, und offensichtlich enthält das Unbewußte Wünsche, die nicht erfüllt werden können und deshalb verdrängt werden. Vorrangig bei diesen Wünschen sind die tabuierten inzestuösen Strebungen der Kindheit.

Das Unbewußte enthält, was aus dem Bewußtsein verdrängt

wurde, ist aber damit nicht koextensiv. Im bewußten Seelenleben gibt es offenkundig keine Kontinuität, keinen festen
Zusammenhang. Mit den Lücken befaßt sich die Psychoanalyse. Freuds Beitrag bestand in dem Aufweis, daß diese Lücken
ein System bilden, das vom System des Bewußtseins völlig
verschieden ist: das Unbewußte. Das Unbewußte wird von
eigenen Gesetzen gelenkt; seine Bilder folgen nicht so aufeinan-
der wie in der sequentiellen Logik des Bewußten, sondern
indem sie einander überlagern und sich verdichten, oder indem
sie auf etwas anderes verschoben werden. Weil es unbewußt ist,
gibt es keinen direkten Zugang zu ihm, seine Manifestationen
treten jedoch höchst auffällig in Träumen, alltäglichen Verspre-
chern, in Witzen, in den »normalen« Spaltungen des Subjekts
sowie im neurotischen und psychotischen Verhalten auf.
Lacans These ist, daß die Psychoanalytiker zwar die Bedeutung
des Unbewußten und die privilegierte Stellung der Sexualität in
der Entwicklung des Menschen gemeinsam anerkennen, daß
aber die Art, wie viele von ihnen nach Freud ihre Theorien
entwickelten, letztlich die Bedeutung dieser Grunderkenntnisse
verfälschte. Lacan sieht den Großteil des heutigen psychoanalytischen Denkens in Ideologien verstrickt, die es zu wiederholen
zwingen, was es eigentlich erhellen sollte: wie Männer und
Frauen zu geschlechtlich differenzierten Wesen werden.
Lacans Versuch ist im Kontext einer doppelten Polemik zu
sehen. Einerseits legte er sich – manchmal in Form von nament-
lichen Verweisen, häufiger durch indirekte Angriffe oder Implikation – mit fast allen namhaften Analytikern seit Freud an.
Sowohl international als auch in Frankreich selbst war die
Geschichte Lacans eine Geschichte ständiger institutioneller
Konflikte und endloser Opposition gegen etablierte Anschauungen. Insbesondere der von den USA dominierten Ich-Psychologie, den Werken Melanie Kleins und der Analytiker der
Objektbeziehung, vorzüglich Balints, Fairbairns und Winnicotts, galt seine Kritik. Obschon er den klinischen Einsichten
einiger dieser Autoren eher gewogen war als anderen, bezichtigte er sie allesamt, Freuds ursprüngliche Theorie mißverstanden, gar sie entstellt zu haben.

Andererseits zielte Lacans Polemik auf einen Widerspruch, dem nach seiner Ansicht Freud selbst erlegen war: den Widerspruch zwischen den Kränkungen, die mit der Ablehnung durch das Laien- und Medizinerpublikum gesetzt sind, und dem Vorsatz, leicht verständlich zu argumentieren. Lacans Stil ist eine Herausforderung für die eingängige Popularisierung der Psychoanalyse, hauptsächlich in den USA. Die Psychoanalyse solle gerade zeigen, daß wir die Dinge, die wir zu wissen glauben, eben nicht wissen; deshalb dürfe sie sich nicht ausgerechnet jener Sprache bedienen, deren Decouvrierung zu betreiben sie angetreten sei – die sprachliche Allianz mit dem zu Kritisierenden mache die Kritik selber zur Ideologie. Die vorherrschende Ideologie heute, wie die zu der Zeit und an dem Ort, wo die Psychoanalyse begründet wurde, sei der Humanismus. Der Humanismus unterstelle, der Mensch stehe im Zentrum seiner eigenen Geschichte und seiner selbst, er sei ein Subjekt, Herr seiner Handlungen. Die humanistische Praxis der Psychoanalyse begreife den Patienten als jemanden, der die Kontrolle über sich und das Gefühl eines wahren Selbst (Identität) verloren hat und der beides zurückzugewinnen sucht. Dagegen erhebt Lacan Einspruch. Er zieht den Begriff des menschlichen Subjekts in Zweifel – es gebe kein solches Subjekt. In den Satzstrukturen der meisten seiner Vorträge und Schriften fehlt das Subjekt, wechselt oder wird höchstens passivisch konstruiert. Man könnte also sagen, der Hermetismus von Lacans Stil spiegele seine Theorie.

Die Magna Charta des Humanismus lautet, daß das Subjekt von Anfang an existiere. Zumindest implizit stützen sich Ich-Psychologen, Objektbeziehungs-Theoretiker und Kleinianer auf dieselbe Prämisse.[1] Daher erklärt Lacan sie zu Ideologen der Psychoanalyse. Weder das Unbewußte noch die Sexualität seien in irgendeiner Weise vorgegeben, sie seien vielmehr Konstruktionen, d. h. Gegenstände mit eigenen Geschichten, und das menschliche Subjekt bilde sich ausschließlich innerhalb dieser Geschichten. Die Psychoanalyse verfolge die Spur der Geschichte des Subjekts in ihrer Allgemeinheit (die Geschichte der Gattung) und in ihrer Besonderheit (das spezifische Leben des Einzelnen), wie sie sich im unbewußten Leben der Phantasie manifestiere. Damit sei der Rahmen festgelegt, innerhalb dessen die Frage nach der weiblichen Sexualität sich fassen läßt. Freud sagte: »Der Eigenart der Psychoanalyse entspricht es [...], daß sie nicht beschreiben will, was das Weib ist, – das wäre eine für sie kaum lösbare Aufgabe, – sondern untersucht, *wie es wird.*«[2] (Hervorhebung J. M.)

Lacan will die Psychoanalyse wieder darauf verpflichten, die Genese des Subjekts zu entziffern. Dazu bietet er der psychoanalytischen Theorie die neue Wissenschaft der Linguistik an, die er in bezug auf den Subjektbegriff modifiziert. Das menschliche Lebewesen wird in die Sprache hineingeboren, und das menschliche Subjekt wird im Kontext der Sprache gebildet. Sprache entsteht nicht aus dem Individuum, sie wartet auf uns draußen in der Welt. Sie »gehört« einem anderen. Das Subjekt wird aufgrund eines allgemeinen Gesetzes geschaffen, das ihm von außen auferlegt wird, sowie durch die Rede der anderen, auch wenn diese Rede ihrerseits auf das allgemeine Gesetz bezogen sein muß.

Das Subjekt bei Lacan ist die Kehrseite des humanistischen Subjekts, keine einheitliche Größe, sondern ein Wesen, das aus einer radikalen Spaltung hervorgeht. Seine scheinbare Identität ist in Wirklichkeit eine Spiegelung, die dann entsteht, wenn es ein Bild seiner selbst durch Identifikation mit der Wahrnehmung erzeugt, die andere von ihm haben. Das Kleinkind, das »mich« [»me«] und »ich« [»I«] zu sagen lernt, erwirbt diese Bezeichnungen von jemand anderem, von anderswo, von der das Kind wahrnehmenden und benennenden Umwelt. Die Ausdrücke sind keine Konstanten, in harmonischem Einklang mit seinem Körper; sie entstammen nicht seinem Innern. Lacans menschliches Subjekt ist kein »geteiltes Selbst« (Laing), das in einer anderen Gesellschaft eins werden könnte, sondern ein Selbst, das sich tatsächlich und notwendigerweise einer Teilung verdankt, ein Wesen, das sich nur dann gedanklich fassen kann, wenn es aus der Position des Begehrens eines anderen auf sich selbst zurückgespiegelt wird. Das Unbewußte, in dem das Subjekt nicht es selbst ist, das »Ich« eines Traums ein anderer sein kann und Objekt und Subjekt sich verschieben und ihren Platz tauschen können, zeugt von dieser ursprünglichen Teilung.

Innerhalb dieser notwendigen Trennungen, die die Sprache den Menschen auferlegt, muß auch die Sexualität ihren Ort finden. Die psychoanalytische Vorstellung, daß sexuelle Wünsche tabuiert und somit ins Unbewußte abgedrängt werden, wird häufig in einem soziologischen Sinne verstanden (Malinowski, Reich, Marcuse ...), nämlich daß eine wahrhaft permissive Gesellschaft nicht verbieten würde, was heute sexuell tabuiert ist. Dagegen wendet Lacan ein, daß gerade der Wunsch, mithin der sexuelle Wunsch, nur kraft seiner Entfremdung bestehen kann. Freud beschreibt, wie der Säugling die Milch halluziniert, die man ihm entzogen hat, und wie das Kleinkind jenes »Fort-Da«-Spiel betreibt, um das Trauma der Abwesenheit der Mutter zu überwinden. Lacan benutzt diese Beispiele, um zu zeigen, daß das ersehnte Objekt nur dann *als ein Objekt* zur Existenz kommt, wenn es im Säugling oder Kleinkind verlorengeht. Deshalb enthält jede Befriedigung, die später erreicht werden mag, zwangsläufig und stets diesen Verlust. Lacan bezeichnet diese Dimension als Begehren (désir). Dem Bedürfnis des Säuglings kann Genüge getan, sein Anspruch kann beantwortet werden, doch sein Begehren besteht nur aufgrund des ursprünglichen Mißlingens der Befriedigung. Das Begehren dauert als Effekt einer ursprünglichen Abwesenheit fort und zeigt somit an, daß an der Befriedigung etwas grundsätzlich unmöglich ist. Eben dieser Sachverhalt liegt für Lacan der Bemerkung Freuds zugrunde: »Ich glaube, man müßte sich, so befremdend es auch klingt, mit der Möglichkeit beschäftigen, daß etwas in der Natur des Sexualtriebes selbst dem Zustandekommen der vollen Befriedigung nicht günstig ist.«[3]

Diese Konzeption des sexuellen Wunsches führt Lacan, ebenso wie zuvor Freud, zur Ablehnung jeder Theorie des Geschlechtsunterschieds im Sinne einer vorgegebenen Trennung in weibliche und männliche Wesen, die einander ergänzen. Die Geschlechterverschiedenheit ist vielmehr die Folge einer Teilung; ohne diese Teilung würde sie nicht bestehen. Kein menschliches

Wesen vermag außerhalb der Teilung in zwei Geschlechter zum Subjekt zu werden. Es muß eine Stellung entweder als Mann oder als Frau einnehmen. Das freilich ist keineswegs identisch mit den jeweiligen biologischen Geschlechtseigenschaften, und Selbstsicherheit ist hier, wie die psychoanalytische Erfahrung zeigt, nicht angebracht.

Die Frage, was diese Geschlechterdifferenz hervorbrachte, hat die Psychoanalytiker in den zwanziger und dreißiger Jahren nachdrücklich beschäftigt. Lacan hat diese Auseinandersetzung wiederaufgenommen; sie war für ihn eine Quelle dessen, was er als die späteren Fehlentwicklungen der Psychoanalyse ansah. Auch hier betont Lacan die Position Freuds und reformuliert sie. Freud hatte darauf beharrt, daß der Phallus und *nichts anderes* die Geschlechterverschiedenheit kennzeichne; andere Psychoanalytiker sind ihm in dieser Auffassung nicht gefolgt. Im Rückblick wird der Schlüsselbegriff der Auseinandersetzung klar: Es ist der Kastrationskomplex. In Freuds endgültigem Schema teilen der kleine Junge und das kleine Mädchen zunächst dieselbe Sexualgeschichte, die er »männlich« nennt. Sie beginnt damit, daß ihr erstes Objekt ein gemeinsames ist: die Mutter. In der Phanthasie bedeutet dies, den Phallus zu besitzen, der das Objekt des mütterlichen Wunsches ist (phallische Phase). Dieser Wunsch ist nicht zugelassen (Kastrationskomplex). Daraus folgt die Geschlechterdifferenzierung. Der Kastrationskomplex bringt den Ödipuskomplex des Knaben zum Abschluß (die Liebe zu seiner Mutter) und leitet den für das Mädchen spezifischen Ödipuskomplex ein – es überträgt seine Objektliebe auf den Vater, der den Phallus besitzt, und identifiziert sich mit der Mutter, die, zum Leidwesen des kleinen Mädchens, ihn nicht besitzt. Fortan wird das Mädchen den Wunsch hegen, den Phallus zu besitzen, und der Knabe wird darauf ausgehen, ihn zu repräsentieren. Darin gründet der für beide Geschlechter lebenslange »unauflösliche« Wunsch, der das für die Psychoanalyse undurchdringliche Fundament der psychosexuellen Strebungen bildet. Die Psychoanalyse kann dem Subjekt nicht zu dem verhelfen, was ihm, weil es eine Bedingung seines Subjektseins ist, verwehrt ist:

»Zu keiner Zeit der analytischen Arbeit leidet man mehr unter dem bedrückenden Gefühl erfolglos wiederholter Anstrengungen, unter dem Verdacht, daß man ›Fischpredigten‹ abhält, als wenn man die Frauen bewegen will, ihren Peniswunsch als undurchsetzbar aufzugeben.«[4]

Gegen Freuds Konzeption der phallischen Phase des Mädchens und seine Deutung des Kastrationskomplexes gab es kräftigen Widerspruch. Lacan kehrte zum Schlüsselbegriff der Debatte, zum Kastrationskomplex zurück und in diesem Zusammenhang auch zur Bedeutung des Phallus. Er faßt sie als regulatives Moment der Subjektivität und der Stellung, die die Sexualität darin hat. Die Bestimmung des Phallus zu dem Kennzeichen, um das herum Subjektivität und Sexualität aufgebaut werden, verdeutlicht zugleich, daß dies in einer Teilung geschieht, die zugleich willkürlich und entfremdend ist. In Lacans Freud-Interpretation ist die Kastrationsdrohung nicht etwas, das einem bereits existierenden Mädchen-Subjekt angetan würde oder einem bereits existierenden Knaben-Subjekt angetan werden könnte; sie ist, ebenso wie bei Freud, das, was das Mädchen zum Mädchen und den Knaben zum Knaben »macht«, in einer Teilung, die wesentlich *und* gefährdet ist.

Die Interpretation des Kastrationskomplexes verursachte einen Dissens unter den Psychoanalytikern. Zur Zeit der großen Debatte Mitte der zwanziger Jahre wurde das Problem unter dem Titel ›Natur der‹ weiblichen Sexualität‹ erörtert, doch liegen ihm die Zwistigkeiten über die Einschätzung der Kastrationsangst zugrunde. Tatsächlich rekurrieren denn auch alle späteren Arbeiten über die weibliche Sexualität und die Konstruktion der Geschlechterverschiedenheit auf den Begriff des Kastrationskomplexes. Er ist das zumeist heimliche Zentrum der Theorien, die in den Jahrzehnten vor dem Kriege im Schwange waren; die Nachbeben seiner Befürwortung oder Ablehnung sind heute noch spürbar.

Der Streit um die weibliche Sexualität wird gewöhnlich als Debatte zwischen Freud und Jones umschrieben. In der folgenden Darstellung halte ich mich nicht vor allem an Jones' Arbeit; ich möchte vielmehr auf die allgemeine Natur des Problems aufmerksam machen und Freuds Entwurf aus der Perspektive betrachten, zu der Lacan zurückkehrte. Einzelheiten in den Differenzen zwischen den Analytikern lasse ich beiseite; die Einwände von Analytikern, deren Beitrag auf diesem Gebiet keinen Einfluß auf die generelle These hat, erwähne ich nicht, so daß meine Argumentation aus jeder anderen Sicht als der hier präsentierten durchaus willkürlich erscheinen mag. Manche Anschauungen im selben Lager unterscheiden sich zwar voneinander, sind selbst widersprüchlich oder ändern ihre Tendenz; aber diese Faktoren verschwinden angesichts der grundsätzlichen Kontroverse über den Kastrationskomplex. Die Debatte berührt die Frage des psychoanalytischen Verstehens sowohl der Sexualität als auch des Unbewußten, und sie rückt Probleme der Beziehung zwischen Psychoanalyse, Biologie und Soziologie in den Vordergrund. Was ist für den psychologischen Geschlechtsunterschied ausschlaggebend: Biologie, Umwelteinflüsse, Objektbeziehungen oder Kastrationskomplex?

Freud und später Lacan werden bezichtigt, phallozentrische Konzepte vertreten zu haben – den Mann zur Norm zu erheben und die Frau lediglich als Abweichung von dieser Norm zu begreifen. Freuds Gegner suchen zu erklären, weshalb Mann und Frau in ihrer Psychosexualität gleich und dennoch verschieden sind. Freud und Lacan wollen die *Differenz* erklären, die nach ihrer Ansicht nicht an den Mann, sondern an den Phallus, auf den der Mann Anspruch erheben muß, gebunden ist. Weil diese Position Freuds sich erst im Spätwerk klärte, bestand Lacan darauf, daß wir es »wiederlesen« müssen, um seiner Theorie Stimmigkeit zu geben, die ihr sonst fehlen würde.

Freuds Erkenntnisarbeit zum Thema läßt sich in zwei Perioden gliedern. In der ersten Periode bewegten sich seine Reflexionen über weibliche Sexualität im Kontext seiner Verteidigung der frühkindlichen Sexualität, deren Tatsache und allgemeine Bedeutung er gegenüber einem Publikum zu verfechten hatte, das seinen Entdeckungen feindlich gesonnen war. Diese erste Periode dauert von etwa 1890 bis ungefähr in die Zeitspanne 1916–1919, die zweite reicht von 1920 bis zu den postum veröffentlichten Arbeiten um 1940. In der zweiten Periode entfaltet er seine Auffassung der Sexualität in bezug auf die besonderen Fragen nach dem Wesen der Geschlechterverschiedenheit.

Im ersten Abschnitt gibt es in Freuds Werk einen Widerspruch, der niemals offengelegt wurde, er war indes für die späteren Theorien über die weibliche Sexualität sehr wichtig. In dieser Phase drehen sich die wenigen expliziten Gedanken über die weibliche Sexualität um die Achse der Entdeckung des Ödipuskomplexes. Sie erscheint in den veröffentlichten Schriften zum ersten Mal in einem nebensächlichen Hinweis auf *König Ödipus* in der *Traumdeutung* (1900*a*). 1910 ist ausdrücklich vom Ödipuskomplex die Rede, und um 1919 ist er ohne eine größere theoretische, aber mit einer umfangreichen klinischen Erweiterung (am deutlichsten im Fall des »kleinen Hans«) zum Grundstein der Psychoanalyse geworden. Die Formen, in denen der Ödipuskomplex auftritt und aufgelöst wird, kennzeichnen verschiedene Typen der Normalität und der Pathologie; sein Vorkommen und seine Auflösung erklären das menschliche Subjekt und den menschlichen Wunsch. In dieser frühen Phase von Freuds Entdeckung bezeichnet er jedoch nur ein Ensemble von Beziehungen, in denen das Kind den andersgeschlechtlichen Elternteil begehrt und für den gleichgeschlechtlichen eine feindselige Rivalität empfindet. In der Geschichte des Knaben und des Mädchens besteht symmetrische Übereinstimmung. So schreibt Freud im »Bruchstück einer Hysterie-Analyse« (1905*e*): »Diese frühzeitige Neigung der Tochter zum Vater, des Sohnes zur Mutter, von der sich wahrscheinlich bei den meisten Menschen eine deutliche Spur findet, muß bei den konstitutionell zur Neurose bestimmten, frühreifen und nach Liebe hungrigen Kindern schon anfänglich intensiver angenommen werden.«[5] Und die Interpretation des manifest hysterischen Verhaltens von Dora erfolgt ausschließlich in Begriffen ihrer frühkindlichen ödipalen Liebe zum Vater und zu seiner Ersatzfigur in der Gegenwart, Herrn K., oder in *Der Wahn und die Träume in W. Jensens ›Gradiva‹*: »Wenn es schon allgemeine Regel für das normal geartete Mädchen ist, daß sie ihre

Neigung zunächst dem Vater zuwende, so war sie [Zoe-Gra-diva] ganz besonders dazu bereit, die keine andere Person als den Vater in ihrer Familie fand.«[6] Und so weiter. Freuds paralleler Zuweisung ödipaler Rollen an Knaben und Mädchen liegt die Idee einer normalen und normativen heterosexuellen Anziehung zugrunde, eine Idee, die später von vielen Psycho-analytikern aufgegriffen werden sollte. Hier aber, in Freuds Frühwerk, scheint es, als ob der Begriff des Ödipuskomplexes – eines fundamentalen Inzestwunsches – so radikal wäre, daß die inzestuösen Wünsche, sofern man im Hinblick auf das Kind überhaupt von solchen sprechen kann, sich doch besser auf den andersgeschlechtlichen Elternteil richten sollten. Weil Freud also seine These von der frühkindlichen inzestuösen Sexualität so hartnäckig zugleich gegen äußere Widerstände und gegen seine eigene innere Hemmung, den Gedanken zu akzeptieren, verteidigen mußte, wirkte der Begriff des Ödipuskomplexes wie eine konservative »Bremse« im Verständnis der Geschlech-terverschiedenheit. In diesem Punkt ist Freuds Position konven-tionell: Knaben sind Knaben und lieben Frauen; Mädchen sind Mädchen und lieben Männer. In der Gegenrichtung zu den normativen Implikationen der sexuellen Symmetrie in der ödi-palen Situation verlaufen aber mehrere Fragestellungen. Am wichtigsten dabei sind Struktur und These der *Drei Abhand-lungen zur Sexualtheorie* (1905*d*). Lacan kommt auf diese Arbeit zurück, wobei er den Begriff der Sexualität, den er dort vorgeprägt sieht, im Lichte von Freuds Aufsatz »Triebe und Triebschicksale« (1905*c*) liest.

Die *Drei Abhandlungen* sind das revolutionäre Grundlagen-werk für den psychoanalytischen Begriff der Sexualität. Freud beginnt das Buch mit Gedanken über sexuelle Abirrungen. Er bezieht sich auf die Homosexualität, um zu zeigen, daß es für den Sexualtrieb kein natürliches, selbsttätiges Objekt gibt; er erörtert die Perversionen, um nachzuweisen, daß der Trieb kein festes Ziel hat. Da Normalität selbst eine »Idealfiktion« ist und es keine qualitative Unterscheidung zwischen Normalität und Anormalität gibt, ist die Vorstellung, der Trieb sei »angebo-ren«, unhaltbar. Das bedeutet allerdings, daß das Verstehen des Triebes selbst auf dem Spiel steht. Der Trieb (»instinct« in der Übersetzung der *Standard Edition*) ist etwas, das sich auf der Grenze zwischen dem Psychischen, Mentalen und dem Physischen herausbildet. Freud formulierte die Beziehung später als eine, bei welcher der somatische Drang seine Aufgabe an einen psychischen Repräsentanten delegiert. In seinem Aufsatz »Das Unbewußte« (1915*e*) heißt es:

>»Ein Trieb kann nie Objekt des Bewußtseins werden, nur die Vorstellung, die ihn repräsentiert. Er kann aber auch im Unbewußten nicht anders als durch die Vorstellung repräsentiert sein. [...] Wenn wir aber doch von einer unbewußten Triebregung oder einer verdrängten Triebregung reden, so ist dies eine harmlose Nachlässigkeit des Ausdrucks. Wir können nichts anderes meinen als eine Triebregung, deren Vorstellungsrepräsentanz unbewußt ist.«[7]

Zwischen dem biologischen Drang und seiner Repräsentanz besteht keine kausale Beziehung. Wir können, wenn wir eine Tätigkeit wahrnehmen, allenfalls auf eine psychische Bewegkraft hinter ihr schließen. Der Sexualtrieb ist niemals eine einheitliche Größe, sondern polymorph; sein Ziel ist veränderlich, sein Objekt kontingent. Nach Lacan bezeugen die *Drei Abhandlungen*, Freud sei sich bereits bewußt gewesen, daß der Trieb das *Gegenteil* eines Instinktes ist, der sein Objekt kennt und es erreicht. Andererseits behaupten die Objektbeziehungs-Theoretiker, der Sexualtrieb sei ein direktes Ergebnis der ersten befriedigenden Beziehung zur Mutter; er wiederhole den Wunsch, zu saugen oder umarmt zu werden. Der Säugling habe ein erstes »Teil-Objekt« in der Brust und danach ein Objekt in der Mutter, die er zunächst präödipal und dann als »ganzes Objekt« ödipal lieben wird. Später suche der Sexualtrieb des Erwachsenen nach einem Ersatz, der ihn zu befriedigen vermöge und der ihn, wenn er gut genug ist, auch befriedigen wird.

Obschon in einigen Abschnitten der *Drei Abhandlungen* mangelnde Interpretationsklarheit herrscht, gibt es darin nichts, was mit der Vorstellung einer natürlichen heterosexuellen Anziehung oder mit dem Konzept des Ödipuskomplexes verträglich wäre, wie es in Freuds anderen Schriften aus dieser Zeit formuliert ist. Struktur und Gehalt der *Drei Abhandlungen* zerstören das Bild einer normativen Sexualität. Da in der Natur die heterosexuelle Anziehung nicht festgeschrieben ist, muß geschlossen werden, daß es kein biologisch festgelegtes Geschlecht gibt, daß es in einem psychologischen Sinn eine von Anfang an männliche oder weibliche Person nicht geben kann.

Im »Fall Dora« nahm Freud an, daß Dora sich zu ihrem Bewerber, Herrn K., hingezogen gefühlt hätte, wenn sie keine Hysterikerin gewesen wäre, so wie sie als kleines Mädchen sich zu ihrem Vater hingezogen gefühlt hatte. Mit anderen Worten, sie würde einen natürlichen weiblichen Ödipuskomplex ausgebildet haben. Doch die später geschriebenen Anmerkungen erzählen eine andere Geschichte: Doras Beziehung zum Vater war nicht nur eine der Anziehung, sondern auch der Identifikation. In ihrem sexuellen Begehren ist Dora ein Mann, der eine Frau anbetet. Führte man die Situation auf Doras Hysterie zurück, so müßte damit die ganze Grundfrage der Psychoanalyse für beantwortet gelten. Die Hysterie wurzelt nicht in einer angeborenen Anlage. Daraus folgt: Da Dora eine männliche Identifikation erreicht, kann es keinen natürlichen oder selbsttätigen heterosexuellen Trieb geben.

Bis zu den zwanziger Jahren löste Freud dieses Problem mit seinem Begriff der Bisexualität. Den Parallelismus in den ödipalen Situationen von Knabe und Mädchen, die Dilemmata Doras, die Existenz der Homosexualität erklärte er damit, daß der Knabe weibliche, das Mädchen männliche Züge besitze. Dies rettet den Ödipuskomplex zwar vor dem biologischen Geschlechtsdeterminismus, aber um einen gewissen Preis. Wenn der Gedanke der Bisexualität kein rein biologischer sein soll, wie Freud betont, worauf stützt er sich dann?

Spätere Analytiker, die überwiegend an Freuds frühem Gebrauch des Ausdrucks festhielten, bezogen die Bisexualität auf die Verdoppelungen der Anatomie oder gründeten sie auf eine einfache Identifikation – der Knabe identifiziert sich zum Teil mit der Mutter, das Mädchen zum Teil mit dem Vater. Als Freud den Ödipuskomplex neu formulierte, verschob er die

Bedeutung der »Bisexualität«; sie stand nun für die Unsicherheit der sexuellen Trennung selber.

In dieser ersten Periode ist Freuds Position fraglos höchst
widersprüchlich. Die Entdeckung des Ödipuskomplexes bewog
ihn zu der Annahme einer natürlichen Heterosexualität. Der
übrige Teil seines Werkes sprach gegen diese Möglichkeit als
die eigentliche Prämisse einer psychoanalytischen Auffassung
der Sexualität. In den *Drei Abhandlungen* findet sich kein
Hinweis auf den Ödipuskomplex. Etwa um 1915 scheint Freud
jedoch bewußt geworden zu sein, daß seine Theorie des Ödipuskomplexes und der Sexualität den Geschlechtsunterschied
nicht zufriedenstellend zu klären vermochte. So fügte er den
Drei Abhandlungen eine Reihe von Anmerkungen hinzu, die
sich fast alle mit dem Problem der Bestimmung von Männlichkeit und Weiblichkeit befassen. Andere Autoren – vor allem
Jung – hatten Freuds Gedanken über den Ödipuskomplex, so
wie sie damals formuliert waren, zu ihrem logischen Abschluß
gebracht und bei der Begründung einer endgültigen Gleichheit
zwischen den Geschlechtern den ödipalen Konflikt des Mädchens in Elektrakomplex umbenannt. Ob es dies war – Freud
lehnte den Elektrakomplex von Anfang an ab – oder die
dämmernde Einsicht in den unbefriedigenden Charakter seiner eigenen Position, was Freud veranlaßte, das Problem neu
zu bedenken, läßt sich nicht feststellen. Jedenfalls begann er,
die Frage des Geschlechtsunterschieds aufmerksamer zu betrachten.

Ein Begriff, der ebenfalls 1915 den *Drei Abhandlungen* hinzugefügt wurde, markiert die Wende in Freuds Auffassung des
Unterschieds von Mann und Frau und den Brennpunkt des
Konflikts, der in dieser Angelegenheit zwischen seinen Ansichten und denen der meisten anderen Analytiker entstand. Es
handelt sich um den Begriff des Kastrationskomplexes.

In Freuds Anfangsphase können wir sehen, wie die Vorstellung
des Kastrationskomplexes allmählich an Einfluß gewinnt. Sie
wird erörtert in »Über infantile Sexualtheorien« (1908c) und
ist bei der Analyse des »kleinen Hans« entscheidend (1909b);
aber als Freud 1914 »Zur Einführung des Narzißmus« schrieb

(1914c), war er immer noch unsicher, ob es sich dabei um ein partikulares Ereignis handle. 1915 nimmt sie jedoch einen zusehends wichtigeren Platz ein. Um 1924 taucht der Kastrationskomplex in »Der Untergang des Ödipuskomplexes« (1924d) als Zentralbegriff auf. In der *Selbstdarstellung* (1925d) heißt es: »Der [...] *Kastrationskomplex* wird überaus bedeutsam für die Bildung von Charakter und Neurose.« Der Begriff wird für Freud zum zentralen Punkt beim Kulturerwerb; er wirkt wie ein Gesetz, durch das Männer und Frauen zu Menschen werden, und in Verbindung damit setzt er der Geschlechterdifferenz die eigentümliche Bedeutung.

Der Kastrationskomplex steht in Freuds Schriften in engem Zusammenhang mit seinem Interesse an der Vorgeschichte des Menschen. Die fragwürdigen anthropologischen Rekonstruktionen Freuds aufzuzählen erübrigt sich; wichtig ist hingegen das Gewicht, das er für die persönliche und gesellschaftliche Geschichte des Individuums einem *Ereignis* beimaß. Bevor Freud die Bedeutung der Phantasie und der frühkindlichen Sexualität erkannt hatte, hatte er bekanntlich die Erzählungen über Verführungen durch den Vater, die ihm seine hysterischen Patientinnen vortrugen, geglaubt. Obwohl er das partikulare Ereignis der väterlichen Verführung nicht länger betonte, hielt er an der Vorstellung eines vorgeschichtlichen oder aktuellen Ereignisses fest. Irgend etwas dringt von außen in die Welt des Kindes ein, etwas, das aus der Geschichte oder Vorgeschichte hinzutritt. Dieses »Ereignis« sollte die väterliche Kastrationsdrohung sein.

Daß der Kastrationskomplex als ein Ereignis von außen, als Gesetz wirkt, läßt sich an einem mit diesem Punkt zusammenhängenden Interesse Freuds erkennen. Um 1916 beschäftigte sich Freud mit den Ideen von Lamarck. Dieses Interesse wird meist herablassend ein Beispiel für Freuds Wissenschaftsanachronismus genannt. Tatsächlich war Lamarck 1916 bereits überholt, und es liegt auf der Hand, daß Freuds Interesse nicht aus Unkenntnis entstanden war, sondern aus dem Bedürfnis, eine Beobachtung zu erklären, die er theoretisch nicht zu erhellen vermochte. Es ging um die Frage: Wie erwirbt das

Individuum in den wenigen, kurzen Anfangsjahren seines Lebens die gesamte essentielle Gattungsgeschichte? Die Lamarckschen Vorstellungen von einer kulturellen Vererbung boten Freud hier eine plausible Lösung an. Freuds Gegner mögen diese Lösung mit Gründen zurückgewiesen haben, sie übersahen damit freilich die Dringlichkeit der Frage. Karen Horneys »kulturalistische« Deutung – ihre Gewichtung des gesellschaftlichen Einflusses – war ein Versuch, die Dinge zurechtzurükken. Er scheiterte, weil er die Annahme zugrunde legte, Individuum und Gesellschaft seien getrennte Größen. Für Horney sind Männer und Frauen (Knaben und Mädchen) »bereits da«; sie nimmt als bereits erwiesen an, was sie eigentlich erklären will.

Freuds Begriff des Kastrationskomplexes bedeutete eine völlige Verschiebung bei den Implikationen des Ödipuskomplexes und veränderte auch die Wahrnehmung der Bisexualität. Bevor der Kastrationskomplex seine volle Bedeutung erlangt, scheint sich der Ödipuskomplex, Ausdruck einer Entwicklungsstufe, naturwüchsig aufzulösen. Sobald der Kastrationskomplex einmal postuliert ist, ist er allein für die Auflösung des Ödipuskomplexes verantwortlich. Er errichtet als seine Repräsentanz und damit als Repräsentanz des Gesetzes das Über-Ich. Zusammen mit der organisierenden Rolle des Ödipuskomplexes beim Wunsch steuert der Kastrationskomplex jede Position im Dreieck Vater–Mutter–Kind. In der Art, wie er es tut, verkörpert er das Gesetz, das die eigentliche menschliche Ordnung begründet. Somit rücken die Fragen der Kastration, der Geschlechterdifferenz als Resultat einer Teilung und der Begriff einer historischen und symbolischen Ordnung allmählich in einen Zusammenhang – auf ihre wechselseitige Abhängigkeit gründet dann Lacan seine Theorien.

Als Freud den Begriff der Kastration theoretisch zu fundieren begann, erntete er Widerstand. Schon die Rede von frühkindlicher Sexualität und vom Ödipuskomplex hatte viele, die der psychoanalytischen Bewegung fremd gegenüberstanden, abgeschreckt. Das Konzept vom Kastrationskomplex (insbesondere dessen Version im »Penisneid«) scheint freilich selbst Psychoanalytiker verstört zu haben. So ist denn Freuds Explikation des Kastrationskomplexes zum Teil auch eine Replik auf Arbeiten seiner Kollegen.

Lou Andreas-Salomé, van Ophuijsen, dann Karl Abraham und August Stärcke setzen 1921 mit ihren Antworten auf diesen Begriff ein. Franz Alexander, Otto Rank, Carl Müller-Braunschweig und Josine Müller führen sie fort, bis 1920–30 die Namen derjenigen hinzukommen, die in diesem Zusammenhang bekannter sind: Karen Horney, Melanie Klein, Jeanne Lampl-de Groot, Helene Deutsch, Ernest Jones. Und noch andere stoßen dazu: Fenichel, Rado, Majorie Brierley, Joan Rivière, Ruth Mack Brunswick. Doch bis 1933 sind die Positionen geklärt. Die Bezugspunkte der Diskussion über den Geschlechtsunterschied verändern sich nicht mehr, jedenfalls nicht gravierend, was für inhaltliche Erkenntnisse nicht im gleichen Maße gilt.

Entscheidend ist die Arbeit von Karl Abraham. Zwar starb er, bevor die Debatte ihren Höhepunkt erreichte, aber seine Gedanken waren für sie von zentraler Wichtigkeit, obschon sie oft nicht als die seinen anerkannt wurden – nicht zuletzt deshalb, weil viele Gegner Freuds glaubten, Abrahams Ansichten seien repräsentativ für diejenigen Freuds. Da Abraham allem Anschein nach Freuds Konzeption des Kastrationskomplexes erweitert, ist dies eine verständliche, wiewohl irrige Annahme. In ihren Briefen stimmen Freud und Abraham stets höflich miteinander überein, und dies erschwert gerade die Klärung der höchst bedeutsamen Meinungsunterschiede, die zwischen ihnen bestehen. Eine Differenz liegt darin, daß Freud die These vom Penisneid der Mädchen verficht, während Abraham annimmt, beide Geschlechter fürchteten die Kastration in der nämlichen Weise – er nannte dies Potenzschwäche.[9] Nach Abrahams These reagieren Knaben und Mädchen auf eine identische Erfahrung verschieden; nach Freud unterscheidet sie dieselbe Erfahrung. Folglich muß es für Abraham, nicht aber für Freud, in der Phase des Kastrationskomplexes bereits »Knaben« und »Mädchen« geben. Von dieser wichtigen Differenz abgesehen, läßt sich die tatsächliche Meinungsverschiedenheit zwischen Abraham und Freud am besten am Betonungswechsel erkennen. Im Werk beider Autoren ist der Inzest ein Tabu (»Kastration«); doch nur bei Freud muß es jemanden geben, der ihn verbietet – das Verbot liegt in der Luft.

In Freuds Werk, das den Kastrationskomplex als Quelle des Gesetzes hervorhebt, ist es der Vater – der bereits die Mutter besitzt –, der zu den Wünschen des Kindes metaphorisch »Nein« sagt. Das Verbot wird für das Kind nur deshalb sinnvoll, weil es (weibliche) Menschen gibt, die in dem besonderen Sinne kastriert sind, daß sie ohne Phallus sind. Mit anderen Worten, frühere Erfahrungen, wie der Anblick weiblicher Geschlechtsorgane, erhalten nur als »aufgeschobene Handlung« eine Bedeutung: Für Freud ist daher im Kastrationsbegriff selbst die Theorie enthalten, daß andere Erfahrungen und Wahrnehmungen ihre Bedeutung von dem Gesetz empfangen, für das er steht. Im Werk Abrahams entsteht die Kastrationsdrohung dagegen aus einer aktuellen Wahrnehmung, die das Kind am Körper des Mädchens macht; es tritt niemand dazwischen, es gibt keinen verbietenden Vater, dessen Drohung die Äußerung eines Gesetzes ist; hier ist es die ›reale‹ Minderwertigkeit der weiblichen Geschlechtsorgane, die sofort nach ihrer Wahrnehmung den Komplex bei beiden Geschlechtern in Gang bringt.

An dieser Stelle stoßen wir im Werk Freuds auf einen weiteren wichtigen Widerspruch. Er selbst hatte nicht die Zeit, ihn ganz aufzulösen. Einerseits sagt er, der Kastrationskomplex des Knaben rühre aus der Bedeutung, die das väterliche Verbot dem Penis zuschreibt; andererseits behauptet er, der Penisneid des Mädchens entstamme einer einfachen Wahrnehmung – es sieht den realen Penis und will ebenfalls einen haben. Eine solche Ungleichheit im Zugang zur Bedeutung ist sicherlich fragwürdig. Warum sollte das Mädchen eine privilegierte Beziehung zum Körperverstehen haben? Es gibt Belege dafür, daß Freud sich der Diskrepanz in seiner Erklärung bewußt war. Zwar sind seine veröffentlichten Aussagen eher verwirrend, doch in einem Brief schrieb er, der Anblick des Penis und dessen Funktion beim Urinieren könne nicht das Motiv, sondern allenfalls der Auslöser für den kindlichen Neid sein, was freilich niemand ausgesprochen habe.[10]

Freud rühmte Abrahams Aufsatz »Äußerungsformen des weiblichen Kastrationskomplexes« (1921) als unübertroffen. Im theoretischen Bezugsrahmen seiner eigenen Schriften gab es jedoch absolut nichts, was Abrahams Sichtweise bestätigte. Gewiß spricht Freud vom weiblichen Gefühl der »Organminderwertigkeit«, doch ist dies für ihn niemals das *Motiv* für den Kastrationskomplex, mithin für die Auflösung des Ödipuskomplexes; deshalb ist es nicht kausal ausschlaggebend für weibliche Sexualität, Weiblichkeit oder Neurose. Für Freud ist das Fehlen des Penis bei der Frau nur insofern von Belang, als es das väterliche Verbot inzestuöser Wünsche sinnvoll macht. Die Implikation ist weitreichend. Wenn der reale Körper, wie Abraham sagt, die Quelle für die Konstitution des Subjekts in seiner männlichen oder weiblichen Sexualität ist, dann ist bei dieser Konstitution eine historische oder symbolische Dimension ausgeschlossen. Freuds Absicht war es, eben diese Dimension als *conditio sine qua non* bei der Konstruktion des menschlichen Subjekts zu bestimmen. Und eben darauf baut Lacan seine gesamte Darstellung des Geschlechtsunterschieds auf.

Obwohl Freud die Ansicht vertrat, der reale Körper des Kindes sei an sich für den Kastrationskomplex bedeutungslos, legte er wiederholt dar, daß die tatsächliche Situation des Kindes, die An- oder Abwesenheit des Vaters, das reale Verbot der Masturbation usw., bedeutungslos sein konnte im Vergleich zur unaussprechlichen Präsenz einer symbolischen Bedrohung (das »Ereignis«). Andere Analytiker, die den Begriff der kulturellen Vererbung nicht akzeptieren mochten und die mit Freud darin übereinstimmten, daß ein tatsächliches Vorkommnis die allgegenwärtige Kastrationsangst, auf die sie bei ihrer klinischen Arbeit stießen, nicht erklären könne, mußten anderswo nach einer Erklärung suchen. Jedenfalls erachteten sie den Kastrationskomplex nicht für einen entscheidenden Bestandteil beim Aufbau des menschlichen Subjekts, sondern für den Ausdruck der inneren Erfahrungen eines bereits konstituierten Subjekts.

Folglich habe die Kastration keinerlei grundlegende Wirkung auf den Geschlechtsunterschied. So sah Stärcke die Kastrationsangst im Verlust der Mutterbrust und die Allgemeinheit des Komplexes in der täglichen Entwöhnung begründet. Als weiteres Beispiel wies er auf die zunehmende Fähigkeit des Säuglings hin, sich selbst als von der Außenwelt verschieden zu erleben: Die Bildung der Außenwelt ist für ihn die ursprüngliche Kastration; der Verlust der Mutterbrust ist die Wurzel dafür. Franz Alexander und Otto Rank führten die Kastrationsangst darauf zurück, daß der Säugling aus der mütterlichen Gebärmutter ausgestoßen ist, die einst ein Teil von ihm gewesen war. Die Gedanken seiner Kollegen über die Trennungsangst (wie er sie nannte) griff Freud am umfänglichsten in *Hemmung, Symptom und Angst* (1916 d) auf, doch zwei Jahre zuvor hatte er dem Fall des »kleinen Hans« die folgende Fußnote hinzugefügt:

»Unter Anerkennung all dieser Wurzeln des Komplexes habe ich doch die Forderung aufgestellt, daß der Name Kastrationskomplex auf die Erregungen und Wirkungen zu beschränken sei, die mit dem Verlust des Penis verknüpft sind. Wer sich in den Analysen Erwachsener von der Unausbleiblichkeit des Kastrationskomplexes überzeugt hat, wird es natürlich schwierig finden, ihn auf eine zufällige und doch nicht so allgemein vorkommende Androhung zurückzuführen, und wird annehmen müssen, daß das Kind sich diese Gefahr auf die leisesten Andeutungen hin, an denen es ja niemals fehlt, konstruiert.«[12]

Es macht einen grundlegenden Unterschied, ob der Kastrationskomplex aus Trennungen herrührt oder ob diese Trennungen tatsächlich als Kastrationen erlebt werden. Für Freud war es der Kastrationskomplex, der die Geschlechter trennt und das menschliche Wesen menschlich macht. Das heißt nicht, daß die Bedeutung früherer Trennungen geleugnet wird. Freuds Deutung ist eine rückwirkende: In der Furcht vor der phallischen Kastration kann das Kind frühere Verluste »erinnern«, wobei die Kastration ihnen Bedeutung verleiht. In den anderen Deutungen sind es die Trennungen, die die Kastration bedeutungsvoll machen, hier ist das Schema prospektiv: Frühe Verluste lassen das Kind künftige befürchten. Für Freud ist die psychoanalytische Erfahrung eine Rekonstruktion: Das Subjekt ist Teil einer Geschichte. Die anderen Erklärungen lassen das Subjekt »wachsen«.

Auch hier unterstreicht Lacan die Position Freuds und formuliert sie gleichzeitig um. Der Kastrationskomplex ist *die* Instanz für die Menschwerdung des Kindes in seiner Geschlechtsdifferenz. Gewiß schließt er an andere Trennungen an, ja schreibt ihnen Bedeutung zu. Wird die Besonderheit des Phallus, deren Verdrängung die Errichtung des Gesetzes ist, zurückgewiesen, dann muß es zur Psychose kommen. Für Lacan machen alle anderen Hypothesen keinen Sinn. Sie lassen die Frage unbeantwortet, woher denn das Subjekt stamme. Lacan fragt, was mit der Sprache und der gesellschaftlichen Ordnung geschah, die das Subjekt, ob männlich oder weiblich, von anderen Säugetieren unterscheiden: Haben sie auf den Bildungsprozeß wirklich nur einen untergeordneten Einfluß? Wie läßt sich die Geschlechtsdifferenz in einer solchen Entwicklungsperspektive verstehen?

Es wird behauptet, an der Drohung der phallischen Kastration sei nichts Besonderes. Wenn Geburt, Entwöhnung, Bildung der Außenwelt lauter Kastrationen sind, dann muß die Erklärung für die Geschlechterverschiedenheit von anderswo kommen. Wenn die Kastration nur eine von mehreren Trennungen ist oder dasselbe wie der Verlust des sexuellen Wunsches bei Männern und bei Frauen (Jones' Aphanisis), was unterscheidet dann die beiden Geschlechter? Alle wichtigen Autoren, die damals Beiträge zum Thema lieferten, ob sie nun Freud ergänzten oder ihm widersprachen, erblickten die Erklärung in einer biologischen Anlage. Dies trifft auf Freuds biologistische Verteidigerin Helene Deutsch ebenso zu wie auf seine kulturalistische Gegnerin Karen Horney.

Die Entthronung des Kastrationskomplexes von seiner Schlüsselrolle in der Konstruktion der Geschlechterdifferenz und der Rekurs auf biologische Erklärungen waren von einer weiteren Veränderung begleitet. In der Mitte der zwanziger Jahre verlagerte sich die Diskussion. Die Krise im Begriff des Kastrationskomplexes mag wohl mit dazu beigetragen haben, daß ein neues Interesse an der weiblichen Sexualität sich formierte. In dieser Zeit begann auch die »große Debatte«; sie erreichte 1935 ihren Höhepunkt, als Ernest Jones, der nach Wien eingeladen worden war, um Vorlesungen zu halten, welche die rasch anwachsenden Spannungen zwischen englischen und österreichischen Analytikern dämpfen sollten, zum ersten (und einzigen) Thema die weibliche Sexualität wählte. Im Rückblick ist zu erkennen, daß der Bezugspunkt zwar immer noch die Unterscheidung zwischen den Geschlechtern war (die Pointe des Kastrationskomplexes), aber durch die Konzentration auf den Status der weiblichen Sexualität ging die Einsicht in das verloren, was die Unterscheidung erst hervorbringt. Man zog sich wieder auf den Biologismus zurück, den Freud abgestreift hatte.

Natürlich ging es bei Freud niemals um die Behauptung, Anatomie oder Biologie seien irrelevant, sondern allein darum, ihnen einen angemessenen Platz zuzuweisen. Dieser Platz lag außerhalb des psychoanalytischen Forschungsfeldes. Andere Analytiker lokalisierten ihn eben dort. So schrieb Carl Müller-Braunschweig, der (wie andere auch) annahm, es gebe eine angeborene Männlichkeit und Weiblichkeit, die direkt dem biologischen Männchen und Weibchen entsprächen, über ein »männliches und weibliches Es«. 1926 sprach Karen Horney vom »biologischen Prinzip der heterosexuellen Anziehung« und behauptete, die sogenannte männliche Phase beim Mädchen sei nichts als eine Abwehr ihrer primären weiblichen Angst, der Vater wolle sie vergewaltigen. Melanie Klein entwickelte die Vorstellung, daß das Mädchen aufgrund seiner ursprünglichen frühkindlichen weiblichen Sexualität eine unbewußte Kenntnis von der Vagina habe. Diese naturalistische Sichtweise, die durch die Arbeit von Jones illustriert wird, postuliert eine primäre Weiblichkeit für das Mädchen auf der Basis seines biologischen Geschlechts, die dann durch die Phantasien, die mit den Objektbeziehungen ins Spiel kommen, in ihrer Entwicklung beeinträchtigt wird. Die Vertreter dieser Position bestreiten zwar Freuds Theorem von einer phallischen Phase des Mädchens nicht, behaupten aber, es handle sich dabei bloß um eine Reaktion auf die natürliche weibliche Einstellung, um eine Sekundärbildung, einen zeitweiligen Zustand, in den das Mädchen flüchtet, wenn es seine Weiblichkeit gefährdet sieht. So wie der Knabe aufgrund einer natürlichen Fixierung an den Penis dessen Kastration fürchte, so fürchte das Mädchen aufgrund seiner natürlichen Weiblichkeit die Zerstörung ihres Körperinnern, wenn der Vater sie vergewaltigen sollte. Ob frühe Vaginalempfindungen vorkommen oder nicht, wird in diesem Zusammenhang zu einem entscheidenden Problem – einem Zusammenhang, in dem gewisse Regungen direkt und unvermittelt psychologische Eigenschaften stiften. Freud stellte sich energisch gegen eine solche Position. In einem Brief, der in diesem Kontext weniger kryptisch ist, als er zunächst erschien, schrieb er an Müller-Braunschweig:

»Ich wende mich gegen sie alle (Jones, Horney, Rado, usw.) insofern, als sie nicht klarer und sauberer zwischen dem Psychischen und dem Biologischen unterscheiden, zwischen beidem eine eindeutige Parallele festlegen wollen und, von dieser Absicht motiviert, gedankenlos psychische Tatsachen konstruieren, die unbeweisbar sind, wobei sie vieles von dem, was ohne Zweifel primär ist, als reaktiv oder regressiv darstellen müssen. Natürlich müssen diese Vorwürfe dunkel bleiben. Ich möchte zudem nur noch betonen, daß wir die Psychoanalyse von der Biologie getrennt halten müssen, genau so, wie wir sie von der Anatomie und Physiologie getrennt gehalten haben.«[13]

Freilich gab es Gegner Freuds, die sich nicht allzu deutlich auf eine biologische Erklärung der Geschlechterverschiedenheit stützen wollten; statt dessen betonten sie den psychologischen Mechanismus der Identifizierung mit seiner Objektabhängigkeit. Sowohl in Freuds Darstellung als auch bei den Objektbeziehungs-Theoretikern identifiziert das Kind sich nach Auflösung des Ödipuskomplexes erwartungsvoll mit dem Elternteil des passenden Geschlechts. Die Erklärungen sehen zwar ähnlich aus, aber die Stellung, die darin dem Kastrationskomplex eingeräumt wird, ist höchst verschieden. In Freuds Sicht übernehmen Knabe und Mädchen nach dem Kastrationskomplex (mehr oder weniger angemessen) die Geschlechtsidentität des entsprechenden Elternteils. Es handelt sich dabei aber stets um

eine Übernahme und zudem um eine gefährdete, wie Doras
»unpassende« Identifizierung mit dem Vater gezeigt hatte.
Für Freud ist die Identifizierung mit dem passenden Elternteil
ein *Ergebnis* des Kastrationskomplexes, der bereits die Kenn-
zeichnung des Geschlechtsunterschieds signalisiert hat. Für
Analytiker, die auf die Schlüsselrolle des Kastrationskomplexes verzichten, ist die Identifizierung (mit einer biologischen
Grundlage) die *Ursache* des Geschlechtsunterschieds. Ver-
kürzt formuliert läßt sich die Position dieser Theoretiker folgendermaßen erläutern: Es gibt einen Zeitabschnitt, in dem
das Mädchen sich vom Knaben nicht unterscheidet (für Klein
und einige andere ist dies die primäre weibliche Phase des
Knaben) und in der folglich beide die Mutter als erstes Objekt lieben und sich mit ihr identifizieren; als Resultat seines
biologischen Geschlechts (seiner Weiblichkeit) und weil seine
Liebe aufgrund seiner biologischen Unzulänglichkeit enttäuscht wurde (es hat keinen Phallus für seine Mutter bekommen und wird auch nie einen besitzen), tritt das kleine
Mädchen in seinen Ödipuskomplex ein und liebt den Vater.
Sodann identifiziert es sich wieder ganz mit seiner Mutter
und erlangt seine weibliche Identität. Daraus war ersichtlich,
daß gerade die Frage der weiblichen Sexualität bei der Entwicklung der Objektbeziehungs-Theorie ausschlaggebend
war. Dieses Konzept der Weiblichkeit legt großes Gewicht
auf die erste Beziehung zur Mutter. Das Problem der Geschlechterverschiedenheit erscheint als etwas Nebensäch-
liches, das nicht an die Bildung des Subjekts gebunden ist.
Das ist der Preis für die neuerliche Orientierung an der Mutter und die Vernachlässigung des Vaters.
Die Freudsche Psychoanalyse ist phallozentrisch. Sie ist es
deshalb, weil die menschliche Gesellschaftsordnung, die sie
durch das individuelle menschliche Subjekt hindurch gebrochen wahrnimmt, patrozentrisch ist. Bis heute steht der Vater
in der Position des dritten Bezugspunktes, der die asoziale
dyadische Einheit von Mutter und Kind aufbrechen *muß*.
Dieser dritte Bezugspunkt verlangt nach Repräsentation. Lacan
kommt mit dem Hinweis auf das Problem zurück, daß die

Beziehung von Mutter und Kind nicht außerhalb der Struktur definiert werden könne, die die Stellung des Vaters errichtet hat. Für Lacan ist eine Theorie, die den Vater entweder außer acht läßt oder ihn in der Mutter verkörpert sieht (Melanie Klein), oder die ihn durch deren Augen ansieht, Unsinn. Es gibt nichts *Menschliches*, das vorgängig oder außerhalb des vom Vater repräsentierten Gesetzes existiert; es gibt nur seine Leugnung (Psychose) oder das wechselvolle Schicksal seiner Bestimmungen (»Normalität« und Neurose). Letztlich ist die Unterscheidung zwischen den Geschlechtern für Kleinianer und nicht-kleinianische Objektbeziehungs-Theoretiker nicht das Resultat einer Teilung, sondern eine vorgegebene Tatsache; *es gibt* Männer und Frauen, Männchen und Weibchen *existieren*. Überraschungen sind ausgeschlossen.

Die Debatte mit seinen Kollegen veranlaßte Freud zu einigen entscheidenden Reformulierungen. Doch auch von diesen läßt sich sagen, daß sie auf seinem Konzept des Kastrationskomplexes aufruhen. Als er über seine Überzeugung nachdachte, daß beide, Knabe und Mädchen, eine phallische Phase durchlaufen, die primär ist und nicht reaktiv und sekundär, so wie andere vermuteten, betonte er erneut seine früheren Positionen. Wichtiger ist, daß er sie reformulierte. Der Ödipuskomplex, so wie er ihn einst konzipiert hatte, nämlich mit der darin unterstellten natürlichen Heterosexualität, erwies sich als fragwürdig. Doch die einfache Umkehrung, die Hervorhebung der ersten Mutterbeziehung, blieb ebenso unbefriedigend. Sofern man sich nicht in letzter Instanz auf eine biologisch indizierte Identifizierungsprämisse stützt, ist eine solche Position keine zureichende Erklärung des Unterschieds von Knabe und Mädchen. Lacan würde sagen, daß Freud genau an dieser Nahtstelle – nachdem er seine früheren Deutungen als irreführend erkannt hatte – den Begriff des Begehrens vorbrachte. Freud fragte: »Was will das Weib (das kleine Mädchen)?« Alle Antworten, einschließlich der Antwort »die Mutter«, sind falsch; sie *will* einfach. Der Phallus steht jetzt für das notwendigerweise *fehlende* Objekt des Begehrens auf der Ebene der sexuellen Trennung. Wenn dies zutrifft, dann

188 Entwicklung des Kindes und Frage der Weiblichkeit

kann der Ödipuskomplex kein statischer Mythos mehr sein, der die reale Situation von Vater, Mutter und Kind widerspiegelt; er wird zu einer Struktur, die sich um die Frage dreht, wo eine (männliche oder weibliche) Person mit und in ihrem Begehren ihren Ort hat. Dieses »Wo« wird durch den Kastrationskomplex festgelegt.

In seiner 1932 geschriebenen Vorlesung »Die Weiblichkeit« trägt Freud die Vorschläge seiner Gegner zum Problem der weiblichen Sexualität in Form von Fragen vor. Er fragt: »[...] wie kommt das Mädchen von der Mutter zur Bindung an den Vater, oder mit anderen Worten: aus ihrer männlichen in die ihr biologisch bestimmte weibliche Phase?«[14], und den Antworten seiner Gegner widersprechend folgert er, daß »auch hier die Konstitution sich nicht ohne Sträuben in die Funktion fügen wird«[15], und obwohl es »eine Lösung von idealer Einfachheit [wäre], wenn wir annehmen dürften, von einem bestimmten Alter an mache sich der elementare Einfluß der gegengeschlechtlichen Anziehung geltend und dränge das kleine Weib zum Mann«, sagt er: »Aber so gut sollen wir es nicht haben [...].«[16] Das biologische Weibchen ist dazu bestimmt, eine Frau zu werden. Die Frage freilich, mit der die Psychoanalyse sich zu befassen hat, lautet: *Wie* soll dies geschehen, wenn es ihm/ihr gelingen soll? Die ausgezeichnete Arbeit seiner Kollegen über die erste Beziehung zur Mutter läßt das Problem der Geschlechterverschiedenheit ungeklärt. »Wenn wir nicht etwas finden, was für das Mädchen spezifisch ist, beim Knaben nicht oder nicht so vorkommt, haben wir den Ausgang der Mutterbindung beim Mädchen nicht erklärt. Ich meine, wir haben dies spezifische Moment gefunden, und zwar an erwarteter Stelle, wenn auch in überraschender Form. An erwarteter Stelle, sage ich, denn es liegt im Kastrationskomplex.«[17]

Als Freud starb, hinterließ er einen unabgeschlossenen Aufsatz: »Die Ichspaltung im Abwehrvorgang« (1940e). Er handelt vom Kastrationskomplex und seinen Implikationen für die Konstitution des Subjekts. Er beschreibt die Ichbildung in einem Augenblick der Gefahr (drohender Verlust), der zu einer urtümlichen Spaltung führt, von der das Ich sich niemals erholt. Freud bietet die Reaktion auf den Kastrationskomplex, wenn ein Fetisch geschaffen wird, als Alternative, als exemplarisches Beispiel dieser Spaltung an. Wir können in diesem Aufsatz deutlich jene Position erkennen, auf die Lacan rekurrieren wird. Ein ursprünglich gespaltenes Subjekt impliziert notwendigerweise ein ursprünglich verlorenes Objekt. Obwohl Freud nicht wie Lacan vom Objekt als einem verlorenen spricht, ist ihm klar, daß dessen psychologische Bedeutung, wie er in der Vorlesung über die »Weiblichkeit« formuliert, aus dem Faktum entsteht, daß es niemals zu befriedigen vermochte: »Es scheint uns vielmehr, daß die Gier des Kindes nach seiner ersten Nahrung überhaupt unstillbar ist, daß es den Verlust der Mutterbrust niemals verschmerzt. Ich wäre gar nicht überrascht, wenn die Analyse eines Primitiven, der noch an der Mutterbrust saugen durfte, als er schon laufen und sprechen konnte, denselben Vorwurf zutage fördern würde.«[18] Leid und Mangel an Befriedigung sind die Auslöser des Begehrens.

Freuds letzte Schriften werden oft für Beweise der Verzweiflung eines alten Mannes genommen. Für Lacan indes weist ihr Pessimismus auf die Klärung und Zusammenfassung einer Theorie hin, deren Implikationen »anti-humanistisch« sind und es auch sein müssen. Der Streitpunkt der weiblichen Sexualität führt stets zu der Frage zurück, wie das menschliche Subjekt konstituiert wird. In den Theorien Freuds, die Lacan von neuem entfaltet, bestätigt der Geschlechtsunterschied, der durch den Kastrationskomplex bewirkt wird, daß das Subjekt verlorengegangen ist.

Lacans Perspektive lautet: Das Unbewußte des Analysanden enthüllt ein bruchstückhaftes Subjekt einer unsicheren Geschlechtsidentität. Menschlich sein heißt, einem Gesetz unterworfen zu sein, das dezentriert und trennt: Die Sexualität wird in einer Trennung geschaffen; das Subjekt ist gespalten. Eine ideologische Welt hält dies jedoch dem bewußten Subjekt verborgen, das dazu angehalten wird, sich als ganzes zu fühlen und seiner Geschlechtsidentität sicher zu sein. Ziel der Psychoanalyse sollte es sein, diese Kaschierung zu zerstören und den

Aufbau des Subjekts in seinen Spaltungen zu erneuern. Diese Theorie mag zutreffend sein, als Entwurf ist sie sicherlich prekär. Dieser Theorie und diesem Entwurf – der Geschichtsschreibung des gebrochenen sexuellen Subjekts – hat Lacan sich verpflichtet.

Die Frage der Weiblichkeit und die Theorie der Psychoanalyse

Ich spreche im folgenden nicht von psychoanalytischen Begriffen der Weiblichkeit, sondern von der Verbindung zwischen der Frage der Weiblichkeit und dem Aufbau der psychoanalytischen Theorie. Meines Erachtens legt die »Weiblichkeit« für Freud die Grenzen seiner Theorie fest, so wie deren Ablehnung die Grenzen der Möglichkeit einer psychotherapeutischen Kur markiert:

»Man hat oft den Eindruck, mit dem Peniswunsch und dem männlichen Protest sei man durch alle psychologische Schichtung hindurch zum ›gewachsenen Fels‹ durchgedrungen und so am Ende seiner Tätigkeit. Das muß wohl so sein, denn für das Psychische spielt das Biologische wirklich die Rolle des unterliegenden gewachsenen Felsens. Die Ablehnung des Weiblichen kann ja nichts anderes sein als eine biologische Tatsache, ein Stück jenes großen Rätsels der Geschlechtlichkeit.«[1]

Diese enge Beziehung zwischen dem Problem der Weiblichkeit und der Theorieproduktion ist für keinen anderen psychoanalytischen Diskurs ähnlich charakteristisch. Das hängt mit einem Orientierungswechsel zusammen: von den Neurosen zu den ihnen zugrunde liegenden Psychosen; vom Ödipalen zum Präödipalen. Zum Teil hängt es auch mit einem Unterschied im Theorieaufbau zusammen. Nach Freud mußten die psychoanalytischen Begriffe widerlegt oder bestätigt werden. Änderungen und Alternativen gehen meist direkt aus der klinischen Arbeit hervor. Für Freud stellte sich die Aufgabe jedoch anders: Er mußte *andere* Begriffe zu psychoanalytischen Begriffen machen.

Für Freud liegt der Begriff des Unbewußten bereit – eine Idee, die in der Literatur ringsum darauf wartet, entdeckt zu werden. Durch die Anwendung auf das Material seiner Beobachtungen wird er in eine Theorie umgewandelt. Freuds Patienten korrigieren oder bestätigen seine Begriffe, die stets umfassender und für breitere Anwendungen offen sind als ihre Besonderheit im klinischen Setting. Wenn wir dagegen Melanie Klein als Beispiel nehmen, können wir einen anderen intellektuellen Prozeß verfolgen. Als sie mit ihrer Arbeit anfing, waren Theorie und Praxis der Psychoanalyse etabliert. So beginnt sie, spezifische Aspekte der psychoanalytischen Theorie in Frage zu stellen. Ihre Patienten führen sie nicht zu einer umgreifenden Theorie zurück, sondern nach vorn, auf eine neue Beschreibung hin, die sich allein auf das Beobachtete und Erlebte stützt. Hier gibt es keine Beschäftigung mit dem Wesen der Theorie, mit dem Wesen der Wissenschaft oder gar damit, die Psychoanalyse wissenschaftlich zu machen. Das gilt als erwiesen. Nicht aber für Freud.

Was hielt Freud selbst für das Wesen der Theorie? Ich möchte zwei Zitate anführen, die den Bezugsrahmen markieren. Zunächst aus der *Neuen Folge der Vorlesungen zur Einführung in die Psychoanalyse*:

»Der Eigenart des Psychischen können wir nicht durch lineare Konturen gerecht werden wie in der Zeichnung oder in der primitiven Malerei, eher durch verschwimmende Farbenfelder wie bei den modernen Malern. Nachdem wir gesondert haben, müssen wir das Gesonderte wieder zusammenfliessen lassen.«[2]

Und in *Warum Krieg*? die Frage an Einstein:

»Vielleicht haben Sie den Eindruck, unsere Theorien seien eine Art von Mythologie, nicht einmal eine erfreuliche in diesem Fall. Aber läuft nicht jede Naturwissenschaft auf eine solche Art von Mythologie hinaus? Geht es Ihnen heute in der Physik anders?«[3]

Linien, die gezogen werden, um mitzuteilen, was wir wissen, Mythen, symbolhafte Geschichten, die uns andere Geschichten erhellen sollen...

Als Freud zum ersten Mal die Hypnose bei Patienten anwandte, war er (ebenso wie andere) sich bewußt, daß die Behandlung einen wichtigen, schlafähnlichen Vorgang des hysterischen Anfalls selbst wiederholte. Zumindest innerhalb von Freuds eigener psychoanalytischer Theorie bleibt meines Erachtens diese homologe Struktur erhalten: ein für die Krankheit typisches

Element wird aufgegriffen und in der Therapie wiederholt, worauf es seinerseits einen Ort im Zentrum des Theorieaufbaus findet. Die berühmt gewordene Überlegung am Ende des Falls Schreber ist ein Hinweis darauf:

»Da ich weder die Kritik fürchte noch die Selbstkritik scheue, habe ich kein Motiv, die Erwähnung einer Ähnlichkeit zu vermeiden, die vielleicht unsere Libidotheorie im Urteile vieler Leser schädigen wird. Die durch Verdichtung von Sonnenstrahlen, Nervenfasern und Samenfäden komponierten »Gottesstrahlen« Schrebers sind eigentlich nichts anderes als die dinglich dargestellten, nach außen projizierten Libidobesetzungen und verleihen seinem Wahn eine auffällige Übereinstimmung mit unserer Theorie. [...] Es bleibt der Zukunft überlassen zu entscheiden, ob in der Theorie mehr Wahn enthalten ist, als ich möchte, oder in dem Wahn mehr Wahrheit, als andere heute glaublich finden.«[4]

Und später:

»Ich bin dabei der Verlockung einer Analogie gefolgt. Die Wahnbildungen der Kranken erscheinen mir als Äquivalente der Konstruktionen, die wir in den analytischen Behandlungen aufbauen, Versuche zur Erklärung und Wiederherstellung [...].«[5]

Da für Freud eine wissenschaftliche Theorie ein Mythos war (daran ist nichts Pejoratives), sollten wir uns in Erinnerung rufen, daß seine Fallgeschichten sich nicht nur wie *romans à clef* [Schlüsselromane] lesen lassen, sondern daß er selbst sich dessen durchaus bewußt war:

»Ich bin nicht immer Psychotherapeut gewesen, sondern bin bei Lokaldiagnosen und Elektroprognostik erzogen worden wie andere Neuropathologen, und es berührt mich selbst noch eigentümlich, daß die Krankengeschichten, die ich schreibe, wie Novellen zu lesen sind, daß sie sozusagen des ernsten Gepräges der Wissenschaftlichkeit entbehren.«[6]

Wenn die Theorie ein Mythos und die Fallgeschichte eine Novelle ist, dann ist natürlich der Kern der Krankheit in gewisser Weise ebenfalls eine Erzählung. Ein Kommentator formulierte es so: »Charcot sieht, Freud hört. Vielleicht liegt die gesamte Psychoanalyse in dieser Verschiebung.« Ich glaube zwar nicht, daß die gesamte Psychoanalyse in dieser Verschiebung liegt, wohl aber, daß sie wichtig ist. Statt die Sprache, die *talking cure* [Redekur] zu betonen, würde ich hier die Behandlung durch Zuhören hervorheben. Hysteriekranke sind schöpferische Künstler, sie leiden an Reminiszenzen, haben irgend etwas gehört, was sie krank gemacht hat:

»Der Witz in der Hysterieauflösung, der mir gefehlt hat, besteht in der Entdeckung einer neuen Quelle, aus der ein neues Element der unbewußten Produktion herrührt. Ich meine die hysterischen Phantasien, die regelmäßig, wie ich sehe, auf die Dinge zurückgehen, welche die Kinder früh gehört und erst nachträglich verstanden haben. Das Alter, in dem sie solche Kunde aufgenommen, ist sehr merkwürdig, von 6–7 Monaten an!« (Freud an Fließ, 6. 7. 1897)[8]

In diesen frühen Arbeiten – vor der *Traumdeutung* und vor einem erneuten Interesse am Sichtbaren und an der Wahrnehmung – sitzt der Akzent auf dem Hörbaren und seinem Zusammenhang mit der Bildung unbewußter Phantasien. Charcot sah, was er hörte, klassifizierte es und tat es dann als erledigt ab.

»Sie sehen doch, wie die Hysterikerinnen schreien. Viel Lärm um nichts. [Es heißt von ihr, sie spreche] über jemanden mit Bart, Mann oder Frau [. . .]. Ob Mann oder Frau ist zwar nicht ohne Bedeutung, aber über dieses Geheimnis wollen wir hinweggehen.«[9]

Freud entschied jedoch, daß diese Erzählungen eine bestimmte Bedeutung haben. Der Übergang vom Sehen zum Hören, von Charcot zu Freud, ist eine Abkehr von der Beobachtung und der damit verbundenen Blindheit des sehenden Auges.

Geschichten haben immer zwei Dimensionen: das, wovon sie erzählen, und den Erzähler. Freud glaubte zunächst, die Geschichten seien wahr, und dann glaubte er, daß sie als Geschichten wahr seien. Hysteriekranke erzählen Geschichten und fabrizieren Novellen – besonders für den zuhörenden Arzt. Anfangs war Freud leichtgläubig. Er meinte, sie handelten tatsächlich von dem, wovon zu handeln sie vorgaben. Doch sehr bald erkannte er, daß seine Patienten Geschichten erzählten. Die Geschichten waren Geschichten der psychischen Realität: der Gegenstand der Psychoanalyse. Das, worüber sie gehen, ist zuerst Verführung und dann Phantasie. Der Erzähler ist der Anfang der Psychoanalyse als Theorie und Therapie der Subjektivität.

Sozialhistoriker in Westeuropa und in den USA sind der Auffassung, die Hysterie habe im neunzehnten Jahrhundert epidemische Ausmaße angenommen. In erster Linie war sie eine Frauenkrankheit. Alice James, die Schwester des Romanciers Henry und des Philosophen William James, mag hier als Beispiel für mein Thema genügen. Wie bei Dora scheinen auch Alices Konversionssymptome sich hauptsächlich aus einer Identifizierung mit dem Vater ergeben zu haben – eine hysterische Lähmung aufgrund einer Amputation bei ihm. Niemand bezweifelte, daß Alice ebenso befähigt war wie ihre Brüder; sie aber verwandelte ihre Krankheit in ihre Karriere und schrieb ihre Tagebücher, um die Mitteilungen ihres Körpers zu begleiten. Sie beschrieb ihre Gefühle:

»Wenn ich unbeweglich in der Bibliothek zu sitzen pflegte und Wellen von heftigen Krämpfen plötzlich in meine Muskeln einströmten und eine der zahllosen Formen annahmen, wie etwa mich aus dem Fenster zu stürzen oder den Kopf des gütigen Paters abzuschlagen, während er, mit seinen Silberlocken, schreibend am Tisch saß, dann erschien es mir immer so, als ob der einzige Unterschied zwischen mir und den Verrückten der war, daß ich den ganzen Schrecken und das Leiden des Wahnsinns erlitt, mir aber gleichzeitig auch die Pflichten des Arztes, der Pflegerin und der Zwangsjacke auferlegt waren. Stelle dir vor, niemals ohne das Gefühl zu sein, daß du, wenn du dich einen Augenblick lang gehen läßt, alles fahren lassen, die Deiche einstürzen und die Flut einströmen lassen und dich angesichts unveränderlicher Gesetze als völlig ohnmächtig erkennen mußt.«[10]

Und:

»Wenn ich tot bin, haltet mich bitte nicht einfach für ein Geschöpf, das etwas anderes hätte sein können, wenn es die Nervenwissenschaft schon gegeben hätte.«[11]

Viele Ärzte im neunzehnten Jahrhundert wurden über ihre hysterischen Patienten wütend und sahen sich in einen Machtkampf verstrickt, bei dem die beste Waffe ihrer Gegner die Weigerung war, geheilt zu werden. Das Problem ist Freud und den späteren Analytikern vertraut. Freuds Auffassung verschob

sich – in typischer Weise – von der Vorstellung eines gesellschaftlichen Krankheitsgewinns (die Entfernung der Mittel-
schichtfrauen aus unerträglichen Situationen) auf eine psychologische Vorstellung, die sich in zwei Richtungen entwickelte.
Einerseits entstanden daraus die Theorien des Widerstands, der
negativen therapeutischen Reaktion und, besonders im An-
schluß an den Fall Dora, der Übertragung und Gegenübertra-
gung. Andererseits führte es nach einem schwierigen Weg, den
ich hier versuchsweise skizzieren werde, zum Gedanken einer
fundamentalen menschlichen Ablehnung der Weiblichkeit –
eine Ablehnung, die für Freud der »gewachsene Fels« der
Psychoanalyse sowohl als Theorie wie auch als Therapie
war.

Ich behaupte, daß die Psychoanalyse vom Verstehen der Hysterie ausgehen mußte. Sie hätte sich nicht im Ausgang von einer
der anderen Neurosen oder Psychosen entwickeln können,
zumindest nicht in derselben Weise. Die Hysterie brachte Freud
auf das, was in der psychischen Konstruktion universal ist, und
sie brachte ihn darauf im Zusammenhang einer langwierigen
und unumgänglichen Beschäftigung mit dem Geschlechtsunterschied. Die sexuelle Ätiologie der Hysterie kündigte sich für
Freud in den Symptomen, Geschichten und Assoziationen seiner Patienten und in den beiläufigen Kommentaren seiner
Kollegen an. Doch das Thema der Geschlechterverschiedenheit
– Weiblichkeit und Männlichkeit – war ein Bestandteil der
Krankheit selbst.

Am Interesse Freuds für die Arbeit von Charcot müssen zwei
Aspekte betont werden; sie sind zwar voneinander unabhängig,
aber ich glaube, daß Freud sie zusammenbrachte. Charcot wies
auf die Existenz der männlichen Hysterie hin. Er schrieb der
Krankheit sogar einen organischen Charakter zu. Als Freud aus
Paris nach Wien zurückkehrte, handelte der erste Aufsatz, den
er vorlegte, von männlicher Hysterie. In seinem Bericht kom-
mentiert er die Arbeit Charcots so:

»So wurde durch seine Bemühungen die Hysterie aus dem Chaos der
Neurosen herausgehoben, gegen andere Zustände ähnlicher Erscheinung abgegrenzt, und mit einer Symptomatologie ausgestattet, wel-

che, ob mannigfaltig genug, doch das Walten von Gesetz und Ordnung nicht mehr verkennen läßt.«[12]

In der gleichen Zeit schreibt Freud, auf dem Höhepunkt seiner Freundschaft mit Fließ, Glückwünsche zu dessen Werk über die Menstruation: Fließ habe die Macht des weiblichen Geschlechts eingedämmt, so daß es nun ebenfalls seinen Anteil am Gehorsam gegenüber dem Gesetz trage.[13] Die Suche nach Gesetzen und Grenzlinien, um das Bild zu ordnen, Gesetzen, die am Ende doch nur Mythen sind...

Die Gesetze der menschlichen Psyche werden genau dasselbe sein wie die Gesetze der Geschlechterdifferenz. Die Hysterie war die Krankheit der Frau, ein Mann konnte sie möglicherweise ebenfalls haben. In den Augen Freuds ist die Hysterie nicht länger eine Kategorie, die einem bestimmten Bevölkerungsteil zugehört; sie wird zu einer allgemeinen menschlichen Möglichkeit, einer Möglichkeit nicht nur in dem Sinne, daß jeder Mensch sie bekommen kann, sondern daß sie geradezu den Schlüssel zur menschlichen Psyche liefert.

Wir sehen, wie Freud sich in den frühen Schriften 1880–1890 von der Besonderheit der Hysterie zur Konstruktion der Subjektivität in der *condition humaine* vorantastet. Der Weg verläuft stets über das Dilemma der Geschlechterverschiedenheit:

»Funktional auf das Sexualleben bezogene Bedingungen spielen in der Ätiologie der Hysterie eine große Rolle [...], aufgrund der psychischen Bedeutung dieser Funktion besonders beim weiblichen Geschlecht.«[14]

»Die Hysterie setzt notwendigerweise ein primäres Unlusterlebnis also passiver Natur voraus. Die natürliche sexuelle Passivität des Weibes erklärt die Bevorzugung desselben für die Hysterie. Wo ich Hysterie bei Männern fand, konnte ich ausgiebige sexuelle Passivität in deren Anamnese nachweisen.«[15]

»Ihre [Lucys] Hysterie darf also eine akquirierte genannt werden und setzt nichts weiter voraus als die wahrscheinlich sehr verbreitete Eignung – Hysterie zu akquirieren, deren Charakteristik wir noch kaum auf der Spur sind.«[16]

Freud erprobte alle möglichen Erklärungen, weshalb eine Krankheit, die in offenkundiger Weise hauptsächlich bei Frauen gefunden wurde, auch bei Männern auftreten sollte. Es war ein Heureka-Ruf, als er an Fließ schrieb: »Nur die Bisexualität! Mit der hast Du sicherlich Recht. Ich gewöhne mich auch, jeden sexuellen Akt als einen Vorgang zwischen vier Individuen aufzufassen. Darüber wird viel zu reden sein.« [1950a, S. 249] Bisexualität war das Postulat von etwas Allgemeinem in der menschlichen Psyche. Obwohl die Bisexualität erklärte, weshalb Männer *und* Frauen an Hysterie erkranken konnten, lieferte sie keinerlei Erklärung dafür, weshalb gerade die Weiblichkeit ins Spiel kommen sollte.

Auf der Ebene der Novelle war die Erzählung, die Freud zu hören bekam, die über eine Verführung durch den Vater. Nachdem er von dieser Information überzeugt war, schrieb er an Fließ, daß irgend etwas seine Arbeit behindere. Das Hindernis hängt mit Freuds Beziehung zu Fließ zusammen – mit einer Beziehung zwischen zwei Männern, die dann 1937 zur Kehrseite des »Gesteins« der psychoanalytischen Theorie und Therapie werden sollte: wiederum eine Ablehnung der Weiblichkeit, der Passivität gegenüber einem Mann (und diesmal von seiten des Mannes).

Viele Kommentatoren (einschließlich Freud selbst) haben festgestellt, daß in der Beziehung mit Fließ Freuds Weiblichkeit überwog. Möglicherweise war seine Weiblichkeit sogar ausschlaggebend dafür, daß die Freundschaft sich schließlich nicht mehr halten ließ. Freud bezog sich bei verschiedenen Anlässen mit dem Ausdruck »meine kleine Hysterie« auf seine eigene Neurose. In der Zeit, da er in seiner Arbeit über die Hysterie behindert war, kam dies häufig vor. Dann erlebt er einen Durchbruch: »Ich glaube an meine Neurotica nicht mehr.« Hysterisch Kranke leiden nicht am Trauma der väterlichen Verführung, sondern bringen die Phantasie eines kindlichen Wunsches zum Ausdruck. Gilt dies nur für Hysteriekranke oder für alle Menschen? Freuds klinisches Gehör und seine Selbstanalyse fügen sich zusammen:

»Ein einziger Gedanke von allgemeinem Wert ist mir aufgegangen. Ich habe die Verliebtheit in die Mutter und die Eifersucht gegen den Vater auch bei mir gefunden und halte sie jetzt für ein allgemeines Ereignis früher Kindheit, wenn auch nicht immer so früher wie bei den hysterisch gemachten Kindern. [...] Wenn das so ist, so versteht man die packende Macht des Königs Ödipus [...].«[17]

Hysterie, die ödipale Krankheit; Quelle für den Gedanken des Ödipuskomplexes, entdeckt durch die Hysterie Freuds, eines männlichen Analytikers. Allgemeine Bisexualität; allgemeiner Ödipuskomplex; Hysterie: die stärkste ödipale Neurose, die am meisten von der Bisexualität Gebrauch macht. Die Frauen sind ödipaler, bisexueller, hysterischer. Diese Zusammenhänge sollten noch jahrelang auf eine Theorie warten. Was war an der Hysterie und an der Weiblichkeit das Allgemeine, was war daran das Besondere?
In Freuds Forschungen gab es noch einen anderen Strang, der später angeschlossen werden sollte. Diese frühen Texte befassen sich hauptsächlich mit zwei Aspekten der Hysterie: mit den Trübungen oder Lücken im Bewußtsein und mit der Bewußtseinsspaltung. Die Krankheit von Anna O. enthüllt die Bewußtseinslücken, die Krankheit von Lucy R. die Bewußtseinsspaltung.

»Der eigentlich traumatische Moment ist demnach jener, in dem der Widerspruch sich dem Ich aufdrängt und dieses die Verweisung der widersprechenden Vorstellung beschließt. Durch solche Verweisung wird letztere nicht zunichte gemacht, sondern bloß ins Unbewußte abgedrängt; findet dieser Vorgang zum ersten Male statt, so ist hiermit ein Kern- und Kristallisationspunkt für die Bildung einer vom Ich getrennten psychischen Gruppe gegeben, um den sich in weiterer Folge alles sammelt, was die Annahme der widerstreitenden Vorstellung zur Voraussetzung hätte. Die Spaltung des Bewußtseins in diesen Fällen akquirierter Hysterie ist somit eine gewollte, absichtliche, oft wenigstens durch einen Willkürakt eingeleitete. Eigentlich geschieht etwas anderes, als das Individuum beabsichtigt; es möchte eine Vorstellung aufheben, als ob sie gar nie angelangt wäre, es gelingt ihm aber nur, sie psychisch zu isolieren.«[18]

Die Spaltung des Bewußtseins, das Verschwinden des Sinns, das Unbewußte – sie bleiben nicht mehr nur auf Eigenschaften der Hysterie beschränkt, sondern werden ebenfalls verallgemeinert. Freud trifft schließlich eine Unterscheidung zwischen der eigenen Hysterietheorie und der von Pierre Janet, weil Janet behauptet, Kennzeichen der Hysterie sei die Spaltung, während es für Freud die Konversion ist. Für Freud war die Spaltung eine allgemeine Bedingung. Am Ende seines Lebens kam er auf die Frage zurück. In dem unabgeschlossenen Aufsatz »Ichspaltung im Abwehrvorgang« ist er sich nicht sicher, ob er (1938) auf dem Weg zu etwas Neuem ist oder bloß etwas bereits Gesagtes wiederholt. Fünfzig oder sechzig Jahre früher hatte die erneute Beschäftigung mit der Bewußtseinsspaltung sein Werk über die Hysterie geprägt. Nach meiner Auffassung ist das jetzt Gesagte zugleich alt und neu. Neu daran ist, daß er nun, gegen Ende der dreißiger Jahre, eine Abstimmung auf das Problem der Geschlechterdifferenz vornimmt. In der Anfangszeit lief beides nebeneinander – er hatte den Punkt, an dem beides zusammenhing, noch nicht bestimmt.

In der älteren Arbeit über Hysterie blieb das Problem der Teilung in Männlichkeit und Weiblichkeit noch unverbunden mit der Spaltung. Um 1890 kam Freud einer von der Sexualität bestimmten Auffassung der Verdrängung ziemlich nahe. Fließ legte die eine Fassung des Arguments vor, die andere sollte sich als ein Fehler von Adler herausstellen. In einem Entwurf unter dem Titel »Architektur der Hysterie« schrieb Freud: »Die Vermutung geht dahin, daß das eigentlich verdrängte Element stets das Weibliche ist, und wird dadurch bestätigt, daß die Frauen sowohl wie die Männer leichter die Erlebnisse mit Frauen hergeben als die mit Männern. Was die Männer eigentlich verdrängen ist das päderastische Element.«[19] Wie eng verwandt und doch wie verschieden wiederum ist dies von der Ablehnung der Weiblichkeit als dem »gewachsenen Fels« der Psychoanalyse in »Die endliche und die unendliche Psychoanalyse« (1937c). Am Gedanken einer sexuellen Interpretation der Verdrängung hielt Freud jedoch nicht lange fest.

Sechs Monate später schreibt er dazu in jenem Brief an Fließ, wo er von der Stockung in seiner Selbstanalyse berichtet: »Habe es auch aufgegeben, die Libido für den männlichen, die Verdrängung für den weiblichen Faktor zu erklären.«[20] Dennoch bleibt die Libido in Freuds Theorie »männlich«, wobei es keineswegs so ist, daß die Verdrängung weiblich ist, vielmehr wird die Weiblichkeit zurückgewiesen.

Der Begriff, der Freuds Beobachtung der Bewußtseinsspaltung und das Dilemma des Geschlechtsunterschieds, wie es sich in der Hysterie darstellte, zusammenführte, war der Kastrationsbegriff. Ich möchte auf die Einzelheiten dieses Begriffs hier nicht eingehen, sondern bloß festhalten, wie er entstand, was er erklärte und wie energisch er von anderen Analytikern zurückgewiesen wurde (und vielleicht immer noch wird). Er ergab sich aus Freuds Suche nach der inneren Logik dessen, was er beschreiben mußte. Freud benutzte sowohl Fließ' biologische als auch Adlers soziologische Darstellung als Puffer, von denen seine Theorie sich abstoßen mußte. Auf zwei faszinierenden Seiten am Ende von »Ein Kind wird geschlagen« (1919*e*) erläutert er, warum die beiden Erklärungen fehlschlagen. Auch der Begriff der Kastration ergab sich daraus, daß ein aufmerksames Ohr auf das Problem in den Fallgeschichten, besonders beim kleinen Hans, eingestimmt war. Er erklärt, kurz gesagt, wie die Bildung der menschlichen Psyche mit dem Aufbau einer psychologischen Vorstellung der Geschlechterdifferenz verknüpft ist.

Für Freud gilt als erste Frage des Kindes: »Wo kommen die kleinen Kinder her?« Die zweite Frage (bei Mädchen in der Reihenfolge vielleicht umgekehrt) lautet: »Was ist der Unterschied zwischen den Geschlechtern?« Der Theoretiker Freud reformulierte die eigene Hypothese – die vorgestellten Kinderfragen – als den Mythos (oder als die Theorie) vom Ödipuskomplex und als Mythos (oder Theorie) vom Kastrationskomplex: Grenzlinien um unscharfe Farbfelder.

Die Spaltung, die zur Errichtung des Unbewußten führte, wird wiederholt in einer Spaltung, welche die Trennung zwischen den Geschlechtern erzeugt. Aus diesem Grund wird im Aufsatz über die Ichspaltung (1938) als Musterbeispiel das bewußte Annehmen des Kastrationskomplexes und die gleichzeitige, unbewußte Zurückweisung seiner möglichen Implikationen (Weiblichkeit), wie sie bei der Errichtung eines Fetischobjekts zum Ausdruck kommen, herangezogen.

Für Freud fällt die endgültige Bildung der menschlichen Psyche mit dem psychologischen Erwerb der Bedeutung der Geschlechterverschiedenheit zusammen. In Freuds Theorie ist sie nicht von Anfang an da, sondern muß entwickelt werden:

»Wenn wir unter Verzicht auf unsere Leiblichkeit als bloß denkende Wesen, etwa von einem anderen Planeten her, die Dinge dieser Erde frisch ins Auge fassen könnten, so würde vielleicht nichts anderes unserer Aufmerksamkeit mehr auffallen als die Existenz zweier Geschlechter unter den Menschen, die, einander sonst so *ähnlich*, doch durch die äußerlichsten Anzeichen ihre Verschiedenheit betonen. Es scheint nun nicht, daß auch die Kinder diese Grundtatsache zum Ausgange ihrer Forschungen über sexuelle Probleme wählen. [...] Der Wissensdrang der Kinder erwacht hier überhaupt nicht spontan, etwa infolge eines angeborenen Kausalitätsbedürfnisses [...].«[21]

Die erzählte Geschichte handelt von der Aneignung und von der Zurückweisung dieses Wissens.

Geschlechterverschiedenheit, gut; warum aber sollte dann die Weiblichkeit zurückgewiesen werden? Vor Freud meinten viele Ärzte und Autoren, Hysterikerinnen seien Frauen, die ihrer weiblichen Rolle entfliehen oder gegen sie protestieren wollen. Freud spielte mit der Möglichkeit, daß alles, was weiblich war, verdrängt wurde; damit wäre das verdrängte Weibliche der Inhalt des Unbewußten. Wir wissen nur zu gut, wie häufig von den Frauen gedacht wird, sie stünden in einem engen Kontakt mit dem Unbewußten, sie seien näher an den Wurzeln der Natur – nach den Worten von Ezra Pound:

»[...] das Weibliche
Ist ein Element, das Weibliche
Ist ein Chaos
Eine Krake
Ein biologischer Prozeß.«

Freuds Antwort lautete: Nein, wir müssen die Psychoanalyse von der Biologie getrennt halten; die Verdrängung darf nicht sexualisiert werden. Die Weiblichkeit repräsentiert schließlich *doch* den Punkt, an dem Bedeutung und Bewußtsein verschwinden. Weil dieser Punkt das Chaos ist, ist das, wofür zu stehen es bestimmt wurde – nämlich die Lücke anzuzeigen –, unerträglich und wird zurückgewiesen. Nach dem Verlust des Gleichgewichts wird etwas halluziniert, um die Lücke zu füllen: eine Brust; als Fetisch geschaffen, beneidet: ein Penis. Die klinische Erfahrung der Spaltung und Kastration ist das Erschrecken – Penisneid, Halluzination, Fetischismus sind Entlastungen, Erleichterungen.

Gewöhnlich wird angenommen, die Kastration beruhe auf Deprivation, auf Beraubung – etwas wird einem weggenommen, zum Beispiel bei der Entwöhnung. Ich vermute dagegen, daß das, worauf sie beruht und was sich zu ihrer sexuellen Bedeutung fügt, vielmehr die Spaltung ist. Erst dann setzt, »nachträglich«, die Deprivation ein. Das Fehlen, eine Lücke läßt sich nicht erleben – die Menschen schrecken ebensosehr wie die Natur vor einem Vakuum zurück –, man kann dieses Nichterlebbare nur erleben als etwas, das einem weggenommen wurde. Man *benutzt* die Deprivation, um das Unbeschreibliche zu beschreiben – das Unbeschreibliche sind die Spaltung und der Kastrationskomplex.

Freud spricht dort von Spaltung, wo Melanie Klein »abgespaltene Teile« wahrnimmt, die dem Analytiker durch Projektion mitgeteilt werden können. Die Ähnlichkeit des Vokabulars verdeckt entscheidende Unterschiede. Ich bin mir nicht sicher, ob die Spaltung, von der Freud spricht, in der Übertragung erlebt werden könnte. Sie läßt sich am Fetischismus beobachten, aber auf der Rückseite des Fetischobjekts gibt es kein Objekt, also auch kein Subjekt. Der Analytiker kann in seiner beschränkten Erfahrung lediglich etwas bestätigen; alles, was der Patient tun kann, ist, den intensivsten Schrecken zu erleben, einen Schrecken, der zwar ohne Bewußtseinstrübung ist, aber durch Phantasiebilder ausgefüllt werden kann. Die Leere des Chaos wird mit Leben erfüllt und zu einer

Überfülle an ungeordnet-geordneten Gefühlen und Objekten gemacht.

In der Spaltung verschwindet die Subjektivität des Subjekts. Das Erschrecken entspringt dem Verlust des Selbst im Unbewußten – der Lücke. Weil aber die menschliche Subjektivität letztlich nicht außerhalb der Trennung in zwei Geschlechter leben kann, tritt die Kastration als Symbolisierung dieser Spaltung ein. Das Weibliche steht dann über der Stelle des Verschwindens, des Verlusts. In der populären Bilderwelt wird die Kastration gewöhnlich als Abschneiden, Fehlen, Abwesenheit von etwas, als Wunde oder Narbe vorgestellt. Analytisch erfahren wird sie nicht nur in diesen blassen Indikatoren des Mangels, sondern als etwas, das auf erschreckende Weise nicht am richtigen Platz ist – etwas ist an einer Stelle, wo es nicht sein sollte. Das bei der Spaltung erlittene Trauma ist die Erfahrung, daß man nicht da ist; das gleiche Trauma, das schließlich die Kastration symbolisiert, besteht darin, unvollständig zu sein, ein Trauma, das immer wieder nacherlebt werden kann auf den unendlichen Nebenwegen der Fehlschläge und Unzulänglichkeiten des Lebens. Der Verlust kann nur zugeschüttet werden:

»Als Verwahrung gegen die Kastration ist es aufzufassen, wenn eines der gebräuchlichen Penissymbole im Traume in Doppel- oder Mehrzahl vorkommt.«[22]

Da die menschliche Subjektivität im Grunde nicht außerhalb der Geschlechtertrennung existieren kann – niemand kann ohne Geschlecht sein –, strukturiert die Kastration den Verlust des Subjektseins in seine sexuellen Bedeutungen. Etwas, mit dem das Subjekt sich identifiziert hat, das es als sein/ihr Selbst empfunden hat (etwas, das die Mutter befriedigt, die phallische Phase – Phallus für die Mutter *sein* –, die sie vervollständigt), verschwindet und fehlt. Die Kastration wird »entdeckt« in der Mutter, die nicht mehr als vollständig wahrgenommen wird – etwas fehlt, der Säugling hat sie verlassen. Der Säugling entfernt sich – er verschwindet aus dem Spiegel. Bisexualität ist eine Bewegung über eine Grenze hinweg; sie ist *nicht* Androgynität. Für Freud gibt es keine Geschlechterverschiedenheit, die symbolisch artikuliert wird, bevor der Kastrationskomplex die Strukturierung jener Wünsche bewirkt hat, die in der ödipalen Situation zum Ausdruck gelangen. Freilich gibt es Unterscheidungen zwischen männlich und weiblich, aktiv und passiv, es gibt mannigfaltige *Verhaltensunterschiede* zwischen Knaben und Mädchen, aber keine Vorstellung im Seelenleben, daß man nicht vollständig sei, daß etwas fehle.

Der Kastrationskomplex ist nicht auf Frauen oder auf Männer bezogen, sondern er ist eine Gefahr, ein Schrecken für beide – eine Lücke, die von beiden jeweils verschieden ausgefüllt werden muß. Im fiktiven Idealtypus geschieht dies beim Knaben durch die Illusion, eine künftige Wiedergewinnung der phallischen Potenz werde seine Ganzheit wiederherstellen; beim Mädchen geschieht es durch etwas psychisch Gleichartiges: ein Kind. Phallische Potenz und Mutterschaft stehen – für Männer und Frauen – schließlich für die Ganzheit ein.

Ungeachtet des Alters und des Generationsstatus der betroffenen Frau oder des Mannes war und ist die Hysterie eine Krankheit der Tochter. Sie ist eine Kinderphantasie über ihre Eltern – die »Tochter« im Mann oder in der Frau hat keine Lösung in der Homosexualität, in der Mutterschaft oder in einer Karriere gefunden. »Ihr« scheint die Weiblichkeit tatsächlich der Lücke gleichzukommen, die durch die Kastration angezeigt wird, oder sie wird, nach den Worten von Joan Rivière, als eine »Maskerade« inszeniert, um sie zuzudecken.

In den zwanziger Jahren kam es zu einigen wichtigen Entwicklungen, die einerseits in der Ich-Psychologie gipfelten, andererseits in der Objektbeziehungs-Theorie kleinianischer und nichtkleinianischer Richtung. Bezüglich der Eigenart weiblicher Sexualität gab es eine Reihe von wichtigen und ungelösten Streitpunkten, doch den entscheidenden Punkt sehe ich darin, daß die Frage der Weiblichkeit nicht mehr Beweggrund für die theoretischen Konstruktionen ist, obwohl man auf dem Problem beharrte. Ich möchte hier auf einige Tendenzen in der Arbeit von Melanie Klein hinweisen, um die Folgen deutlich zu machen.

Bei der Enträtselung der Phantasie hörte Freud aus seinen

erwachsenen Patienten das Kind heraus; Klein arbeitete mit Kindern und entdeckte in deren Phantasien das Kleinkind. Dabei gibt es freilich einen Unterschied: Im Denken Kleins verschmelzen Kind und Kleinkind – ihre Phantasien nehmen es mit den äußeren und inneren Realitäten in der Gegenwart auf. Auch für Freud ist aufgrund des von ihm formulierten »Wiederholungszwangs« das Kind in der Gegenwart des Erwachsenen lebendig. Für ihn enthält aber die Gegenwart stets eine Konstruktion der Vergangenheit: Von der Geburt bis zum Tod ist das Subjekt zuerst und vor allem tatsächlich ein historisches Subjekt; es ist nichts anderes als das, was er/sie aus sich macht. Diese Bedeutung von Geschichte gibt es bei Klein weder in der Theorie noch in der Praxis. Freud hob in seiner Theorie bis zu seinem Lebensende die analytische Aufgabe hervor, eine Geschichte zu rekonstruieren. Klein legte das Gewicht auf Interpretation und Analyse der Übertragungserfahrung, wobei die Aufgabe darin besteht, zu verstehen (zum größten Teil durch Projektion und Introjektion), was zwischen zwei Menschen in der analytischen Sitzung kommuniziert wird. Die Erfahrung des psychischen Mechanismus bringt die Geschichte heraus, die nicht mehr eine berichtete Erzählung ist, sondern etwas, das im Prozeß enthüllt und entdeckt wird.

Die Phantasie ist für Freud die bewußte oder unbewußte Geschichte, die das Subjekt von sich selbst erzählt; für Klein dagegen ist sie die seelische Darstellung des Triebs und gleichzeitig die Fähigkeit, mit inneren und äußeren Welten umzugehen. Sie fügt den Trieb mit dem Objekt zusammen: Einerseits phantasiert der orale Trieb ein Objekt, eine Brust oder einen Ersatz dafür, an dem gesaugt werden kann, zum Beispiel einen Penis. Andererseits verändert das Objekt das innere Ich; was von außen aufgenommen wird, verwandelt das Innere.

»Die Analyse früherer projektiver und introjektiver Objektbeziehungen deckte Phantasien über Objekte auf, die seit der frühesten Kindheit ins Ich introjiziert werden, angefangen beim Ideal der verfolgenden Brust. Zu Beginn wurden Teilobjekte introjiziert, wie etwa die Brust, und später der Penis; daraufhin ganze Objekte wie die Mutter, der Vater, das Elternpaar.«[23]

Knabe und Mädchen haben sowohl gleiche als auch verschiedene Triebe: Wo ihre Biologie verschieden ist, müssen sich ihre Antriebe unterscheiden. Für Klein ist der Trieb biologisch, für Freud ist die »Trieblehre« »sozusagen unsere Mythologie«. Knabe und Mädchen haben die gleichen Objekte. In Kleins Theorie ist das erste Objekt, das sie aufnehmen, zunächst ein Teil der Mutter, dann die ganze Mutter. Das verleiht ihnen, nach Klein, eine »primäre Weiblichkeit«. Wir haben es hier mit einem Betonungswechsel zu tun, den ich für entscheidend halte. Nach Klein: Was der Mensch bekommen hat, transformiert er durch seine Phantasien, nimmt es dann in sich auf und es wird er selbst. Für Freud wird die Bindung an das, was man aufgeben mußte, aufgenommen – das Subjekt wird durch Ausfüllen der Lücken konstituiert; man halluziniert, hat Einbildungen, erzählt Geschichten. Die Person bei Klein wird er oder sie durch die Aufnahme des Gegenwärtigen. Im psychischen Sinne ist in Freuds Schema die Mutter dann wichtig, wenn sie weggeht (das »Fort-Da«-Spiel), der Penis dann, wenn er nicht da ist (Penisneid). Kleins Begriff des Neides (interessanterweise ebenfalls das Fundament ihrer Theorie und Therapie) richtet sich auf eine Mutter, die alles besitzt.

Für Klein beschreibt die Theorie eine Situation, in der das Ich direkt aus seinen Trieben und Körperempfindungen heraus auf ein Objekt hin phantasiert. Freuds »Körper-Ich« ist dagegen stets ein Homunkulus, der auf dem Kopf steht. Für Klein werden die Objekte (trotz der ihnen zugewachsenen, verwirrenden Phantasien) im wesentlichen als das genommen, was sie biologisch und gesellschaftlich sind. Die Mutter ist eine Frau; sie ist feminin. Der Penis ist ein männliches Attribut, auch wenn er in der Mutter ist, die Brust dagegen nicht. Das geschlechtlich bestimmte Objekt verleiht Bedeutung:

»Für das kleine Mädchen ist diese erste Hinwendung zum Penis eine heterosexuelle Bewegung, die den Weg zur genitalen Situation ebnet und den Wunsch, den Penis ihrer Vagina einzuverleiben, fördert. Zugleich jedoch unterstützt sie ihre [seine] homosexuellen Tendenzen insofern, als die orale Begierde auf dieser Entwicklungsstufe mit

Einverleibung und Identifizierung verknüpft wird und daher der
Wunsch, den Penis zu fressen, von dem Wunsch begleitet ist, selbst
einen Penis zu besitzen.«[24]

Freud hört eine Geschichte an und konstruiert einen Mythos.
Das Unbewußte zeigt, daß es nur Geschichten oder Mythen sind.
Es ist die Lücke, der Punkt, an dem die Geschichte sich verflüch-
tigt und das Subjekt verschwindet. (Die Ich-Psychologen glauben, die Geschichte sei die ganze Wahrheit und nichts als die
Wahrheit – die Geschichte sei alles.) Was wir jedoch an Kleins
Beschreibung ablesen können, ist nicht das Unbewußte als eine
andere Szenerie, die Lücke mit ihren eigenen Gesetzen, sondern
ein Unbewußtes, das ebenso erfüllt zu sein scheint wie die Außenwelt. Ihre Theorie handelt von einem solchen Unbewußten.
Vielleicht darf ich hier noch eine weitere Analogie, eine gedank-
liche Spekulation vortragen: Freuds Theorie ist die Geschichte
einer Geschichte – die erzählerische Strukturierung des Subjekts
als sie oder er. Sie bricht ab, scheitert, muß von neuem, auf eine
andere Weise, erzählt werden. Auch wenn ein Romanautor über
Figuren verschiedenen Geschlechts schreibt, schreibt er/sie nie
über jemanden, der ohne Geschlecht oder mitten auf der Grenzlinie ist. Virginia Woolfs *Orlando*, dessen Held/Heldin die Seiten wechseln muß, wirft darauf ein Licht. In Freuds Theorie sind
Männlichkeit und Weiblichkeit nur ihre Verschiedenheit voneinander. Die Differenz wird durch etwas ausgedrückt, das als
fehlend vorgestellt wird. Aus der Position von etwas Fehlendem
läßt sich jedes Geschlecht als Besitzer dessen vorstellen, was das
andere nicht besitzt. Im Grunde handelt die Geschichte eines Er-
zählers von nichts anderem.

Es gibt jedoch noch eine weitere literarische Analogie, die als
Möglichkeit für die Theorie dienen könnte, kein Mythos, sondern ein symbolistisches Gedicht. Eben dies legt Kleins Theorie
nahe. Der Wunsch zu beißen weist auf den oralen Trieb hin,
der orale Trieb auf Aggression. Aggression ist der Todestrieb
bei Klein, nicht bei Freud. Der physische Impuls wird zum
Begriff, der Begriff zur Theorie. In einem symbolistischen Gedicht formt das Symbol das Produzierte. Die Aufgabe besteht
nicht darin, hypothetische Grenzlinien um verwischte Farbfel-

der herum zu ziehen, sondern das Bild seine eigene Gestalt produzieren zu lassen. Das Gedicht bestätigt aber nicht die sexuelle Differenzierung, wie Adrienne Rich schreibt:

»Wenn sie mich nach meiner Identität fragen
was kann ich anderes sagen
als daß ich der Androgyn bin
Ich bin der lebendige Geist
den ihr nicht beschreiben könnt
in eurer toten Sprache
das verlorene Substantiv; das Verb
das nur im Infinitiv überlebt.«

Soweit es um die Weiblichkeit geht, sind wir von der Hysterikerin, deren Weiblichkeit, weil sie ohne Bezug war, nichts von dem besaß, was sie besitzen wollte, zum femininen Knaben und zum Mädchen übergegangen, die durch imaginierte Einverleibung ihrer Mutter alles besitzen. Ich meine aber, daß bei der Konzeptualisierung hier eine Verwirrung vorliegt. Die alles besitzende Mutter ist nicht »weiblich«, sondern ganzheitlich. Das Gedicht ist nicht weiblich, wie viele Leute, nicht zuletzt Melanie Klein in ihrer Theorie der primären Weiblichkeit, behaupten, selbst wenn es an der Mutter partizipiert. Natürlich ist die Mutter dort, wo die Weiblichkeit in ihrer positiven Ausfüllung einer Lücke angekommen ist, und die Verbindung muß nachträglich hergestellt werden. Dieses Gedicht und diese Mutter sind auf Gedanken der Fülle und der Ganzheit bezogen. Nichts fehlt. Das Verb ist im Infinitiv. Es gibt kein »Ich« und keinen anderen. In der Erzählung wird die Geschlechterdifferenz um die Abwesenheit herum symbolisiert – die aufgegebene Objektbesetzung, der Neid auf das Fehlende, das der Einbildung nach einmal dagewesen ist. Hier im Gedicht richtet der Neid sich auf das, was da ist, und da ist alles – Milch, Brüste, Faeces, Säuglinge, Penisse. Was Klein hier beschreibt, ist Rohmaterial, die Fülle von Objekten und Gefühlen, auf welche die Geschichte sich stützt, wenn sie sich allmählich selbst herausbildet, um ihre Lücken zu schließen. Vielleicht ist es dichterische Gerechtigkeit, daß die Hysterika, die ihre bezugslose Weiblichkeit ablehnen muß, schließlich bei einer Mutter zur

Ruhe kommt, die alles besitzt. Wir müssen aber der Erzählung einräumen, daß sie uns auch über das Gedicht etwas erzählt. Die Beschreibung, die Michel Foucault von der Entfaltung der Sexualität im 19. Jahrhundert gibt, öffnet den Blick dafür:

»Die *Hysterisierung des weiblichen Körpers* ist ein dreifacher Prozeß: der Körper der Frau wurde als ein gänzlich von Sexualität durchdrungener Körper analysiert – qualifiziert und disqualifiziert; aufgrund einer ihm innewohnenden Pathologie wurde dieser Körper in das Feld der medizinischen Praktiken integriert; und schließlich brachte man ihn in organische Verbindung mit dem Gesellschaftskörper (dessen Fruchtbarkeit er regeln und gewährleisten muß), mit dem Raum der Familie (den er als substantielles und funktionelles Element mittragen muß) und mit dem Leben der Kinder (das er hervorbringt und das er durch eine die ganze Erziehung während biologisch-moralische Verantwortlichkeit schützen muß): die ›Mutter‹ bildet mitsamt ihrem Negativbild der ›nervösen Frau‹ die sichtbarste Form dieser Hysterisierung.«[25]

Die Mutterschaft erweckt den Eindruck, den Mangel zu beheben, den die Weiblichkeit verdeckt und den die Hysterie zu ignorieren versucht. Aus ihren Positionen auf einem Kontinuum stellen Mutterschaft und Hysterie, Haben oder Nichthaben, Sein oder Nichtsein einander ständig in Frage.

Anmerkungen

Freud und Lacan.
Psychoanalytische Theorien des Geschlechtsunterschieds

[Freud-Zitate nach der *Sigmund Freud Konkordanz und Gesamtbibliographie*, zusammengestellt von Ingeborg Meyer-Palmedo, Frankfurt a. M. 1975]

1 Es ist wichtig, die psychoanalytische Objektbeziehungs-Theorie von psychologischen oder soziologischen Darstellungen zu trennen, mit denen sie eine gewisse oberflächliche Ähnlichkeit aufweisen mag. Das »Objekt«, um das es hier geht, ist natürlich das menschliche Objekt; noch wichtiger ist hier allerdings, daß der Streitpunkt die *Verinnerlichung* des Objekts durch das Subjekt ist. Das Objekt ist nicht nur das reale Objekt, sondern immer auch die Phantasie oder die Phantasiebilder von ihm, die es für das Subjekt als inneres Bild formen. Die Objektbeziehungs-Theorie geht auf den Versuch zurück, die Psychoanalyse von einer Einpersonen-Theorie zu einer Zweipersonen-Theorie zu erweitern, mit der Betonung, daß stets eine Beziehung von mindestens zwei Personen besteht. In der Objektbeziehungs-Theorie ist das Objekt aktiv gegenüber dem Subjekt, das in einer komplexen Interaktion mit dem Objekt gebildet wird. Dies steht in einem Gegensatz zu Lacans Auffassung des Objekts.

2 Freud (1933a), *Stud.* I, S. 548.

3 Freud (1912d), *Stud.* V, S. 208.

4 Freud (1937c), *Stud.*, Ergänzungsband, S. 391.

5 Freud (1905e), *Stud.* VI, S. 130.

6 Freud (1907a), *Stud.* X, S. 34.

7 Freud (1915e), *Stud.* III, S. 136.

8 Freud, »*Selbstdarstellung*«. *Schriften zur Geschichte der Psychoanalyse.* Hrsg. und eingeleitet von Ilse Grubrich-Simitis, Frankfurt a. M. ⁶1981, S. 67.

9 Diese Unterscheidung sollte von anderen Autoren vertieft werden, am deutlichsten von Jones, der in seiner Argumentation gegen die besondere Bedeutung der phallischen Kastration und für die allgemeine Furcht vor dem Erlöschen des sexuellen Wunsches den Terminus *Aphanisis* prägte [zu diesem Begriff siehe Ernest Jones, »Angst, Schuldgefühl und Haß« (1929), in: ders., *Die Theorie der Symbolik und andere Aufsätze*, Frankfurt a. M.-Berlin-Wien 1978, S. 207-8]. Dieser Begriff wird in Abrahams Werk nicht weiter entwickelt, aber er legte eine künftige Tendenz fest. Lacan kommt darauf zurück und sagt, Jones sei so nahe an der richtigen Einsicht gewesen, daß sein Fehlschlag sich um so grotesker ausnehme. Für Lacan bezieht ›Aphanisis‹ sich auf die wesentliche Teilung des Subjekts, während Jones nach seiner Auffassung die Aphanisis mit der Furcht verwechselte, den

Wunsch, das Begehren verschwinden zu sehen [Impotenzangst]. Nach Lacan ist Aphanisis in einer radikaleren Weise auf jener Ebene anzusiedeln, wo das Objekt sich in der von ihm als letal beschriebenen Weise manifestiert. Lacan nennt diese Bewegung das *fading* des Subjekts – sein (Ver-) Schwinden. (Vgl. Jacques Lacan, *Le séminaire XI*, 1964. Paris 1973, S. 189, 199.)

10 Freud, Brief an Carl Müller-Braunschweig, 1935 (»Freud and Female Sexuality: previously unpublished letter«, in: *Psychiatry* 1971, S. 328-329.)

11 August Stärcke, *International Journal of Psycho-Analysis* (1921), 2, S. 180.

12 Freud (1909*b*), *Stud*. VIII, S. 15 (Zusatz 1923).

13 Freud 1935 (Brief an C. Müller-Braunschweig).

14 Freud (1933*a*), *Stud*. I, S. 550.

15 Ebd., S. 548.

16 Ebd., S. 550.

17 Ebd., S. 555.

18 Ebd., S. 553.

Die Frage der Weiblichkeit und die Theorie der Psychoanalyse

1 Freud (1937*c*), *Stud*., *Ergänzungsband*, S. 392.

2 Freud (1933*a*), *Stud*. I, S. 516.

3 Freud (1933*b*), *Stud*. IX, S. 283.

4 Freud (1911*c*), *Stud*. VII, S. 201-209.

5 Freud (1937*d*), *Stud*., *Ergänzungsband*, S. 405.

6 Freud (1895*d*), *G. W.* I, S. 227.

7 Stephan Heath, *The Sexual Fix* (1982), S. 38.

8 Freud (1950*a*), S. 166.

9 Zit. bei Heath, a.a.O., S. 38.

10 Zit. bei Jean Strouse, *Alice James* (1980), S. 118.

11 Ebd., S. IX.

12 Freud, *»Selbstdarstellung«. Schriften zur Geschichte der Psychoanalyse*. Herausgegeben und eingeleitet von Ilse Grubrich-Simitis, Frankfurt a. M. [6]1981, S. 136.

13 Zitiert bei Heath, a.a.O., S. 46.

14 Freud (1888*b*), *Standard Edition*, I, S. 51 [Rückübersetzung; nicht in *G. W.* und *Stud*.]

15 Freud (1950*a*), S. 136.

16 Freud (1895*d*), *G. W.* I, S. 181.

17 Freud (1950*a*), S. 193.

18 Freud (1895*d*), *G. W.* I, S. 182.

19 Freud (1950*a*), S. 175-176.

20 Ebd., S. 202.

21 Freud (1908*c*), *Stud*. V, S. 173.

22 Freud (1900*a*), *Stud*. II, S. 351.

23 Hanna Segal, *Introduction to the Work of Melanie Klein*, London 1964, S. 8 [die Passage ist in der deutschen Ausgabe, die auf der revidierten englischen Ausgabe von 1973 beruht, nicht enthalten].

24 Hanna Segal, *Melanie Klein. Eine Einführung in ihr Werk*. Übersetzt von Gerhard Vorkamp (Übersetzung der revidierten englischen Ausgabe von 1973), München 1974, S. 146.

25 Michel Foucault, *Histoire de la Sexualité I: La volonté de savoir*, Paris 1976 (^{2}1984), S. 137 [deutsch: *Sexualität und Wahrheit. Band I: Der Wille zum Wissen*. Übersetzt von Ulrich Raulff und Walter Seitter. Frankfurt am Main 1983 (^{1}1977), S. 126.]

Editorische Notiz

Die deutsche Ausgabe ist eine Auswahl aus dem 1984 bei Virago Press in London erschienenen Sammelband *Women: the Longest Revolution*. Die Auswahl wurde mit der Autorin und dem Originalverlag abgestimmt.